나_____,
피규어
아티스트로 산다

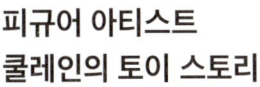

피규어 아티스트
쿨레인의 토이 스토리

쿨레인 이찬우 지음

나,
피규어
아티스트로 산다

contents

프롤로그 5

CHAPTER 1 꿈+열정, 쿨레인 스토리

대한민국 1세대 피규어 아티스트, 나는 '쿨레인'이다   11

CHAPTER 2 재미, 그 이상의 가치를 지닌 아트 토이 시리즈

1. 실제 비보이를 빼닮은, 몬스터즈 크루   35
2. 농구하는 원숭이, 덩키즈   49
3. 거리의 메신저, C.C.F.C   81
4. 슈트와 탈의 묘한 조화, 미스터 시리즈   101
5. 슈퍼스타를 피규어로, NBA 아트 토이 시리즈   109
6. 실제 뮤지션이 주인공인, 아메바후드 시리즈 1·2   149

CHAPTER 3 쉼 없는 도전, 글로벌 스포츠 브랜드와의 콜라보레이션

1. 나이키(NIKE)   167
2. 푸마(PUMA)   211
3. 리복(REEBOK)   219

CHAPTER 4 파워풀한 팀워크로 시너지를 내는, 참 특별한 동행

1. 이레이저 헤드(Eraser Head)   229
2. 델리토이즈(Delitoys)   235
3. 툰토이(Toontoy)   239
4. 엠비오(MVIO)   243
5. 컨버스(Converse)   247
6. 네이버 라인(Naver Line)   251

CHAPTER 5 트렌드와 비전이 공존하는 토이 쇼&전시회

1. 전시 기획력이 돋보였던, Dreamaker Art & Toy 257
2. 배우고, 만들고, 보여주는, DTE Vol. 1 260
3. 첫 상설 전시전, Around Art Toy 262
4. 우리의 진정한 출발점, Square One 266
5. 아트 토이 작가들의 꿈의 무대, TTF 2012 270
6. 중국 시장의 가능성을 엿본, Pop Life Exhibition 274
7. 마닐라에서 열정 충전, Invasion of Coolrain 279
8. 다채로운 미키를 만난 자리, Disney Art Toy - Seoul Special Exhibition 282
9. 휴식이 필요하다면, Break Time 285
10. 레드불 비씨 원 10주년 기념 전시, BBoy Arts Festival 288
11. 쿨레인 스튜디어의 세 번째 전시, Pacemaker 291
12. 컨트롤 베어 콜라보레이션 - Mega Show 293
13. 국내 최초의 대규모 토이 박람회, ATC 2014 서울 전시 296
14. 지난 10년의 발자취, A Memory Of 10 Years 300
15. 반스×스타워즈 컬렉션 론칭 기념 전시회 303
16. 제니스와 함께한, 레드불 스트라토스 프로젝트 306

CHAPTER 6 아트 토이, 12인치 액션 피규어 만들기

1. 아트 토이 만들기 - NBA 시리즈 315
2. 12인치 액션 피규어 만들기 - 덩키즈 시리즈 326
3. 신발(스니커즈) 만들기 337

에필로그 340
피규어 타임 테이블 342
피규어 색인 344
축하글 350

꿈+열정,
쿨레인 스토리

Story

CHAPTER 1

대한민국 1세대 피규어 아티스트, 나는 '쿨레인'이다

애니메이션이 좋아 애니메이터가 되고 싶었던 나는 운명처럼 '아트 토이', '피규어'의 세계에 빠져들었다. 그것이 벌써 10여 년 전이다. '아트 토이'는 말 그대로 장난감에 예술적 감각을 덧입힌 것이다. 어른들의 장난감, 장난감 아닌 장난감 not toy, 마니아들의 수집품, 현대 미술의 한 장르……, 이처럼 아트 토이를 바라보는 사람들의 시각은 다양하다. 물론 개중에는 '아직 정신적으로 성숙하지 못한 어른들이 가지고 노는 비싼 장난감'이라거나 '희소가치가 있어 수년 뒤엔 값이 오를 수 있는 재테크 수단'이라는 관점으로 바라보는 이들도 있을 것이다. 이 모든 이야기를 뒤로 하고 내게 아트 토이는 그저 '내가 가장 좋아하는 일'일 뿐이다.

맨 처음 내가 아트 토이 제작에 관심을 보였을 때가 기억난다. 당시 사람들은 내게 "왜 그걸 하느냐?"라고 물었다. 어린 시절 레고와 프라모델(플라스틱 모델)에 빠져 한 달치 용돈을 아낌없이 쏟아 부은 경험이 있는 사람들 눈에도 나의 선택이 무모해보였을 것이다. 그 뒤로도 사람들이 내게 묻는 질문들은 다 비슷했다.

"처음 어떻게 시작하게 되었나?" "아트 토이 시장이 열악한데, 왜 하필 이 일을 직업으로 삼았나?" 처음 질문은 아트 토이에 대한 지식

<
피규어 세팅 중. 나이키 드림팀 20주년 기념 전시회, 2012.

이 별로 없는 상태에서 호기심 반 관심 반으로 묻는 것일 테고, 그다음 질문은 나의 경제 사정을 걱정하는 마음이 앞서서 묻는 것이리라.

아트 토이를 시작하게 된 계기

"처음 어떻게 시작하게 되었나?" 이 물음에 답하려면 10년도 훌쩍 지난 과거로의 여행을 떠나야 한다. 지금도 아트 토이를 만드는 사람이 별로 많지 않지만, 내가 이 분야에 뛰어들 때는 지금보다 상황이 훨씬 더 안 좋았다. 누구 하나 차근차근 제대로 가르쳐주는 사람도 없었고, 아트 토이 수요자와 만나는 일도 쉽지 않았다. 관련 학과나 학원이 있는 것도 아니었으니, 처음부터 혼자 배우고 만드는 수준이었다.

솔직히 당시만 해도 "왜 하나?"고 묻는 사람은 있었어도 "어떻게 시작하게 되었나?"를 묻는 사람은 거의 없었다. 그나마 아트 토이를 수집하거나 직접 볼 기회가 많아진 요즘에 와서야 그런 질문을 하는 사람을 종종 만난다. 다양한 경로로 아트 토이를 접한 사람들은 무척 재미있어 하며 흥미를 가진다. 그러면서 자신들 눈에 '정말 재미있고 신나는 일'을 하는 내게도 관심을 보인다.

아트 토이, 난 좋아한다는 마음 하나로 무작정 덤벼들었다. 사실 아트 토이를 만들기 전에는 3D 애니메이터로 일했었다. 또 그전에는 2D 애니메이션 촬영 일을 몇 년 동안 했었다. 그때까지만 해도 내 손으로 애니메이션을 만드는 데 관심이 컸지, 아트 토이와는 거리가 멀었다.

대학 시절, 나는 오토모 가츠히로大友克洋 감독의 <아키라Akira>, 팀 버튼Tim Burton 감독의 <크리스마스의 악몽The Nightmare Before Christmas>을 보면서 애니메이터로서의 꿈을 키웠다. 피규어 수집은 그저 취미생

^
작업 테이블. 아트 토이 컬처 2015
(ATC 2015).

활에 불과했고, 직접 만들 수 있다는 것 자체도 모르고 있었다.

"단편 애니메이션이라도 혼자 힘으로 만들어보자!" 이 꿈을 위해 1998년 서울로 올라와 2D 애니메이션 학원에 등록했다. 1990년대 말은 바야흐로 애니메이션 산업이 국내에서 활성화되는 시점이었다. 애니메이션을 일컬어 '황금알을 낳는 거위'라고도 불렀고, '원 소스 멀티 유즈one source multi use' 개념의 확산으로 애니메이션을 바라보는 시선이 그 어느 때보다 미디어에서 뜨거웠었다. 하지만 애니메이션 교육 여건은 상당히 열악했다. 제대로 가르쳐주는 학원은 고사하고 2D 애니메이션을 가르치는 학원도 거의 찾아볼 수 없는 상황이었다(아마 이때를 기점으로 대학교에서 애니메이션과나 만화과를 개설하기 시작했던 것 같다).

큰 뜻을 품고 시작한 애니메이터로서의 생활은 순탄치 않았다. 학원에서 공부하면서 몇 년간 2D 애니메이션 촬영 일을 했지만, 현실은 생각했던 것과는 많이 달랐다. 그림(드로잉)을 전공하지 않은 상황에서는 아무리 오래 일해도 내가 원하는 애니메이션을 혼자 힘으로 만드는 것이 거의 불가능하다는 사실을 깨달았다.

하지만 기회는 뜻밖의 곳에서 찾아왔다. 국내 애니메이션을 제작하는 프로덕션에 들어가면서 애초 품었던 꿈에 조금 더 가까이 다가갈 수 있었다. 3D 부서와 클레이 애니메이션clay animation* 부서가 함께 있는 프로덕션에서 일하면서 보다 많은 것들을 경험할 수 있었다.

나는 애니메이션 촬영 일을 하면서 3D 프로그램을 배웠고, 일하는 틈틈이 3D 모델링 작업을 병행하기 시작했다. 함께 일하던 클레이 애니메이션 감독은 나의 궁금증을 해소해주는 고마운 스승이었다. 비로소 깜깜하기만 하던 길에 조금씩 빛이 들어오는 느낌이 들었다. 그렇게 나는 조금씩 꿈을 이루는 길을 찾아가고 있었다.

* 클레이 애니메이션은 찰흙 등 점성이 있는 소재로 인형을 만들어 촬영하는 애니메이션을 말한다.

클레이 애니메이션에 눈뜨다

사람마다 좋아하는 일과 잘하는 일이 다를 수 있듯이 그림 그리는 일과 조형하는 일 또한 그렇다. 그림과 조형은 서로 비슷하면서도 완전히 다른 느낌이었다. 당시 나는 머릿속으로 상상한 내용들을 3D 프로그램으로 만드는 데 몰두했었다. 찰흙(점토) 등을 이용해 손으로 만들어볼 생각은 전혀 하지 못했었다. 문득 "그때 왜 손으로 만들어볼 생각을 안 했을까?" 하는 생각이 든다. 아마도 분야가 완전히 다르다는 생각에 접근조차 안 했던 것 같다.

또 클레이 애니메이션 자체가 워낙 전문적인 분야여서 3D 프로그램으로 작업하는 내게는 완전 딴 세상 이야기였다. 그땐 다만 <월레스

앤 그로밋Wallace & Gromit>, <치킨런Chicken Run> 같은 클레이 애니메이션을 보면서 "야! 신기하고 재밌다"라고만 생각했었다. 하긴 그 당시엔 피규어라는 것도 접해보지 못한 상태였다. 누군가의 말처럼 아는 만큼 보이고, 많이 알수록 더 큰 꿈을 꾸게 되는 것 같다. 나는 클레이 애니메이션도, 피규어도 몰랐기에 내 손으로 뭔가를 직접 만들어볼 생각은 전혀 하지 못했었다.

그런데 3D 프로그램을 배우면서 꿈을 실현시킬 수 있다는 가능성이 보였다. 나는 3D의 세계를 더 깊이 파고들었다. 관련 지식이 쌓이면서 머릿속에서만 가능했던 일들이 현실에서도 가능함을 경험했다. 3D 프로그램으로 캐릭터를 만들고, 그것을 컴퓨터상에서 움직여보면서 "아~, 이렇게 하다보면 시간은 걸리겠지만 언젠가는 내가 원하는 애니메이션을 직접 만들 수 있겠구나!" 하는 자신감도 생겼다. 일하면서 공부하느라 몸은 지치고 힘들었지만 마음만은 즐거웠다.

가장 좋아하는 영화감독은 오토모 가츠히로와 팀 버튼이다. 영화 <아키라>와 <크리스마스의 악몽>을 본 뒤로 깊이 빠져든 나는 두 감독의 초기작부터 신작까지 모두 모아서 보았고, 관련 책도 구입했다. 보통 좋아하는 작품이 생기면 감독에 대한 자료를 찾아보고, 그 감독의 초기작부터 최근작까지 모두 찾아서 보는 편이다. 아마 그때부터였다. 토이를 직접 만들어보겠다고 생각한 것이……. 그러다가 우연히 <크리스마스 악몽>의 제작과정 영상을 보게 되었는데, 그 뒤로 피규어를 한번 만들어보고 싶다는 생각을 갖게 되었다. 어쩌면 아트 토이를 만들게 된 계기가 된 사건이 아니었나 싶다. 좀 더 정확히 표현하면, 내게 애니메이션 세계의 문을 열어준 영화가 <아키라>였고, 캐릭터 제작으로 이끈 영화는 <크리스마스의 악몽>이었다.

성격상 좋아하는 것이 있으면 좁고 깊게 파고드는 편이다. <아키

라>의 영상에 충격을 받아서 애니메이션을 직접 만들고 싶다는 꿈을 키운 나는 <크리스마스의 악몽>을 보면서 캐릭터를 직접 손으로 만들고 싶다는 목표를 세웠다. 요즘도 가끔 팀 버튼의 초기 단편 애니메이션인 <빈센트Vincent>나 <크리스마스의 악몽>, <화성 침공Mars Attacks!>, <비틀쥬스Beetlejuice> 등을 본다. 2000년대 초반에는 정말 많이 봤었다. 하루에 한두 번은 꼭 본 것 같다(오토모 가츠히로의 <아키라>는 말할 것도 없다).

이 시기 나는 주머니를 털어 <크리스마스의 악몽> 피규어를 구입하기 시작했다. 할로윈 마을의 잭 스켈링턴이나 샐리의 모습을 그대로 본뜬 피규어는 내 마음을 채우는 데 부족함이 없었다. 화면으로 보던 주인공을 손으로 직접 만졌을 때의 느낌은 말로 다 표현할 수 없을 정도로 벅찼었다. "아, 이런 걸 내 손으로 직접 만들어봤으면……." 나는 언젠가 조형을 잘하게 되면 <크리스마스의 악몽>이나 <아키라>의 미발매 캐릭터라든가 메카닉mechanic을 만들어볼 꿈에 부풀었다(물론 피규어 제작과 관련해서는 아무것도 모를 때였다).

아트 토이의 세계에 첫발을 내딛다

2004년 2월, 처음으로 토이를 만들어보기로 했다. 그런데 마음은 먹었지만 막상 만들려고 하니 어떤 재료를 써서 어떻게 만들어야 할지 막막했다. 그나마 다행히도 3D 프로그램 공부에 도움이 될까 싶어 사놓았던 책에 조형에 필요한 내용들이 조금씩 들어 있었다. 그 책에는 영화에 등장하는 크리쳐creature나 캐릭터를 만드는 과정들이 적혀 있었는데, 기본적인 재료라든가 뼈대를 만드는 방법들이 비교적 잘 소개되어 있었다(《Clay Sculpting for Digital Media》, Stephanie Reese, Prentice Hall, June 9, 2000). 그리고 스컬쳐sculptor에 대한 인터뷰도 함께 실려 있어서 여러모로 도움이 되었다.

가장 먼저 찰흙의 일종인 스컬피sculpey를 구입했다. 솔직히 뭘 어떻게 할지 모를 때라 스컬피를 주물럭거리는 수준이었지만, 그래도 <피규어공작소>라는 인터넷 카페도 만드는 등 나름대로 야심찬 첫발을 내딛었다. 나는 카페 게시판에 재료 구입처와 가격에 대한 정보들을 올리기 시작했다. 그때는 토이를 만드는 방법은 둘째 치고 당장 제작에 필요한 재료들을 어디서, 얼마에 구입할 수 있는지조차 알 수 없는 상황이었다. 지금이야 인터넷으로 몇 번 검색해보면 금세 알아낼 수 있지만, 내가 처음 토이를 만들 당시에는 하나부터 열까지 발로 뛰어 알아보는 수밖에 없었다. 나는 발품을 팔아 어렵게 얻은 정보들을 <피규어공작소> 카페에 고스란히 올렸다. 토이를 만드는 과정도 일일이 사진을 찍어 카페에 공개했다. 조형은 프라모델을 조립하는 것과 달리 직접 스컬피로 만들어야 하는 것이어서 막상 해보면 원하는 대로 모양이 잘 안 나오는 경우가 많다.

순전히 독학으로 시작한 토이 만들기, 나의 첫 번째 장애물은 '스컬피'였다. 기본적으로 스컬피는 조형 재료라는 점에서는 클레이와 같지만, 오븐에 구우면 단단하게 굳는 성질을 지녔다. 굽기 전에는 원하는 시간만큼 얼마든지 오래 조형을 할 수가 있어 수정하기도 쉽다. 반면 조금 말랑말랑한 상태여서 조심스레 다루지 않으면 원치 않은 부분들이 찌그러져버리거나 흠집이 나기도 한다. 이 같은 스컬피의 물성에 적응하기까지 꽤 오랜 시간이 걸렸다. 혼자서 조몰락거리다가 찌그러뜨리기도 하고, 원하는 모양이 제대로 나오지 않으면 화도 내면서 조금씩 적응해나갔다. 하루에도 몇 번씩 때려치우고 싶은 생각

^
작업 테이블. 안드레 이니에스타 선수를 모델로 나이키 영국 광고를 진행했는데, 그때 함께 작업했던 곳이 바로 〈월레스 앤 그로밋〉을 탄생시킨 아드만 스튜디오였다. 2012.

이 불쑥불쑥 올라올 정도로 결코 만만치 않은 과정이었다.

그때 내 눈에 홍콩의 아트 토이들이 들어왔다. 아트 토이의 출발선이라고 할 수 있는 홍콩의 아트 토이들의 중심에는 마이클 라우Michael Lau와 에릭 소Eric So, 쓰리에이threeA의 김펑, 폴 륭Paul Leung이라는 작가들이 있었다. 1990년대 후반 이들은 기존에 무분별하게 양산되던 피규어를 지양하고 자신들이 직접 디자인한, 즉 디테일과 퀄리티quality가 더 좋은 피규어를 한정판으로 세상에 선보였다. 소량 생산이면서 고품질의 피규어는 기존의 토이보다 오리지널 디자인이 한층 강조되었으며, 여기에 아티스트의 감각까지 더해져 수집가들의 관심을 끌었다.

초기 홍콩 아트 토이의 특징은 오리지널 디자인과 톡톡 튀는 색감, 그리고 패브릭 재질의 의상이 입혀진 12인치 액션 피규어라고 할 수 있다. 그 당시 작가들은 12인치 액션 피규어를 아트워크art work로 보여주면서, 소프비(소프트비닐의 준말)로 만들어진 양산형 토이들을 조금씩 선보이기 시작했다.

맨땅에 헤딩, 칠전팔기의 정신으로

어떤 분야든 입문할 때는 일정한 과정을 거쳐야 한다. 3D 프로그램의 경우에는 어느 정도 매뉴얼을 익힌 다음 실제 있는 오브젝트를 만들어보면서 사용하는 툴에 적응하는 과정을 밟는다. 그래야 비로소 자신이 원하는 결과물을 완성할 수 있다. 토이를 만들 때도 같은 과정을 거쳤다. 분야가 좀 더 광대하긴 했지만, 먼저 스컬피로 조형하는 것을 연습한 다음 패브릭이나 의상의 패턴(옷본)을 제작하는 과정을 거쳤다. 내 경우에는 스터디를 해나가면서 조형적인 부분과 패턴 제작을 동시에 진행했던 것 같다.

디자인 피규어, 아트 토이를 만들 경우 자신이 좋아하는 테마가 있으면 좀 더 재밌게, 그리고 좀 더 집중해서 작업을 할 수가 있다. 아무래도 자신이 좋아하는 것이라면 좀 더 열정을 가지고 작업할 수 있기 때문이다. 직접 디자인해본 경험이 별로 없었던 나는 좋아하는 디자이너나 주위의 아티스트, 그리고 좋아하는 사람들을 스케치하면서 습작들을 만들었다. 이때 얼굴은 단순화시켜서 표현하는 방향으로 진행하고, 여기에 의상, 신발, 액세서리 등을 최대한 리얼하게 표현해서 현실감을 부여했다.

예를 들어 우리 주위에 있을 법한 친구들이라는 느낌을 자신이 만드는 피규어에 불어넣었다고 가정해보자. 이 피규어를 처음 본 사람들이 그 친구들이 어떤 일을 좋아하고, 어떤 일을 하는지를 한눈에 알

내가 가장 좋아하는 신발들 중 하나인 나이키 풋스케이프(footscape) 1/6 사이즈(5.5cm).
▽

수 있다면 제대로 표현해냈다고 할 수 있다. 이 경우 액세서리나 의상에 특별한 뭔가를 더해 그들이 어떤 일을 하는지 보여줄 수 있다면 더 좋을 것이다. 의상이나 액세서리, 스니커즈들은 가능한 한 실제 브랜드 제품을 그대로 쓰는 편이다. 표현하려고 하는 캐릭터들이 현재 나와 함께 살아가는 친구들이므로 그들이 좋아하는 브랜드, 다시 말해 그들이 실제로 착용하는 옷과 신발들을 만들어줌으로써 그들의 라이프스타일을 최대한 실제와 같이 살리려고 노력했다.

이렇게 조형을 하고, 의상 패턴을 공부하고, 다양한 신발들을 원하는 대로 표현해내기까지 대략 3년 정도 걸렸다. 하나의 캐릭터를 만드는 데 3년이 걸렸다는 이야기는 아니다. 그 시간 동안 30여 개 정도의 12인치 피규어 헤드를 동시에 진행하는 한편, 신발도 몇 십 종류의 다른 패턴을 만들어서 제작해보았다. 한 예로, 나이키Nike 운동화를 제대로 표현하기 위해 실제 제품을 일일이 분해해 제작 원리를 터득한 적도 있었다.

그런데 스컬피는 계속 만지다보면 어느 정도 손에 익숙해졌는데, 패브릭은 그렇지 않았다. 패턴을 만들었더라도 패브릭의 신축성이나 늘어나는 방향 등에 따라 그 패턴이 크게 도움이 안 되는 경우도 많았다. 5~6센티미터 정도의 작은 신발은 조금만 부주의해도 전혀 다른 형태가 되었다. 같은 패턴이라 하더라도 원단을 얼마나 당겨서 작업하느냐에 따라서 다른 모양의 신발이 만들어졌다. 또 패턴 제작만큼이나 중요한 작업이 피규어 신발이나 의상에 적합한 원단을 구하는 일이었는데, 이 역시 쉽지 않았기에 많은 공부가 필요했다.

작업에 필요한 원단은 동대문종합시장에서 대부분 구할 수 있었다(동대문종합시장을 몇 년째 돌아다녀도 갈 때마다 길을 헤맨다. 원래 길치인 데다가 원단 가게가 다 비슷비슷해서 길을 잃기 일쑤다). 동대문종합시장에서 내가 가장 즐겨 찾는 곳은 3층에 위치란 털fur 원단 가게들인데, 털은 12인치 액션 피규어의 머리카락을 표현하는 데 꼭 필요한 재료다. 그다음에는 액세서리로 활용되는 체인이나 메탈 파츠metal parts를 찾아서 5층을 자주 돌아다닌다. 의류 관련 용어도 모른 채 홀로 원단 가게들을 기웃거리니 그곳 사람들 눈에는 내가 손님처럼 보이지도 않았을 것이다. 그래서 스와치(직물의 견본)나 샘플 원단도 얻기 힘들었을 뿐만 아니라, 사려고 해도 1마*씩 잘라서 파는 곳이 거의 없었다.

피규어 의상을 제작하기 위해서는 패턴(실제 사이즈의 6분의 1) 작업이 이루어져야 하는데, 아무래도 얇은 원단이 제작에 용이했다. 그나마 제작에 필요한 원단이 있으면 운이 좋은 경우다. 무늬나 그래픽 등이 작은 사이즈가 없는 경우에는 나염을 해야 하는데, 이 경우 무늬나 그래픽 등이 너무 작아서 잘 염색되지 않을 때가 많았다. 게다가 소량이어서 나염업체로부터 문전박대당하기 십상이었.

어쨌든 이렇게 실전에서 부딪치면서 조형이나 패브릭, 패턴 제작 등을 배우고 기본적인 테크닉들을 손에 익혔다. 3년쯤 지나자 비로소 내 머릿속에서 튀어나온 아트 토이를 실제로 만날 수 있는 토대가 마련되었다. 끊임없이 새로운 분야에 도전하면서 아직은 배울 게 많음을 실감한다.

* 원단 1마는 길이 90센티미터, 폭 114센티미터(45인치) 또는 152센티미터(60인치) 크기를 말한다.

01_CHIPS RB 헤드, Skateboard(1/6 size), 2008.
02_전시회 기념으로 만든 캐릭터들, Nike Dunk 23th Anniversary, 2008.

나이키와의 운명적 만남

"아트 토이 시장이 열악한데, 왜 하필 이 일을 직업으로 삼았나?" 이 질문은 토이 제작이 큰돈 되는 일도 아닌데, 어떻게 시작하게 되었는지를 묻는 것이다. 좀 더 직설적으로 표현하면, "살 사람도 많지 않은데 그걸 만들어서 어떻게 먹고살 수 있느냐?"일 것이다. 모든 일들이 그렇지만, 돈과 연결되지 않으면 전업으로 삼기가 힘들기 때문에 사람들은 이러한 궁금증을 가진다.

물론 처음에는 직업으로 생각하면서 아트 토이를 만들지는 않았다. 프리랜서로 3D 애니메이션을 만들면서 조금씩 토이 만드는 일을 늘려가는 과정이었다. 3D 애니메이션과 관련된 일이 90퍼센트, 토이 제작이 10퍼센트 정도였다. 그러던 중 토이 제작 노하우가 쌓여 내가 생각하는 이미지를 표현해낼 수 있게 되자, 전업으로 하기에 이르렀다. 그때가 2007년이다.

피규어 아티스트로서 본격적으로 내놓은 작품은 한국의 비보이를 콘셉트로 한 아트 토이 시리즈인 '몬스터즈 크루Monsterz Crew'였다. 그러면서 해외 컬렉터들의 주문을 받기 시작했다. 처음부터 모든 일이 술술 풀리지는 않았다. 예상했던 것보다 몇 배는 힘든 시간이 흘러갔다. 프리오더pre-order*를 받은 피규어를 수작업으로 10체 정도 만드는 일은 만만치 않았고, 시간도 두 배 이상 걸렸다. 만일 오랜 시간 기다려주고 서포트해준 해외의 컬렉터들과 지인들이 없었더라면 그 시간을 결코 견뎌내지 못했을 것이다. 아트 토이 자체가 핸드메이드 작품이어서 작업 시간이 오래 걸린 부분도 있지만, 프리오더를 해준 주문자들에게 조금이라도 더 잘 만들어서 보내주고 싶은 마음이 커서 작업 시간이 더 걸렸다. 처음에 한 작품을 만들 때보다 시간이 훨씬 더

* 프리오더는 선주문, 즉 제품 출시 전에 하는 예약주문을 말한다.

소요되었다.

그렇게 첫 캐릭터(몬스터즈 크루의 피닉스)를 떠나보내고 나니 정말이지 진이 다 빠지는 느낌이었다. 애초 계획대로라면 두 달 만에 끝내야 하는 작업이 6개월 이상으로 길어지면서 경제적 어려움도 닥쳤다. 게다가 결혼하고 쌍둥이도 태어나서 여러모로 정신이 없었다. 그 시기에는 좀 더 안정적인 직장이 필요했다. 혼자서 좋아하는 일을 하고 있기에는 아내에게도, 쌍둥이에게도 미안한 마음이었다.

2007년 11월, 때마침 예전에 게임 동영상 관련 일을 함께 했었던 지인이 같이 일해보자는 연락을 해왔다. 내가 좋아하는 일 때문에 가족이 힘들게 생활하는 것은 참을 수 없었기에 출근하기로 마음을 먹었다. 사실 피규어를 만드는 일은 회사 일을 하면서도 시간을 내서 할 수 있다고 생각했었다(어쨌든 출근하면 지금처럼 많은 시간을 토이 만드는 일에 할애할 수 없으므로 아쉬운 마음도 들었다).

누구나 한 가지 일을 꾸준히 하다보면 어떤 계기로 한 단계 올라가는 느낌을 받을 때가 있다. 일로 보면 큰 프로젝트나 자신에게 맞는 프로젝트를 진행할 때이기도 하고, 작업 자체로 본다면 계속 고민하던 부분들이 해결될 때이기도 하다. 내게도 그런 순간이 있었다.

그동안 습작으로 토이를 만들다가 처음으로 시리즈를 구상하면서 이런저런 준비를 할 때였다. 첫 캐릭터를 프리오더로 판매를 하게 되면서 습작으로 할 때는 못 느꼈던 압박이 밀려왔지만, 나는 퀄리티를 조금 더 높이는 등 차근차근 판매용으로 내놓을 몬스터즈 크루 시리즈를 하나씩 완성해갔다. 그동안의 경험을 총정리해서 보여줄 수 있는 기회라 생각하고 나의 모든 노력을 기울였다. 그런 마음이 세상에 전달되었는지, 출근 일주일 전에 나이키코리아로부터 연락이 왔다. "내년(2008년)에 있을 'NIKE DUNK 23주년 전시회'를 함께 하고 싶

> 덩크 신발 중 '덩크하이'만 따로 모았다. Nike Dunk 23th Anniversary, 2008.

다"는 내용이었다. 그때가 2007년 11월 마지막 주였다.

그동안 나이키는 국내에서 이미 몇 차례 나이키 관련 제품에 대한 전시회를 개최했었다. 2006년 나이키 NSW(Nike Sports Wear)가 시작될 때 홍콩의 마이클 라우가 피규어를 테마로 전시한 적이 있었고, 2007년 나이키 '에어포스 원AF1' 25주년 전시회가 크게 진행되기도 했었다. 그때마다 전시된 아트 토이 작품들을 보면서 "언젠가 나도 저렇게 나이키와 작업해봤으면……" 하고 생각했었다. 이 이야기를 친한 동생인 UPe(김경업, 이하 'UPe'로 표기)에게도 한 적이 있는데, 나이키코리아에 다니는 사람들과 친분이 많았던 UPe는 내 말을 흘려듣지 않고 자기 일처럼 적극 나서주었다.

나이키코리아에는 전시나 이벤트를 통해 이미지 마케팅을 진행하는 '나이키 에너지'라는 팀이 있다. 그 팀은 브랜드의 홍보 마케팅이

나 신작 발매 등에 맞춰 전시회 등을 기획해 진행하는데, 브랜드 이미지 마케팅 측면에서 대대적으로 진행하기도 한다. 다른 브랜드에서도 이러한 이벤트를 진행하지만, 대개는 연예인을 내세운 스타 마케팅이 대부분이다.

나이키 에너지 팀의 황의규 과장(aka Iggy)은 어번 컬처urban culture(도시 문화)에 관심이 많을뿐더러, BMXbicycle motorcross(특수 제작된 자전거로 벌이는 익스트림 스포츠) 1세대여서 스트리트 문화나 아티스트 입장을 잘 이해하는 편이다. 그는 다양한 분야의 어번 컬처 아티스트들을 대중에게 소개하면서 나이키도 홍보할 수 있는, 즉 서로에게 좋은 시너지를 발휘할 수 있는 연결고리 역할을 해주었다. 국내에서 토이 만드는 일을 계속할 수 있게 도와준 친구가 바로 황의규 과장인데, 내가 아주 고마워하는 친구 중 한 명이다.

나이키 덩크 전시회 이후에도 나이키 에너지 팀에서 기획한 다채로운 행사들 덕분에 국내 어번 컬처 아티스트들과 계속 친분을 쌓을 수 있었고, 대내외적으로도 많은 도움을 받을 수 있었다. 이 부분이 국내에서 아트 토이 작가로 살아가는 데 있어 가장 중요한 요소 중 하나라고 생각한다. 토이 제작은 시간이 흐르면서 잘 만들 수 있지만, 그 이후 부분은 '사람'의 도움 없이는 계속되기 어렵다.

처음 서울에 올라왔을 때 가장 취약한 부분은 아마도 스트리트 문화를 전혀 접해보지 못했다는 점이었다. 이러한 취약점들은 나이키와 함께 작업하면서 어느 정도 해소되었는데, 스트리트 문화 속에서 활동하는 작가들과의 만남을 통해서였다.

황의규 과장과 나는 비슷한 연령대여서 만나자마자 친구가 되었다. 첫 만남을 떠올려보면 조금은 재미난 부분이 있다. 첫 미팅에서 나는 무조건 나이키와 함께 전시를 하고 싶다는 마음으로 그때까지 작업했던 나이키 신발과 피규어들을 잔뜩 들고 갔다. 그러고는 테이블 위에 쫙 펼쳐 보이며 꼭 함께 하고 싶다는 의지를 피력했다. 그는 이미 내 작품들을 본 적이 있다며 함께 잘해보자고 했다. 그 순간 하늘을 나는 기분이었다. 미팅 후 두근거리는 마음을 진정시키려고 나이키코리아 본사 앞 벤치에 앉아 있었는데, 그때 만일 누군가가 내 얼굴을 봤다면 "뭐가 좋아서 저렇게 웃고 있을까" 싶었을 것이다. 그만큼 너무나 좋았고 가슴이 뛰었다(이 글을 쓰면서도 미소가 떠나지 않는다. 너무 좋은 기억이고, 평생 잊지 못할 추억이다).

이외에도 나이키 전시오픈 디스플레이를 끝냈을 때, 데이브 화이트Dave White가 이메일로 콜라보레이션을 하고 싶다고 전해왔을 때, NBANational Basketball Association(미국 프로농구협회) 뉴욕 본사로부터 콜라보레이션 제안을 받았을 때, 다이나믹 듀오와 함께 진행했던 피규어가 처음 출시되었을 때, 코비 브라이언트를 직접 만났을 때, 중국 베이징에서 5미터 크기의 코비 피규어를 봤을 때, 치넬리 디자이너로부터 이메일을 받았을 때, 나이키 영국 및 아드만 스튜디오로부터 이메일을 받았을 때, 홍콩에서 첫 전시를 열었을 때, 나이키 미국 본사로부터 이

> 나이키 덩크 코르크(Nike Dunk Cork). 코르크 재질의 덩크를 보자마자 만들고 싶다는 생각이 들어 직접 시도해보았다. 신발을 만들면서 색상이나 재질 등 디자인적인 부분을 많이 배운다.

메일을 받았을 때가 내 가슴이 두근거렸던 순간들이다. 그리고 이 모두는 황의규 과장과의 미팅 첫날 시작되었다.

나의 새 이름, 피규어 아티스트

나이키 전시를 계기로 나는 '피규어 아티스트'라는 이름으로 다시 태어났다. 토이 작업장이 나의 근무지이고, 그곳의 총책임자도 바로 나 자신이다. 물론 토이를 만들면서 경제적으로 걱정되는 부분도 있고 안정적이지 못한 부분도 있지만, 전시 준비를 하거나 새로운 캐릭터를 디자인하면서 힘든 상황들이 조금씩 나아지고 있음을 느낀다.

직접 나서서 뭔가를 하지 않으면 아무것도 변하지 않는다. 이 말은 뭔가를 만든 다음 전시를 통해 사람들에게 보여주면 조금 더 좋은 환경에서 작업을 할 수 있다는 의미다. 세상은 내가 움직이는 만큼 변한다. 만일 내 뜻대로 변하지 않는다면 그것은 내 노력이 부족하다는 의미일 것이다.

만일 나이키코리아로부터 연락을 받지 못했다면 지금처럼 활동할 수 있었을까? 어쩌면 내 이름을 걸고 전시하는 일도, '덩키즈Dunkeys*' 같은 시리즈도 선보이지 못했을지도 모른다. 데이브 화이트 같은 해외 유명 아티스트나 미국 NBA와 함께 작업하는 일도 불가능했을 것이다.

이제 내게는 '세계적인 피규어 아티스트', '세계 최초', '국내 피규어 시장의 선구자' 등 수많은 수식어가 따라붙는다(이러한 수식어는 미디어에서 붙인 것으로, 나 자신은 큰 의미를 부여하지는 않는다). 게다가 홍콩, 타이완(대만), 일본을 넘어 유럽과 미국에까지 내 작품을 알렸다. 이 모든 것은 좋아하는 일에 대한 열정을 포기하지 않았기 때문에 가능했다. 지

* 덩키즈는 박성균 형님과 내가 나이키 덩크 전시회 때 재미로 하나 만들어본 것이 시작이었다.

금 나는 또 다른 꿈을 꾼다. 어쩌면 처음의 꿈을 다시 꾸는 건지도 모르겠다. 내 손으로 애니메이션을 만들고 싶다는 꿈, 그 주인공은 덩키즈가 될 수도 있고 또 다른 캐릭터가 될 수도 있다.

오늘의 쿨레인과 쿨레인스튜디오를 있게 한 원동력은 '재미'와 '도전'이다. 좋아하는 일을 하니까 힘들어도 재밌고, 새로운 분야라 모든 게 처음이지만 내 발자국을 보고 따라오는 후배와 동료들이 있어 도전하는 보람을 느낀다. 목표로 삼은 사람이 어설프면 그 목표를 보고 따라오는 사람들에게 미안하니까, 할 수 있는 한 열심히 해서 멀리 가 보고 싶다.

일찍이 공자는 "아는 것은 좋아하는 것만 못하고, 좋아하는 것은 즐기는 것만 못하다"라고 했는데, 나는 제대로 알지도 못하는 상태에서 좋아하는 일이니 무조건 하고 싶다는 마음 하나로 시작했다. 그리고 지금은 그 일을 아주 즐기면서 하고 있다.

아무리 좋아하는 일도 직업이 되면 스트레스를 받는다고 한다. 맞는 말이다. 하지만 나는 수년째 만들고 있는 아트 토이 시리즈나 의뢰를 받아 진행하는 프로젝트 모두 내가 좋아하는 디자인 관련 일이어서 그런지 크게 스트레스 받을 일이 없다. 간혹 마감 때문에 스트레스를 받기도 하는데, 더 잘 만들고 싶은 만큼 또 원하는 퀄리티를 얻을 수 있는 시간이 부족한 만큼, 딱 그만큼의 스트레스를 받는다. 완성도 높은 작품을 내놓고 싶은 마음과 마감일을 지켜야 하는 책임감 사이에서 갈등하는 사람이 어디 나 혼자뿐이겠는가.

지난 10년을 돌아보면서 새로운 10년을 꿈꾸는 지금이 바로 쿨레인의 이야기가 본격적으로 시작되는 출발선이다. 자, 지금부터 쿨레인의 액션 피규어와 아트 토이 컬렉션이 어떻게 만들어지고, 세상에 알려졌는지 한번 들여다보자.

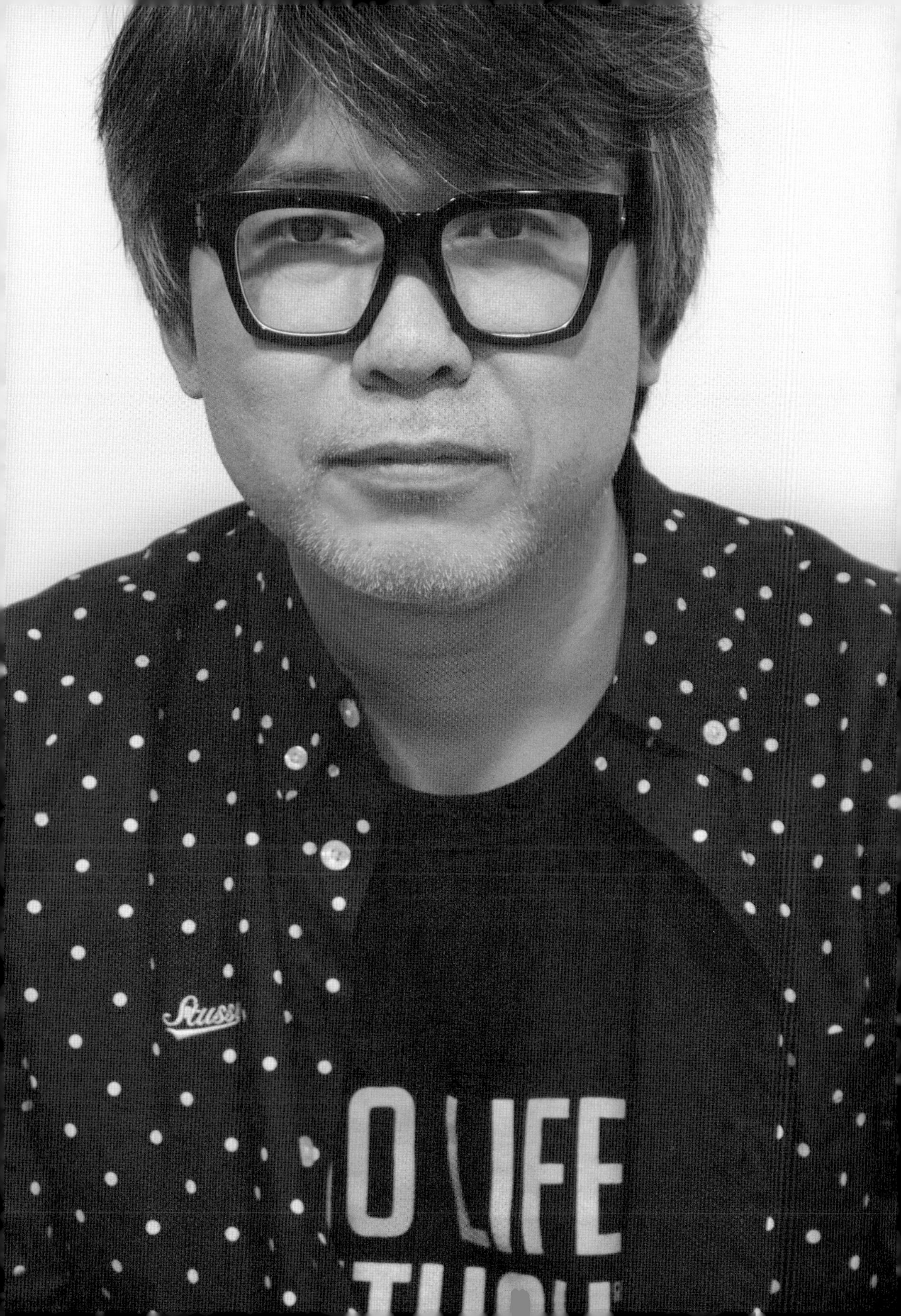

재미,
그 이상의 가치를 지닌
아트 토이 시리즈

Series

CHAPTER 2

CHIPS RB, NIKE DUNK 23th Anniversary, 2008.

Monsterz Crew

Coolrain's 1st design figure series
2007년~현재

'몬스터즈 크루Monsterz Crew'는 국내에서 활동하는 비보이B-boy들로부터 영감을 받아서 만든 비보이 크루로, 피닉스P-nix · 쥬트Jutt · 체Che · 스피디Speedy · 앤디Andy · 레드풋Redfoot · 윈드Wind · 제로Zero · 주Joo · 우쓰라Woosra로 구성된 쿨레인의 첫 번째 아트 토이 시리즈다.

∧
맨 처음 시리즈로 만들었던 몬스터즈 크루, 12inch, 2007.

1. 실제 비보이를 빼닮은, 몬스터즈 크루

아트 토이를 직접 만들어볼 결심을 했던 시기가 2004년이었다. 그때부터 준비해서 2007년 드디어 나의 첫 번째 아트 토이 시리즈가 태어났다. 말이 준비 기간이었지, 실상은 아무것도 갖추어지지 않은 상황에서 열정만으로 얻어낸 결과물이었다. 3년 동안 100개가 넘는 캐릭터를 습작하고, 관련 책이나 동영상을 찾아보며 공부하고 또 공부했다.

나는 비록 가상의 캐릭터지만 현실에 있을 법한, "아, 저런 사람이 내 주변에도 있지" 하는 캐릭터를 만들고 싶었다. 그러면서 삶의 에너지가 가득하고 강한 생명력이 느껴지는 친구들을 내 첫 번째 시리즈의 주인공으로 삼고 싶었다.

그즈음 한국의 비보이들이 주요 세계 비보이 대회를 휩쓸고 있다는 뉴스를 접했다. 그들은 브레이크댄스로 유럽과 아시아에서 새 물결을 일으키고 있었다. 내 눈에 그들의 다이내믹한 모습이 포착된 순간, 짜릿한 전율이 느껴졌다. 그동안 막연하게 내 주변의 활기찬 젊은 친구들을 표현하고 싶다고 생각했었는데, 비보이가 딱 들어맞았다. 그때부터 비보이를 관심 있게 지켜보았다.

젊음의 상징, 비보이에 꽂히다

아트 토이를 만들 때는 일단 주제(기본 콘셉트)부터 정하고, 그런 다음에는 관련 영상이나 자료를 최대한 끌어 모으는 편이다. 단순히 좋아하는 분야일 때도 자료를 많이 모으지만, 토이 작업의 대상인 경우와는 차원이 다르다. 일단 만들고 싶은 대상이 되면 더 많이, 더 자세히 보게 된다. 그렇게 수십 번 보다보면 그동안 안 보였던 것이 눈에 보이고, 미처 생각지 못한 부분까지 디테일하게 눈에 들어온다.

'몬스터즈 크루'도 그랬다. 비보이를 콘셉트로 삼자 그전에는 몰랐던, 아니 몰라도 되는 부분까지 시선이 갔다. 비보이들은 추구하는 무브move, 즉 파워 무브power move인지 스타일 무브style move인지에 따라 비보잉의 스타일이 다르다. 파워 무브가 헤드스핀, 윈드밀 등과 같이 강한 근력과 세밀한 기술을 요구하는 동작이라면 스타일 무브는 음악과 댄스, 그리고 비보이만의 개성이 더해진 동작이 주를 이룬다. 이처럼 비보이 각자의 춤추는 방식에 따라 캐릭터의 의상도, 소품도, 동작도 달라질 수밖에 없다. 무엇보다 비보이만의 느낌을 캐릭터로 표현하는 게 관건이었다. 그때그때의 느낌에 따라 같은 동작도 다르게 보였기 때문이다. 또한 '비보이' 하면 흔히 힙합hiphop과 배틀battle을 떠올리는데, 배틀은 크루(춤 스타일이나 마음이 서로 잘 맞는 비보이 집단) 간의 대결을 말한다. 보통 비보이들은 배틀을 통해 자신만의 무브 스타일을 맘껏 뽐낸다.

이 모든 것이 토이를 제작할 때 고려해야 할 대상이었다. 단순히 예쁘고 보기 좋은 토이를 만들려는 것이 아니었기에 나는 비보이의 동작, 소품, 표정, 느낌 하나하나를 중점적으로 들여다보았다. 그리고 비보이 작품을 전시할 때는 실제 비보이들의 포즈를 취해서 디스플레

> 다이내믹한 비보이들이 주인공인 '몬스터즈 크루'를 잘 표현하기 위해선 옷이나 소품 외에 실제 같은 비보잉 포즈가 더해져야 한다. Andy, 2007.

1. 실제 비보이를 빼닮은, 몬스터즈 크루

이해야 하므로 비보잉하는 중간에 프리즈freeze(순간 정지 동작)를 하는 모습도 눈여겨보았다. 동작 하나, 손이나 다리의 방향 하나도 허투루 지나칠 수 없었다. 몬스터즈 크루를 보는 순간 비보이의 역동성이 느껴지도록 말이다.

나는 비보이를 그냥 사실적으로 보여주는 것이 아니라 비보이들의 열정과 정신을 전달하고 싶었다. 비보이 문화를 모르는 사람이 봐도 "아, 이것이 비보이구나!" 하는 생각이 들게끔 하는 게 내 작업 목표였다. 몬스터즈 크루가 비보이를 사랑하고 아끼는 사람들에게 자부심을 갖게 만드는 것 이상으로 비보이를 처음 접하는 사람들에게도 관심을 불러일으키길 바랐다.

"처음 봤는데, 참 신나고 재밌는 춤이네."

"학교 수업을 빼먹은 아이들이 몰려다니며 거리에서 힙합 음악에 맞춰 춤추는 게 비보잉이라 생각했는데, 막상 직접 보니 상상 그 이상으로 멋진 걸!"

"피규어가 살아 움직이는 것 같아. 마치 눈앞에서 비보이들이 공연하는 느낌이야!"

이런 생동감에 대한 욕심은 다른 아트 토이 시리즈를 만들 때도 마찬가지로 생겨나는데, 내가 아주 중요하게 생각하는 부분이다.

01_Woosra, 헤어 스타일은 서태지의 뮤직비디오 <울트라 매니아>를 참고했다. Nike Dunk 23th Anniversary, 2008.
02_P-nix, 콘로우 헤어스타일 테스트.
03_P-nix, 더 헌드레즈 버전, 헌드레즈의 디스트리뷰터인 카시나에 전시.
04_Skateboard(1/6 size), 윤협 작가가 나이키 덩크 전시회 때 만들었던 그래픽으로 제작.

설정에 따른 캐릭터 디자인

첫 번째 시리즈의 주제를 '비보이'로 정한 다음 각각의 캐릭터들의 특징을 정리하는 작업을 진행했다. 캐릭터를 디자인할 때는 각각의 캐릭터마다 자신만의 비보이 스타일을 부여했는데, 비보잉 외에 좋아하는 취미라든가 스타일에 맞는 액세서리 등을 설정했다. 이렇게 디자인 스케치가 마무리되자 실제 피규어 제작이 시작되었다.

    몬스터즈 크루 중 가장 먼저 선보인 '피닉스P-nix'는 파워 무브를 구사하고 엘보스핀을 잘한다. '쥬트Jutt'는 아크로바틱 스타일의 유연한 스타일 무브가 주특기이며, '체Che'는 몬스터즈 크루의 리더로 현역 시절에 유수의 세계 비보이 대회를 휩쓴 전설적인 비보이다. '스피디Speedy'는 말 그대로 가장 빠른 파워 무브를 구사하고 스케이트보드SK8*를 좋아한다. '앤디Andy'와 '레드풋Redfoot'은 스타일 무브를 주로 하는데, 특히 레드풋은 이름 그대로 발을 이용한 빠른 무브가 특징이다. '윈드Wind'는 세계 최고 수준의 헤드스핀을 자랑하며, '제로Zero'는 스타일 무브를 기반으로 화려한 파워 무브를 보여준다. 멤버 중에서 가장 깔끔한 스타일의 비보잉을 구사한다. '주Joo'는 비걸B-girl로서 몬스터즈 크루의 유일한 여성 멤버다. '우쓰라Woosra'는 독특한 스타일의 무브를 선호하고, 취미는 사진촬영이며, 붉은색의 헤어 컬러가 특징이다. 아직 이러한 캐릭터들의 설정을 다 보여주지는 못했지만, 하나씩 버전별로 만들어볼 계획이다.

    본격적인 작업에 앞서 비보이들을 직접 만나 이야기를 들어보기로 했다. 나 역시 보는 것만 좋아할 뿐 그 방면에 문외한이었기 때문에 어떤 부분을 강조하고, 어떤 느낌을 표현할지에 대해 그들의 의견을 듣는 게 급선무였다. 나는 무턱대고 비보이 연습실을 찾아갔다. 그때 처음 만났던 사람이 바로 비보이 실버Silver였다. 그를 통해 더키Ducky도 만날 수 있었고, 캐릭터들의 콘셉트를 잡는 데도 도움을 받을 수 있었다. 흔히들 비보이를 길거리에서 고난도의 브레이크댄스를 추는 문제아들로 알고 있는데, 직접 만나보니 한 동작을 익히기 위해 하루 10시간 이상 땀 흘려 연습하는 성실하고 열정적인 사람들이었다.

* 스케이트보드를 'SK8'이라고 표기하는 이유는 발음 때문이다. '8'을 '에이트eight'라고 발음한 데서 비롯한 일종의 줄임말이다.

>

01_ P-nix, NIKE DUNK 23th Anniversary version.
02_ P-nix, grey version.
03_ Jutt, NIKE+HUMAN RACE.
04_ Che, 몬스터즈 크루의 리더.
05_ Speedy, 비보잉할 때 무브 자체가 빠른 게 특징이다.
06_ Andy, NIKE DUNK version.
07_ Redfoot, Cinelli version.
08_ Redfoot, NIKE DUNK version.
09_ Wind, 세계 최고의 헤드스핀을 자랑한다.
10_ Zero, NIKE DUNK version.
11_ Joo, NIKE DUNK 23th Anniversary version 헤드 디자인은 Seman10cm.
12_ Woosra, 독일 Bright Tradeshow version.

한국의 비보이가 전 세계에 알려진 계기는 2004년 영국 런던에서 열렸던 'UK 비보이 챔피언십 UK B-Boy Championship' 단체전 우승이다. 이때의 주역이 국내 최고의 비보이들로 구성된 '프로젝트 소울 Project Soul'이었다. 프로젝트 소울은 세계 제패를 목표로 구성된 올스타 all star 팀으로, 그야말로 최고 중의 최고의 실력을 가진 국내 비보이 팀이다.

몇 년 전에 카르텔 크리에이티브의 찰리 신을 만난 적이 있다. 그는 프로젝트 소울을 결성하여 유럽으로 진출하게 만든 친구인데, 영상으로만 보다가 직접 만나보니 감회가 남달랐다. 찰리 역시 피규어 아티스트인 내게 큰 관심을 보였다. 피규어를 좋아하는 찰리와 비보이를 주인공으로 피규어를 만드는 나는 여러모로 통하는 점이 많아서 언젠가는 함께 재미있는 프로젝트를 진행할 수 있을 거라는 기대가 있다.

몬스터즈 크루를 만들면서 비보이의 세계에 흠뻑 빠져든 나는 다양한 비보이 문화를 접하게 되었다. 당시는 각종 세계 대회에서 우승한 비보이들이 인기를 끌면서 연극, 영화, 뮤지컬, 광고 등 다양한 분야에서 비보이를 접할 수 있었다. 나는 발레와 비보잉을 결합한 뮤지컬 <비보이를 사랑한 발레리나>에 비보이 실버가 주역으로 출연한다는 소식을 듣고 플랫폼 토이 platform toy인 '툰토이 ToonToy' 캐릭터를 만든 임덕영 작가와 함께 보러 갔었다.

그 뒤로도 비보이들은 드라마나 CF 광고, 연출, 기획, 음악, 비디오 게임 등 여러 분야로 진출하면서, 그들의 활동 영역을 점차 넓혀나가고 있다. 이 말은 곧 비주류 문화인 서브컬처 subculture에서 주류 문화로 당당하게 인정받게 되었음을 뜻한다. 비보이들의 참신한 시도는 문화계 전반에 새로운 활력소가 되었고, 현대 문화가 나아갈 방향을 제시했다.

아트 토이 분야도 일종의 서브컬처라 할 수 있기에 비보이들과 동질감을 느끼는 부분이 많았다. 생각해보면 그동안 내가 걸어온 길도 주류에서 비켜난, 한마디로 언더 문화의 길이었다. 늦은 나이에 하던 일을 그만두고 애니메이션을 만들겠다며 서울로 올라온 것도 그렇고, 열악한 환경에서도 2D·3D 애니메이션 작업을 포기하지 않은 것도 그렇고, 아트 토이를 만들기 위해 책과 씨름하며 온몸으로 부딪힌 것도 그렇다. 국내에서는 자료들을 구하기가 힘든 것이 많아서 외국 사이트를 전전하며 공부했었고, 영어로 된 비디오테이프 6개를 구해서 수십 번 돌려보면서 조금씩 할 수 있는 부분을 늘려나갔다. 한 과정, 한 과정이 모두 힘든 과정이었지만 한 번도 내 선택을 후회한 적은 없다. 내가 좋아해서 선택하고 걸어온 길이기 때문이다. 아마 비보이들에게 물어도 같은 대답을 하지 않을까 싶다.

2007년 4월, 드디어 몬스터즈 크루의 첫 번째 캐릭터인 피닉스가 프리오더를 하게 되었다. 걱정이 되는 한편 기대도 되었다. 뭔가를 만들어서 판매한다는 것은 책임이 뒤따르는 행위인 동시에 누군가에게 기쁨과 만족을 주는 행위이기 때문이다. 다행히 해외 컬렉터들이 많은 관심을 가져주어서 프리오더는 수월하게 진행되었다. 디자인 퀄리티 면에서 아쉬운 부분도 있었지만 그 당시로는 최선을 다했기에 후회는 없었다(솔직히 지금 보면 부족한 점이 보이지만 그때는 내 모든 역량이 다 발휘된 작품이었다).

이렇게 하나씩 몬스터즈 크루가 완성되면서 프리오더 신청을 받는 횟수도 늘었다. 문득 3년여 동안 다양한 피규어 시리즈를 습작했던 기억이 떠오른다. 그때는 내가 만든 토이가 컬렉터들의 선택을 받을 거라고는 상상도 못했었다. 또 수많은 해외 컬렉터들이 나의 토이 작품을 기다려줄 거라고는 감히 생각조차 못했었다. 나를 지지해주는

컬렉터들이 있는 한 몬스터즈 크루 시리즈는 앞으로도 계속 만들어질 것이다.

 돌이켜보면, 당시 그들의 서포트가 없었다면 오늘날까지 피규어 작업을 계속하고 있지는 못했을 것 같다. 이 서포트에는 피규어를 구입해주는 것은 물론이고 관심을 갖고 응원의 말들을 해준 것도 모두 포함된다. 늘 그들에 대한 고마움을 마음속 깊이 간직하고 있다. 요즘도 난 지치고 작업하기 싫을 때, 그들의 서포트를 떠올리면서 힘을 내곤 한다.

<

P-nix gray version(최종 이미지). 시간이 지나면서 좋아하는 스타일도 바뀌고, 할 수 있는 부분도 늘어나면서 프로토타입과 다른 작품이 완성되기도 한다. 또한 선글라스, 메탈 벨트, 체인 지갑 등 조금씩 디테일을 추가하기도 한다. 티셔츠와 신발은 NIKE, 청바지는 SAKUN.

Pithecuse BW 12inch actionfigure, 2009.

Dunkeys

Coolrain's 2nd design
figure series
(collaboration with Seman10cm)
2008년~현재

'덩키즈Dunkeys'는 농구에서 가장 강력한 인상을 주는 '덩크Dunk'와 원숭이를 뜻하는 '몽키Monkey'의 합성어로, 농구하는 원숭이들을 표현한 캐릭터다. 프레이볼Preyball, 즉 농구공으로 게임을 진행하는 콘셉트인 덩키즈는 오리지널 디자인 캐릭터인 모노Mono, 피테쿠스Pithecuse, 시미우스Simius와 그 외 새롭게 추가된 사이보그00700Cyborg00700, 스컬키Skullkey 등으로 구성되어 있다. 지금도 하나씩 캐릭터를 추가해나가고 있다. 전 세계 토이 컬렉터들에게 쿨레인스튜디오의 명성을 알린 대표작이다.

지난 2008년 '나이키 덩크 23주년 전시회' 때 처음 공개된 덩키즈는 초기에는 Seman10cm(박성균) 작가가 헤드 디자인과 스토리 라인을 만들었고, 내가 12인치 액션 피규어의 나머지 부분들을 진행했다. 이후 GFX(신동진) 작가가 디자인에 참여해 시리즈를 계속 확장해가고 있다. 각자 하고 싶은 디자인으로 작업하는 것이 덩키즈 시리즈의 특징이다.

^
Pithecuse, handmade version, 20체 한정으로 제작되었던 피테쿠스의 패키징.

2. 농구하는 원숭이, 덩키즈

나는 역동적인 에너지가 넘치는 스포츠를 꽤 좋아한다. 대부분은 보는 것을 좋아하고 직접 하지는 않는다. 하지만 직접 하는 것을 좋아하는 스포츠도 있는데, 바로 농구다. 농구는 경기 관람에서 그치지 않고 직접 운동장을 뛰어다니며 드리블이나 슛을 하기도 한다. 물론 대학교 시절 얘기지만……. 내게 농구는 눈으로 만족하는 스포츠가 아니라 온몸으로 느끼는 스포츠인 셈이다. 그리고 원숭이, 판다, 토끼 같은 동물들도 좋아한다. 그중에서도 원숭이를 가장 좋아한다.

농구와 원숭이, 이렇게 내가 가장 좋아하는 두 가지를 조합해서 만든 것이 덩키즈Dunkeys = Dunk + Monkey다. 나이키 전시회를 준비하는 중에, 좀 더 재미있는 작업이 없을까 고민하다가 우연한 기회에 '농구'와 '원숭이'가 합쳐진 캐릭터를 디자인했고, 이것이 발전되어 '덩키즈'가 만들어진 것이다.

덩키즈 캐릭터 스토리

덩키즈 시리즈의 기본 캐릭터는 모노Mono, 피테쿠스Pithecuse, 시미우스Simius다. 이 셋으로 시작된 덩키즈의 각 캐릭터의 이름에는 모두 '원숭이'라는 뜻이 담겨 있다. 애초 12인치 액션 피규어 제작으로 출발한 나는 패브릭 재질을 즐겨 사용한다. 덩키즈는 원숭이의 느낌을 잘 살리기 위해 머리, 팔, 다리 부분을 털fur 원단으로 마무리했는데, 몸 전체를 털 원단으로 덮지 않고 부분적으로 사용한 까닭은 '덩키즈 스토리'에서 찾아볼 수 있다.

덩키즈 스토리는 "진화를 통해 살아남은 인류가 덩크를 통해 새로운 진화를 만들어나간다"라는 주제를 담고 있다. 즉 사람이 덩키즈로 진화한다는 의미를 표현하기 위해 머리, 팔, 다리에만 털을 부착한 것이다. 이 점을 덩키즈의 팬들은 재미있게 받아들였다. 그리고 의상은 미국 프로농구NBA에 소속된 시카고 불스Chicago Bulls의 저지jersey를 모티프로 해서 만들었고, 각 캐릭터의 유니폼에 새긴 번호는 각각의 성격에 맞는 NBA 스타 선수의 등번호를 부여했다.

^ Mono, 2008.

^ Pithecuse, 2008.

^ Simius, 2008.

- 모노(#3): 스페인어로 '원숭이'라는 뜻을 가진 모노는 덩키즈의 리더로, 코트에서는 감독 역할을 한다. 개인적으로 가장 좋아하는 앨런 아이버슨Allen Iverson의 등번호(3번)를 부여한 캐릭터다. '해결사The Answer', '전설의 득점기계'로 불리는 앨런 아이버슨은 필라델피아 세븐티식서스에서 포인트가드PG로 4차례나 득점왕에 올랐으며, "농구는 신장이 아닌 심장으로 하는 것이다"라는 명언을 남긴 NBA 역사상 최단신 득점왕이다. 모노 역시 앨런 아이버슨과 마찬가지로 포인트가드 포지션이며, 빠른 몸놀림과 순발력으로 코트 위를 빠르게 누빈다.

- 피테쿠스(#23): 덩키즈 캐릭터 중 가장 많이 알려진 피테쿠스는 '농구 황제'라 불린 시카고 불스의 마이클 조던Michael Jordan의 등번호(23번)를 부여받았다. 이 말은 곧 피테쿠스가 마이클 조던만큼 농구를 아주 잘하는, 꽤 대단한 선수라는 의미다. 코트 위에서 카리스마를 뽐내는 피테쿠스는 마이클 조던을 좋아하는 원숭이가 콘셉트다.

- 시미우스(#91): 'NBA 최고의 리바운더'인 데니스 로드맨Dennis Rodman의 등번호(91번)를 부여받은 시미우스는 다른 덩키즈 캐릭터에 비해 팔이 좀 긴 것이 특징이다. 당연히 윙스팬wingspan(두 팔을 양옆으로 쭉 폈을 때의 길이)도 길어서 리바운드를 잘 잡는데, 이 콘셉트만으로도 리바운드가 강했던 데니스 로드맨을 떠올리기에 충분하다.

이 세 개의 기본 캐릭터 외에 사이보그00700Cyborg00700, #7, 스컬키Skullkey, #5, 헬키Hellkey(덩키즈의 헬보이 버전), 모노베이더Monovader(덩키즈의 스타워즈 버전) 등 수십 종의 캐릭터들이 덩키즈 시리즈의 연장선상에서 계속 새롭게 추가되고 있다. 풍부한 상상력과 화려한 개인기, 재미난 스토리를 품고서 각종 전시와 프로젝트를 누비는 덩키즈 시리즈의 끝이 어디로 이어질지 가끔은 작가인 나도 궁금하다.

덩키즈의 탄생

덩키즈의 탄생 이야기를 하다보면 나이키를 빼놓을 수 없다. 2007년 겨울, 그동안 나의 디자인 피규어를 눈여겨봤던 나이키 에너지 팀의 황의규 과장이 '나이키 덩크 23주년 기념 전시NIKE DUNK 23th Anniversary'를 함께하자고 연락해왔다. 주요 내용은 2008년 2월부터 6월까지 코엑스 메가박스 앞쪽 나이키 전시장에서 2008년 덩크 시리즈들과 23주년 기념 빈티지 덩크Vintage Dunk, 나이키 컬쳐 버전 피규어들을 함께 전시하자는 것이었다. 그리고 3월부터 5월까지 명동에서 열리는 나이키 덩크 '비 트루' 아트 갤러리NIKE DUNK 'Be True' Art Gallery에 피규어 아티스트로 참가해달라는 요청도 받았다.

사실, 나이키 전시회를 준비하면서 새로운 디자인 피규어 캐릭터를 제작할 시간이 많지는 않았다. 2008년 봄여름에 출시될 덩크 신발 100여 켤레와 상·하의 나이키 의상 100여 벌 정도를 제작하는 일만으로도 상당히 벅찼었다. 피규어에 신길 나이키 신발 하나를 만드는 데 보통은 패턴 제작까지 고려해 꼬박 3일 정도가 걸린다. 그래서 몬스터즈 크루를 준비하면서 만들었던 캐릭터들을 최대한 활용하기로 했다. 나이키 쪽에서는 캐릭터 디자인에 대한 제한 없이 마음대로 하라고 했다. 다만, 주 대상층인 젊은이들의 모습을 표현하는 데 부적절한 수염이나 타투(문신) 부분만 주의해달라고 당부했다.

일단 나는 코엑스와 명동에서 열리는 두 전시회 모두 '농구와 스케

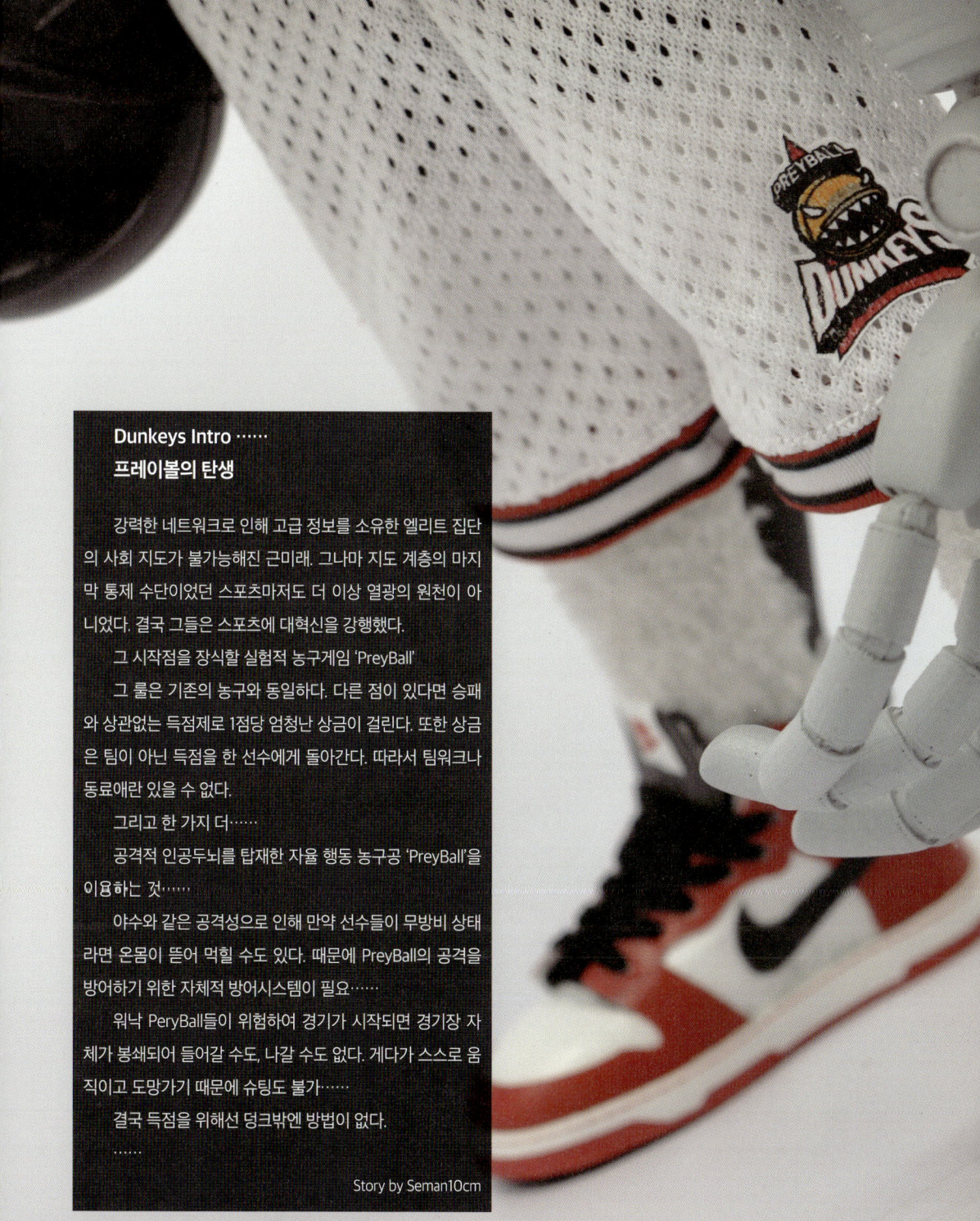

Dunkeys Intro ……
프레이볼의 탄생

　강력한 네트워크로 인해 고급 정보를 소유한 엘리트 집단의 사회 지도가 불가능해진 근미래. 그나마 지도 계층의 마지막 통제 수단이었던 스포츠마저도 더 이상 열광의 원천이 아니었다. 결국 그들은 스포츠에 대혁신을 강행했다.
　그 시작점을 장식할 실험적 농구게임 'PreyBall'
　그 룰은 기존의 농구와 동일하다. 다른 점이 있다면 승패와 상관없는 득점제로 1점당 엄청난 상금이 걸린다. 또한 상금은 팀이 아닌 득점을 한 선수에게 돌아간다. 따라서 팀워크나 동료애란 있을 수 없다.
　그리고 한 가지 더……
　공격적 인공두뇌를 탑재한 자율 행동 농구공 'PreyBall'을 이용하는 것……
　야수와 같은 공격성으로 인해 만약 선수들이 무방비 상태라면 온몸이 뜯어 먹힐 수도 있다. 때문에 PreyBall의 공격을 방어하기 위한 자체적 방어시스템이 필요……
　워낙 PeryBall들이 위험하여 경기가 시작되면 경기장 자체가 봉쇄되어 들어갈 수도, 나갈 수도 없다. 게다가 스스로 움직이고 도망가기 때문에 슈팅도 불가……
　결국 득점을 위해선 덩크밖엔 방법이 없다.
　……

Story by Seman10cm

< ^ >
Seman10cm와 함께 만든 첫 번째 캐릭터 Mono, color version, NIKE DUNK 'Be True' Art Gallery(명동), 2008.

이트보드, 음악을 즐기는 10대 후반부터 20대 초반의 친구들'을 주제로 피규어를 디자인했다. 이렇게 4~5개월 정도를 준비하다보니 뭔가 좀 색다르고 재미난 작업에 대한 열망이 솟아올랐다. 게다가 몇 개월 동안 계속된 전시회 준비로 스트레스가 극에 달한 상태였었다. 이러한 상황에서 Seman10cm(박성균) 작가와 나에겐 활력이 되는 새로운 탈출구가 필요했다. 이때 우연히 만들어진 것이 바로 덩키즈의 첫 번째 캐릭터인 '모노'다.

덩키즈는 나와 Seman10cm 작가의 공동 작업으로 태어났는데, 어찌 보면 "단순히 재미로 만들었다"라고 말해도 될 듯싶다. 덩키즈의 헤드head 디자인과 조형은 Seman10cm 작가가 진행했고, 바디body와 의상, 신발 등은 내가 제작했다. 그전에도 자신만의 스타일로 디자인 피규어를 만들어온 Seman10cm 작가는 재미난 작업들을 많이 진행했었다. 그래선지 늘 새로운 스토리를 보여주는 등 피규어 제작 외에도 도움이 되는 부분이 많다. 초기 단계부터 지금까지 여러 가지 방향성에 대해서도 함께 고민해주는 Seman10cm 작가, 덩키즈는 우리 두 사람이 아이디어를 공유하면서 작업한 결과물이다.

나이키 전시회를 성공적으로 마친 우리는 세계관이나 캐릭터들을 추가해서 본격적으로 '덩키즈'라는 시리즈를 만들었다. 이 작품은 일본 도쿄 신주쿠에 위치한 '퓨메니FEWMANY 갤러리'에 전시되어, 세계 아트 토이 시장의 중심인 일본 컬렉터들의 시선을 사로잡았다. 특히 2009년 '예술의 전당' 전시회 이후 덩키즈의 해외 진출은 더욱 활발해졌다. 독일 베를린, 프랑스 파리, 이탈리아 밀라노, 미국 샌디에이고 등 덩키즈가 가는 곳마다 아트 토이 컬렉터들의 호평이 넘쳐났다. 덩키즈의 명성도 덩달아 높아졌다.

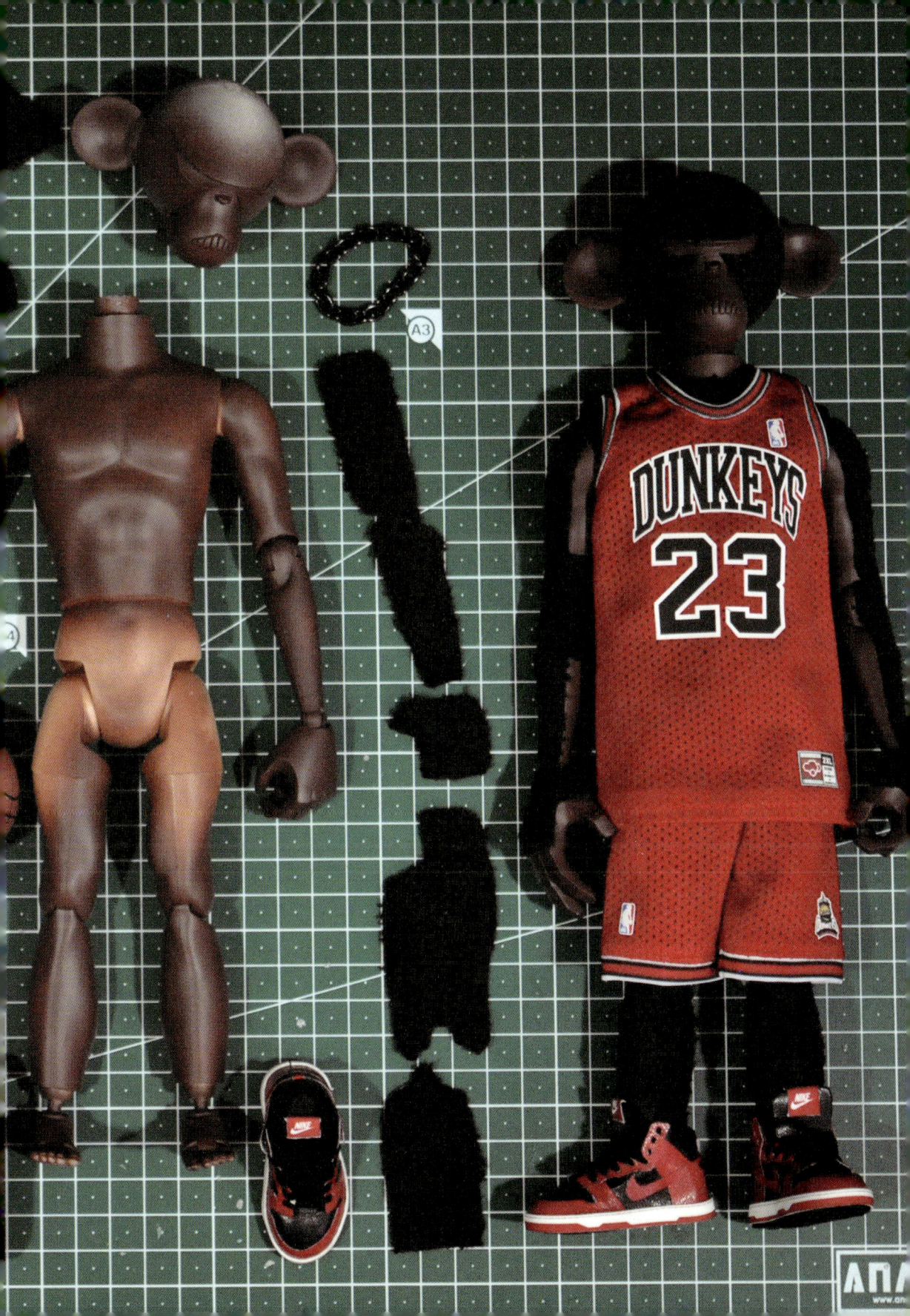

예술의 전당 입성,
그리고 데이브 화이트와의 콜라보레이션

2009년 예술의 전당 한가람미술관에서 열렸던 '블루닷 아시아 2009BlueDot Asia 2009'는 '덩키즈'를 주제로 여러 작가들이 참여한 첫 번째 전시라는 점에서, 또 특별관 형태로 진행되었다는 점에서 의미가 크다. 여태 내가 한 작업들은 대부분 혼자 또는 친한 친구들과 함께한 것이었다. 그러나 이 전시회는 지인들 외에도 다양한 분야의 작가들이 덩키즈를 주제로 만든 작품들을 선보인 그룹 전시였다. 작품들 중에는 공감되는 것들도 있었고, 전혀 생각지 못한 새로운 감각과 스타일을 보여주는 것들도 있었다.

한가람미술관 3층에 자리 잡은 '스트리트 컬처 더 포커스Street Culture the Focus' 프로젝트에서 나는 스트리트 스타일로 연출한 핸드메이드 액션 피규어를 만들었고, Seman10cm 작가는 새로운 덩키즈의 스태츄statue(전신 조각처럼 제작된 컬렉션의 한 종류) 타입을 디자인했다. 이때까지만 해도 이번 전시가 두 번째, 세 번째로 이어지고 해외의 여러 작가들이 참여하게 되리라고는 생각지도 못했었다. 덩키즈가 예술의 전당에 입성한다는 사실만으로도 충분히 기뻤으니까.

무슨 일이든 처음이 가장 어렵다. 첫걸음은 두 번째, 세 번째 걸음보다 몇 배의 노력을 더 필요로 한다. 하지만 힘들다고 첫걸음을 포기한다면 두 번째, 세 번째 걸음은 내디딜 수가 없다.

모든 전시가 그랬지만, 이 전시 역시 시간이 빠듯해서 여러모로 힘들었다. 또 새롭게 참여하는 작가들과 교류하고 싶었으나, 사정이 여의치 않아 접을 수밖에 없었다. 그 부분이 많이 아쉽다. 대신 데이브 화이트가 전시에 참여한 부분은 충분히 만족할 만한 일이었다. 이렇

< >
01_데이브 화이트의 Pithecuse BW 드로잉과 실제 Pithecuse BW 작품을 함께 전시해 관람객의 흥미를 유발했다.
02_스태츄 형태의 덩키즈(by Seman-10cm), 예술의 전당, 2009.
03_새로운 덩키즈 쉐이프에 그래피티 작업에서 많이 사용하는 물감을 흘려서 표현한 작품.

듯 뭔가를 준비하다보면 아쉬운 부분도 있지만, 보람과 고마움을 느끼는 부분도 있게 마련이다. 데이브 화이트의 참여 덕분에 덩키즈의 새로운 면모를 볼 수 있었고, 국내에서뿐 아니라 해외에서도 화제의 중심에 설 수 있었다.

데이브 화이트는 영국 출신의 그래피티graffiti 라이터로, 초기에는 나이키 신발들을 시리즈로 그리면서 이름을 알렸다. 영국의 소더비즈Sotheby's*에서 활동하기도 했는데, 현재는 슈퍼 영웅 등 다양한 형태의 작업들을 보여주고 있다. 드립drip이나 붓터칭 등으로 자신만의 독특한 스타일을 보여주는 팝아트 작가다.

데이브 화이트의 작품은 2008년 나이키 'BE TRUE' 전시회 때 처음 봤었다. 그 뒤로 쭉 관심 있게 지켜보다가 '피테쿠스'와 '피테쿠스 BW'를 선주문받는 과정에서 우연히 콜라보레이션을 제안할 기회를 얻었다. 나이키코리아를 통해 덩키즈 피규어를 구매하고 싶다고 먼저 연락해온 데이브 화이트, 때마침 예술의 전당 전시회를 기획 중이었기에 나는 피규어를 그림으로 그려줄 수 있냐고 제안했다. 그러자 데이브 화이트는 자신도 한번 덩키즈를 그려보고 싶다며 흔쾌히 승낙해주었다. 이렇게 덩키즈의 첫 번째 해외 콜라보레이션이 성사되었다.

나는 Seman10cm 작가와 함께 새로운 쉐이프shape의 덩키즈를 선보였다. 그동안은 부분적인 캐릭터의 단면을 보여주었다면, 이번에는 12인치 액션 피규어 외에 스태츄 형태로 제작했다. 바디까지 모두 새롭게 디자인하고, 사이보그00700과 스컬키 등 다양한 캐릭터들을 추가로 만들었다. 보통 12인치 액션 피규어는 기존에 나온 바디를 사용함으로써 원하는 형태로 변형하기가 어려웠으므로, 겨우 헤드와 손 부분만 새로 디자인할 수가 있었다. 즉 제대로 된 쉐이프를 보여주기가 어려웠다.

* 소더비즈(소더비 경매회사)는 미술품, 골동품 등을 취급하는 세계적인 예술품 경매회사다.

무엇보다 이 전시에는 덩키즈의 상대팀 캐릭터인 '라뱃츠Rabbats = Rabbit + Bats'가 새롭게 등장했다. 라뱃츠는 '토끼rabbit'와 '야구방망이bat'의 합성어다. 라뱃츠 캐릭터의 헤드를 보면 토끼가 떠오르는데, 토끼의 긴 귀는 야구방망이로 표현되었다. 덩키즈의 배경인 '프레이볼' 자체가 근미래 전투농구라는 콘셉트였기에 라뱃츠 캐릭터 역시 조금은 과격한 형태로 디자인되었다. 나는 지금까지 스토리로만 존재하던 것을 좀 더 구체화시켜서 입체로 만드는 데 이번 전시의 의미를 두었다. 그리고 기존의 캐릭터들도 이번에 다시 한 번 모델링을 수정해서 톤을 맞추는 데 중점을 두었다.

전시회 횟수가 늘어날 때마다 덩키즈 시리즈도 조금씩 발전하는 모습을 보인다. 다음엔 어떤 캐릭터가 새롭게 등장할지 나 역시 기대된다.

데이브 화이트의 드로잉 작업. 2009년 예술의 전당 전시회 이후 2011년에 다시 데이브 화이트가 참여한 전시회(Dunkeys Evolve)를 열었는데, 이때 그가 추가로 그려준 드로잉이다.

Monovader

Mono

Mr. Bear

Skullkey

예술의 전당에서 꽃핀 스트리트 아트
Blue Dot Asia 2009

2009년 6월 20일부터 25일까지, 예술의 전당 한가람미술관에서 국내외 기성 작가와 신생 작가 그리고 서브컬처 아티스트들의 작품을 모두 볼 수 있는 전시회가 열렸다. 예술성과 상품성을 겸비한 작품들은 전시와 동시에 판매도 가능했다. 전시명이기도 한 '블루닷'은 구매가 예약된 파란색 스티커를 의미한다.

'덩키즈'를 주제로 핸드메이드 액션 피규어를 전시한 나와 Seman10cm 작가 외에도 국내 작가 중에서 GFX와 윤협이 참가했다. 먼저 쿨레인스튜디오의 디자이너인 GFX는 덩키즈의 세계관을 가장 잘 보여주는 그림 3점을 그렸고, 윤협은 자신의 대표적인 이미지인 구름 모양의 아이콘과 덩키즈의 헤드를 합친 절묘한 작품, 그리고 덩키즈 캐릭터의 이미지를 단순화시킨 작품들을 완성했다.

스니커즈 커스텀 디자이너인 웨슬리Wesley(정유창)는 2008년 나이키 'BE TRUE' 전시회에서 처음 알게 되었는데, 스니커즈 마니아들을 열광시키는 다양한 작품들을 통해 새로운 분야를 개척하고 있었다. 이 전시에서 그는 농구와 덩키즈의 이미지를 스니커즈와 접목시킨 다양한 작품들을 보여주었다.

그 외에 다이나믹 듀오의 개코와 아메바컬쳐의 아트 디렉터였던 이기백, 현재 디렉터인 김대홍 작가도 함께 참여해 멋진 작품들을 보여주었다. 개코는 그전에 피규어 제작 때문에 한 번 만난 적이 있었는데, 그 뒤로 못 보다가 다이나믹 듀오 10주년 아트 토이를 만들면서 친해졌다. 아메바후드 피규어(블라인드 박스)의 메인 이미지도 개코의 작품이다.

서로의 작업을 존중하면서 함께 접점을 찾아내는 과정은 늘 흥미롭다. 그런 점에서 아메바후드와 작업하는 내내 기분이 좋았고, GFX와 함께 진짜 내 일처럼 즐겁게 작업했었다. 이기백 디렉터는 직접 만나지는 못했고, 대신 김대홍 작가를 통해 소식을 전해 들었다(이기백 디렉터와도 기회가 되면 함께 작업해보고 싶다).

이 전시 작품 중에서 개인적으로 특히 마음에 드는 작품은 패턴 스타일로 작업한 김대홍 작가의 덩키즈다. 다음에 또 연이 닿는다면 다른 캐릭터들도 한번 협업해보고 싶다. 김대홍 작가와는 다이나믹 듀오 10주년 피규어인 아메바후드를 진행하면서 서로 많은 이야기를 나눴었는데, 솔직히 언제, 어떻게 만나 친해졌는지는 잘 기억나지 않는다(한 달 전 일도 기억이 가물가물하니 김대홍 작가와 어떤 계기로 만났는지 기억날 리가 없다). 여하튼 지금은 가장 친한 동생 중 한 명이다. 비록 띠동갑 사이지만 공통 관심사가 많아서인지 대화도 잘 통하고 죽이 잘 맞는다.

나와 함께 '상상마당'에서 강의를 진행하는 김대홍 작가는 힙합씬hip-hop scene의 앨범 작업들로 대내외적으로 인기를 누리고 있고, 요즘은 좀 더 그 영역을 넓혀나가고 있다. 바쁠 때를 제외하고는 우리 두 사람은 일주일에 한 번 정도 만나서 밥도 같이 먹고, 아트북을 보러 홍대 일대를 누비기도 한다(최근에는 둘 다 바빠서 가끔 전화통화만 하고 지낸다).

내가 좋아하는 또 한 명의 작가 윤협, 그는 꽤나 의미심장한 말을 남겼다. "예술의 전당 자체가 아무래도 그래픽 라이터라든가 어번 컬처 아티스트들에게는 문을 잘 열지 않는다. 한마디로 폐쇄적인 이미지가 강한 곳인데, 여기서 내 작품을 전시할 수 있을 거라고는 생각도 못했었다." 그래피티 아티스트인 윤협 작가 입장에서는 예술의 전당에 자신의 작품을 전시한 감회가 남달랐을 것이다.

피규어나 아트 토이 역시 마찬가지여서 순수한 의미의 전시보다는 특정 이벤트라든가 새로운 걸 보여주려는 기획이 많은 편이다. 대부분 5월에 이런 제안들이 많이 들어온다. 그래도 예전보다는 이런 성향이 많이 줄어든 편인데, 앞으로 더 좋은 방향으로 발전할 거라고 본다.

01_ 윤협(그래피티 아티스트)
02_ 성낙진(일러스트레이터)
03_ 다이나믹 듀오의 개코(뮤지션)
04_ B-boy, 스케이트보더 등을 작업, 12inch 액션 피규어 시리즈, by Coolrain.
05_ 김대홍(아트 디렉터)

덩키즈의 첫 해외 전시

2010년 7월, 드디어 덩키즈가 유럽 땅을 밟았다. 덩키즈 시리즈의 두 번째 전시이자 해외에서의 첫 전시가 독일 베를린에서 열린 것이다. 이번에는 독일, 프랑스, 영국 등 유럽 현지에서 활동하는 작가들의 그림이 함께 전시되었는데, 모두들 흔쾌히 '덩키즈'를 주제로 그림을 그려주었다.

여기에는 프랑스 잡지 〈Be Street〉의 편집자인 베니Benny의 공이 컸다. 잡지 인터뷰 때문에 알게 된 베니는 베를린에서 열리는 '브라이트 트레이드 쇼Bright Tradeshow'에 덩키즈를 초대하고 싶다고 했다. 그러면서 자신이 알고 지내는 아티스트들에게 덩키즈를 주제로 그림을 그려달라고 해서 함께 전시하면 어떻겠냐고 제안했다.

덩키즈를 매개체로 여러 아티스트들과 교류할 수 있다니, 이보다 더 새롭고 신기한 경험이 있을까? 개인적인 친분이 없는 상태에서 피규어만으로 서로 소통하고 교감할 수 있다는 것은 이미 그 자체로 너무나 값진 경험이다. 이러한 콜라보레이션은 작품 활동에서도 시너지 효과를 내는데, 서로 교류함으로써 자기 나라의 문화를 상대방의 나라에 소개할 수 있는 좋은 기회이기도 하다.

'브라이트 트레이드 쇼'에 나와 함께 초대된 작가들은 영국 출신의 이안 맥아더Iain Macarthur와 프랑스 출신의 맥베스Mcbess, 니키비Nikibi였다. 그들은 모두 자신만의 개성과 감성을 담아 덩키즈를 멋지게 표현해냈다. 이미 〈Be Street〉 잡지에서 그들의 작품을 접했던지라 기대가 컸는데, 전시 작품을 보자마자 '역시나' 하는 감탄사가 절로 나왔다. 그림만 보고도 누구의 작품인지 알 수 있을 정도로 작가의 스타일이 잘 드러났다. 개인적으로 작품 활동이 곧 '아이덴티티identity(정체성)'

< Skullkey, 50cm, <고스트 라이더 Ghost Rider>라는 영화에서 영감을 받아 만들었다.

를 찾아가는 과정이라고 생각하는데, 그러한 점에서 많은 자극을 받았던 전시였다.

멕베스, 니키비, 맥아더 모두 작품에서 독특한 아이덴티티가 느껴졌다. 유명 일러스트레이터인 맥베스는 흘러내리는 듯한 그림 스타일이 너무나 매력적이었는데, 스트리트 컬처의 감성이 다분했다. 그는 후에 키드로봇Kidrobot에서 발매한 더니Dunny 시리즈의 아티스트로 참여했고, 전체 시리즈의 박스 디자인을 담당하기도 했었다. 이안 맥아더 또한 복잡한 라인들 속에서 힘을 느낄 수 있는 스타일이었고, 니키비는 자신만의 스타일에 아인슈타인을 패러디해서 덩키즈를 표현해주었다.

나는 베를린 전시에서 뭔가 특별한 것을 보여주고 싶었다. 그래서 독일을 상징하는 동물인 곰을 모티프로 한 캐릭터를 구상했는데, 이것이 나중에 미스터Mr. 시리즈로 발전했다. 독일이 곰이라면 프랑스는 닭이 대표 동물이다. 그래서 프랑스 전시 때는 닭과 관련된 아이템을 새로이 추가했다. 이처럼 새로운 나라나 지역에서 전시를 할 경우 그곳 사람들이 흥미를 느낄 만한 주제를 찾아 기존 작품과 연계시키든가, 아니면 아주 새로운 작품을 만들어 선보인다. 무엇이 됐든 그곳의 문화와 생활방식에 대한 공부는 필수다.

^ Iain Macarthur(England)

^ Mcbess(France)

^ Nikibi(France)

아이덴티티를 찾아가는 여정
Bright Tradeshow Summer 2010

'브라이트 트레이드 쇼Bright Tradeshow'에서 덩키즈를 선보이기로 했지만, 문제는 독일 베를린까지 50여 체의 피규어들을 어떻게 운반하고 설치하느냐 하는 것이었다. 내가 직접 가지고 간다면야 큰 문제랄 것도 아니지만, 다른 프로젝트를 진행하느라 작업실을 비울 수 없는 상황이어서 이래저래 고민이었다. 일단 베니가 일하는 프랑스의 〈Be Street〉 편집실로 피규어들을 보낸 다음, 그것을 다시 베니가 독일로 가져가는 방법을 택했다.

가장 큰 문제는 해결되었지만, 또 다른 문제가 기다리고 있었다. 워낙 피규어 자체가 섬세한 손길이 필요한 작품인 데다가 사이즈도 작으니 조금만 부주의해도 파손될 위험이 컸다. 특히 6분의 1 사이즈의 픽스트 기어 바이크의 경우에는 파손 위험이 더 커서 포장하는 데만도 시간이 꽤 걸렸다. 또 포장, 운반에서 아무 문제가 없더라도 12인치 액션 피규어를 다루어본 적 없는 베니가 과연 피규어 세팅을 제대로 할 수 있을지 걱정이 되었다. 동작 자세를 어떻게 취하느냐, 패브릭 의상의 주름을 어떻게 잡아주느냐에 따라 액션 피규어의 느낌이 사뭇 달라지기 때문이다.

똑같은 액션 피규어라도 다루어본 적이 있는 사람이 세팅하는 것과 그렇지 않은 사람이 세팅하는 것은 확연한 차이점을 드러낸다. 나는 이 부분을 해결하기 위해 세팅 시 참고가 될 만한 사진들을 찍어 베니에게 보냈다. 사진 속 피규어들과 최대한 유사하게 세팅해달라는 당부와 함께.

사진 촬영도 마찬가지다. 아무리 전문 사진가라 하더라도 피규어를 찍어본 경험이 많은 사람과 그렇지 않은 사람은 사진의 느낌이 다르다. 인물을 촬영할 때처럼 피규어도 렌즈의 높이에 주의해서 촬영을 해야 한다. 가끔 인터뷰 때문에 찾아온 사진기자들이 내 작업실에 있는 토이들을 찍어가는 경우가 있다. 사진 자체는 나무할 데 없지만 토이 컬렉터들이 찍은 사진과는 느낌이 사뭇 다르다. 아무래도 토이를 많이 찍어본 사람들이 토이의 느낌도 더 잘 표현하지 않을까?

첫 해외 전시는 성황리에 끝이 났다. 세팅 때문에 좀 걱정했었는데, 나중에 전시장에 세팅된 피규어들을 보니 동작 자세나 의상 모두 제대로 표현돼 있어서 마음이 놓였다. 이렇게 또 하나의 새로운 경험이 마무리되었다.

기본적으로 내 작업은 일단 주제를 정한 뒤 토이라는 오브젝트를 만드는 것이다. 이때 무엇보다 중요한 것이 사람들과의 만남과 교류다. 내 작품 대부분이 사람들의 이야기에서 주제를 얻기 때문이다. 그런 의미에서 베를린 전시는 여러모로 의미 있었다. 지구 반대편에 살고 있는 친구들과의 작업이라는 점에서, 또 그들의 팬에게 나의 작품들을 보여줄 수 있는 기회라는 점에서 말이다. 내게는 창조적 디자인 세계의 지평을 넓히는 계기였다.

작업을 하면서 최종 목표를 묻는 질문을 많이 받는다. 내 대답은 이렇다.

"지금의 작업은 다음 작업을 위한 기반이 된다고 생각하면서 항상 최선을 다하려고 노력할 뿐이다. 최종적으로는 누구나가 알아볼 수 있는 나만의 아이덴티티를 담은 작품을 만드는 것이 목표다."

단순히 아트 토이를 만드는 것에만 그치지 않고 첫 해외 전시 때처럼 여러 과정을 거치며 새로운 사람들을 만나는 일 모두 나만의 아이덴티티를 찾아가는 길이라고 생각한다.

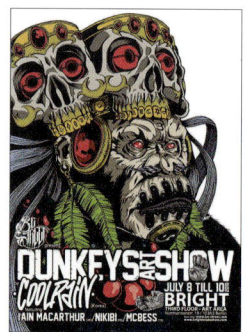

> 자이언트 리얼 우드 피테쿠스, by 허용, 150cm(덩키즈 120cm, 베이스 30cm), 2011.

< >
01_Dunkeys Pithecuse, leathur version, by Lady Brown, 50cm, 2011.
02_Pithecuse BW, 50cm, 2011.
03_Pithecuse, by Hands in Factory, 50cm, 2011.

덩키즈, 진화하다

이제 쿨레인스튜디오를 대표하는 아트 토이로 자리 잡은 덩키즈는 국내뿐 아니라 아시아, 유럽 등지에서도 즐겨 찾는 캐릭터로 자리 매김했다. 그 여파를 몰아 2011년 9월, 세 번째 '덩키즈' 전시회가 개최되었다. 전시 제목은 '덩키즈 이볼브Dunkeys Evolve', 한마디로 2008년 나이키 덩크 'BE TRUE' 아트 갤러리에서 첫 선을 보인 뒤로 덩키즈가 어떻게 발전해왔는지를 보여주는 전시였다.

'덩키즈 이볼브'에도 데이브 화이트가 함께해주었다. 그와의 첫 콜라보레이션이었던 2년 전 한가람미술관 전시에서 피테쿠스 BW 버전을 보여주었던지라 이번에 다른 캐릭터도 보여줄 수 있는지 물었다. 데이브 화이트는 현재 피규어로 제작된 모든 캐릭터들을 그려줄 수 있다고 했다. 이렇게 해서 데이브 화이트와의 콜라보레이션 전시가 기획되었다.

평소 나는 12인치 피규어보다 훨씬 큰 사이즈의 작품을 만들어 전시하고 싶었다. 그 꿈을 이루기 위해 먼저 20인치(약 50센티미터) 크기의 덩키즈를 스태츄 형태로 만들었다. 그리고 47인치(약 120센티미터) 크기의 대형 우드 덩키즈를 제작하기로 했는데, 허용 작가가 손으로 일일이 나무를 깎아서 만든 '자이언트 리얼 우드 피테쿠스'는 전시 내내 큰 사랑을 받았다(허용 작가는 제주도에서 주로 작업하는지라 직접 만나볼 기회가 없었다. 언젠가 꼭 한번은 만나 감사 인사를 하고 싶다). '덩키즈 이볼브'에서 20인치, 47인치 크기의 덩키즈를 선보일 수 있었던 것은 모비룩스의 서포트 덕분이었다. 전시 기획부터 디스플레이까지 폭넓게 지원해준 덕분에 새로운 작품들을 선보일 수 있었다.

또한 쿨레인스튜디오 동료들은 덩키즈를 주제로 각각 20인치 크기의 커스텀custom 버전을 만들었다. 자신만의 개성과 스타일이 잘 드러난 작품들은 한층 진화된 덩키즈의 모습을 보여주는 데 부족함이 없었다. 특히 Lady Brown(레이디 브라운)이 핸드메이드로 만든 가죽 덩키즈는 우드 덩키즈와 함께 사람들의 관심을 많이 받았다. 덩키즈 조형물을 소가죽으로 씌운 다음 한 땀 한 땀 정성들여 스티치를 넣어서 꿰매는 작업을 보고 있노라면 세심함과 더불어 아트워크의 혼이 느껴진다. 놀라운 사실을 하나 알려주면, Lady Brown은 이 작품을 만들기 위해 가죽공예를 배웠다고 한다. 두 달여 동안 혼신의 힘을 다해 만든 가죽 버전 덩키즈가 그녀의 첫 가죽공예 작품이라니, 정말 대단하지 않은가.

피테쿠스, 시미우스, 모노, 사이보그00700, 스컬키 등 덩키즈 오리지널 버전과 커스텀 버전, 그리고 미스터 시리즈까지 크게 세 가지 버전으로 공개된 '덩키즈 이볼브'에서는 스톰트루퍼, 다스베이더, 손오공, 헬보이 등 SF영화와 애니메이션에서 튀어나온 듯한 각종 캐릭터들을 형상화한 덩키즈들이 총출동했다. <스타워즈Star Wars> 버전인 모노베이더와 피테트루퍼, <헬보이Hellboy> 버전인 헬키 등……. 특히 덩키즈 캐릭터와 데이브 화이트의 그림이 나란히 전시되어 멋진 아트워크 세계를 연출하였는데, 쿨레인과 데이브 화이트의 콜라보레이션이 빛을 발하는 순간이었다.

덩키즈는 나날이 진화하고 있다. 2008년 첫 선을 보인 이후 지금까지 얼마나 많은 변화가 생겼는지는 출시된 제품들만 살펴봐도 확연히 알 수 있다. 2012년 한 해 동안 10개 이상의 캐릭터를 선보였을 때도 덩키즈 12인치 액션 피규어의 바디와 6~8인치 정도의 바이닐vinyl 제품을 만드는 데 주력하는 등 차별화된 형태를 보여주려고 노력했다. 물론 이전에 출시된 NBA 시리즈나 아메바후드 시리즈와는 달리 오리지널 디자인과 스토리로 진행된 첫 번째 시리즈였기에 사람들의 반응이 무척 궁금했다. 특히 12인치 액션 피규어는 바디까지 모두 새롭게 디자인한 까닭에 기대가 컸었는데, 나의 첫 작품이 12인치 액션 피규어인 탓에 애정이 더 갔는지도 모르겠다.

처음의 덩키즈는 Seman10cm 작가와 나의 공동 작품이지만, 현재의 덩키즈는 누구 한 사람의 작품이라기보다는 함께 참여한 모든 작가들의 작품이라고 생각한다. 옆에서 서포트해준 동료들이 있었기 때문에 지금까지 지속될 수 있었고, 더 발전할 수 있었다. 재미로 만들어서 큰 인기를 얻은 덩키즈. 만드는 사람이 재밌고 즐거우니 보거나 수집하는 사람도 재밌고 즐거운가 보다. 덕분에 큰 인기를 얻었다. 역시 사람을 감동시키는 데는 '재미'만 한 것이 없다.

현재 덩키즈는 마인드스타일MINDstyle 등 해외 아트 토이 업체들과 손잡고 전 세계로 퍼져나가고 있다. 쿨레인스튜디오의 이름을 해외에 가장 먼저 알린 캐릭터답게 요즘도 전시 및 프리오더를 통해 덩키즈의 해외 인기를 실감하고 있는데, 해외 아티스트와의 콜라보레이션도 기회가 닿는 한 계속 진행할 계획이다.

Pithecuse BW version(2008), 오리지널 디자인은 Seman10cm가 수작업으로 로봇팔을 만들었는데, 3D 모델링으로 다시 업그레이드하였다.

몬스터즈 크루는 아시아, 덩키즈는 유럽 취향

몬스터즈 크루와 덩키즈 모두 쿨레인스튜디오를 대표하는 아트 토이 시리즈다. 둘 다 많이 알려졌는데, 특이하게도 대륙별 판매량에서 차이를 보인다. 사람들마다 좋아하는 색상이나 스타일이 따로 있다. 몬스터즈 크루는 유럽 쪽에서 선주문이 들어오는 경우가 극히 드문 반면, 덩키즈는 선주문의 절반 이상이 유럽 쪽에서 들어온다. 즉 '몬스터즈 크루'는 아시아의 컬렉터들이나 팬들이 좋아하는 반면, '덩키즈'는 유럽의 팬들이 흥미와 관심을 보인다.

예를 들어 수작업으로 만든 몬스터즈 크루 10체를 프리오더 방식으로 판매했을 경우 미국·네덜란드·캐나다·홍콩·타이완·중국 등 다양한 나라의 사람들이 구입 의사를 밝혔는데, 그중 90퍼센트 이상이 아시아계 사람이었다. 하지만 덩키즈는 아시아보다 유럽에서 더 많이 지지해주었고, 화제성·흥행성 면에서도 월등히 좋았다. 데이브 화이트 같은 해외 유명 작가들과 친분을 쌓을 때도 덩키즈가 훌륭한 가교 역할을 할 정도였다. 이러한 사실만 봐도 나라별로 선호하는 디자인이나 색상, 감성이 다름을 알 수 있다.

홍콩을 기반으로 한 디자인 피규어나 아트 토이는 색감이 화려할뿐더러 임팩트가 강하다. 반면 유럽은 감성적으로 좀 더 차분하고, 같은 색상을 쓰더라도 부드럽고 따뜻한 느낌의 컬러 톤을 선호한다(다이나믹 듀오의 피규어를 만들 때는 유럽의 색감에 맞추려고 노력했다). 이런 식으로 크게는 대륙별로 색을 쓰는 방식이 다른데, 오브젝트의 형태에서 그 나라만의 특징을 찾아볼 수 있다. 개인적으로는 원색 계열의 차분하고 편안한 톤을 좋아하기에 앞으로 내가 만드는 피규어에는 그 느낌을 불어넣고 싶다.

^ P-nix, NIKE DUNK version.

^ Mono BW, Prototype.

∧ Mr. Bull, T-Level과의 공동 작업으로 탄생한 캐릭터로 독일 BBB에 전시, 2010.

C.C.F.C

Coolrain's 3st design
figure series
2010년~현재

'C.C.F.C'는 고정 기어 자전거, 즉 픽시 자전거를 모티프로 한 감각적인 디자인 피규어 시리즈의 이름이다. 픽시를 즐겨 타는 현대 젊은이들을 표현했으며, 그들의 정신과 패션, 에너지 등이 느껴지도록 제작했다. 특히 픽시 자전거 피규어는 핸들, 바퀴, 페달, 체인, 안장 등 부품 하나하나가 다 작동되도록 실제 모델과 똑같이 만들어졌는데, 자전거를 좋아하는 국내외 컬렉터들의 인기를 한 몸에 받고 있다.

∧
카시나 숍에 전시해놓은 나의 첫 번째 픽시와 몬스터즈 크루 캐릭터. 카시나에서 수입·판매하는 의상들을 입혔는데, 그게 큰 논란이 될 줄이야, 2009.

3. 거리의 메신저, C.C.F.C

픽스트 기어 바이크Fixed Gear Bike의 줄임말인 '픽시Fixie'가 젊은이들 사이에서 유행인데, 서울 거리에서도 심심찮게 눈에 띈다. 백팩과 메신저백을 등이나 어깨에 멘 채 픽시 자전거를 타고 다니는, 일명 '픽시 스타일'이 새로운 스트리트 문화의 한 아이콘으로 자리 잡고 있는 것이다.

픽시는 미국 뉴욕과 샌프란시스코에서 활동하는 메신저messenger들에 의해 세상에 알려진 자전거다. 교통 정체가 심한 대도시에서 우편물이나 소포를 배달하는 메신저들은 가볍고 다루기 쉬운 자전거가 필요했고, 픽시는 그들에게 딱 맞는 자전거였다. 페달이 뒷바퀴와 연결된 싱글 기어(고정 기어) 자전거인 픽시는 브레이크도 없고, 기어도 하나뿐이다. 그렇다보니 디자인이 상당히 심플한데, 요즘 젊은이들은 각자의 개성과 취향을 살려 디자인을 개조해서 타고 다닌다. 색상이나 디자인이 독특한, 그야말로 세상에서 단 하나뿐인 자신만의 픽시를 만드는 것이다. 전 세계 젊은이들의 지지를 받는 픽시는 젊음의 에너지와 패션 그리고 남과 다르게 보이고 싶은 욕구가 더해져 하나의 문화로 정착된 듯하다.

나 역시 그러한 영향을 받아 픽스트 기어를 테마로 한 디자인 피규어 시리즈를 진행하기로 했다. 문제는 수작업으로 실제와 똑같은 픽시를 만드는 일이었다. 픽시 마니아인 UPe의 도움을 받아 조금씩 구체화시키긴 했지만 쉽지 않은 작업이었다.

　이왕이면 픽시를 구성하는 모든 부품parts이 실제처럼 움직이게끔 만들고 싶었다. C.C.F.C 시리즈의 가장 중요한 요소가 픽시였기에 아무리 시간이 많이 걸려도 실제와 똑같이 가동되게 하고 싶었다. 만일 이 시리즈의 캐릭터를 완성하더라도 픽시를 제대로 만들지 못하면 물거품이 될 확률이 크다고 판단한 나는 무엇보다 픽시 제작에 온 정성을 쏟았다. 모든 부분이 어려웠지만, 특히 체인 부분은 실물과 똑같이 만들기가 거의 불가능해보였다.

진짜보다 더 진짜 같은 픽시 만들기

　C.C.F.C 시리즈를 기획할 때 염두에 둔 픽시는 치넬리Cinelli의 비고렐리 프레임vigorelli frame이었다. 치넬리는 이탈리아를 대표하는 자전거 브랜드로, 픽시 마니아라면 누구나 치넬리 픽시를 갖고 싶어한다. 나 역시 치넬리 픽시가 가장 마음에 들었다.

　나는 매년 새로운 디자인으로 출시되는 비고렐리 프레임 중에서 2008년 버전을 선택한 후 수작업에 들어갔다(처음에는 모든 부품을 수작업으로 만들어볼 요량이었다). 먼저 포맥스로 에어로스포크(자전거 휠의 한 종류)를 만들려고 했는데, 체인을 가동시키는 부분에서 문제가 생겼다. 아무리 잘 만들어도 체인이 움직이지 않는다면 무슨 소용이겠는가. 외관상으로는 픽시와 똑같아 보여도 완성도나 성취감 면에서 실패일 수밖에 없다. 그래서 체인이 실제로 가동되게 하는 데 중점을 두고 3D

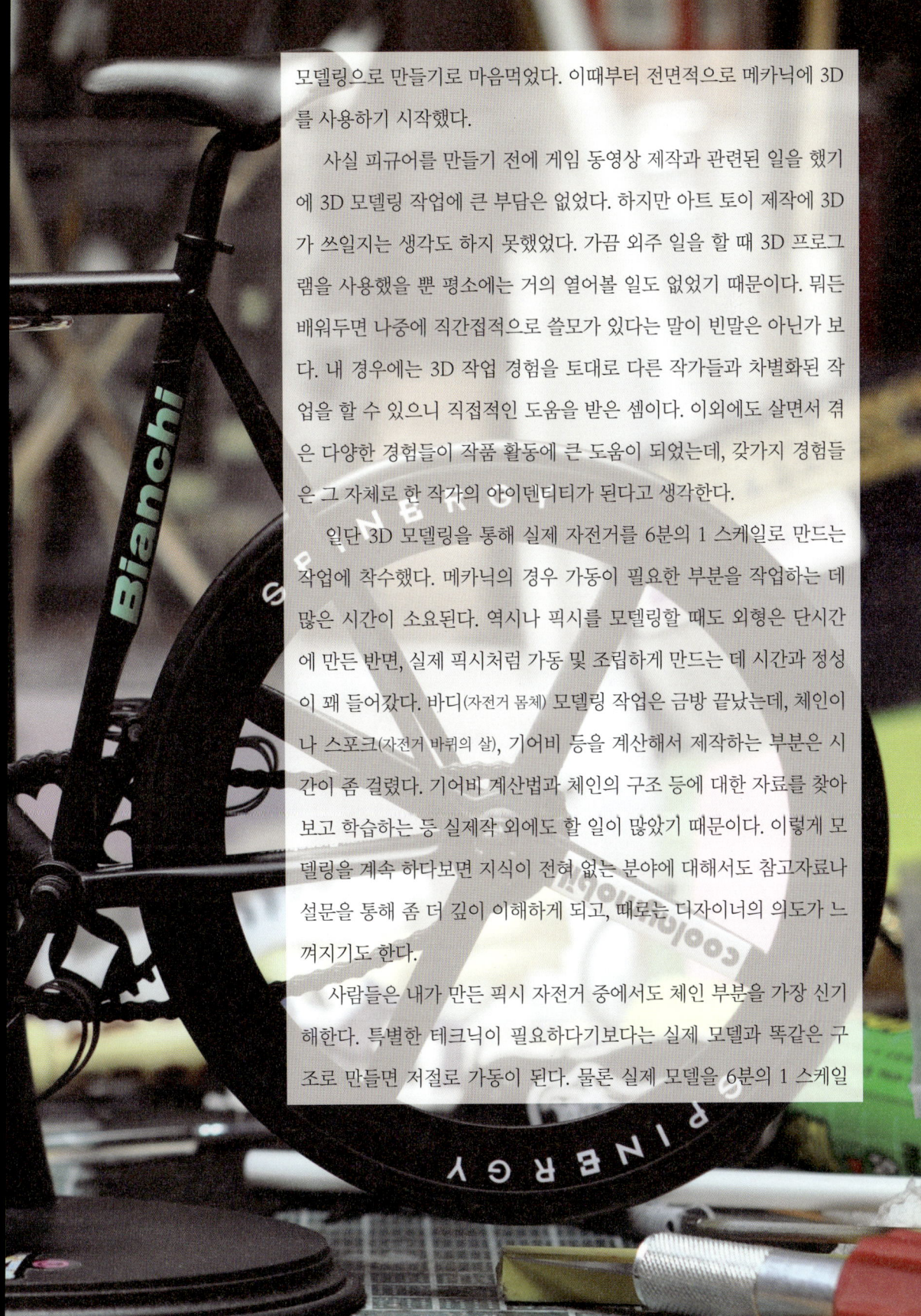

모델링으로 만들기로 마음먹었다. 이때부터 전면적으로 메카닉에 3D를 사용하기 시작했다.

사실 피규어를 만들기 전에 게임 동영상 제작과 관련된 일을 했기에 3D 모델링 작업에 큰 부담은 없었다. 하지만 아트 토이 제작에 3D가 쓰일지는 생각도 하지 못했었다. 가끔 외주 일을 할 때 3D 프로그램을 사용했을 뿐 평소에는 거의 열어볼 일도 없었기 때문이다. 뭐든 배워두면 나중에 직간접적으로 쓸모가 있다는 말이 빈말은 아닌가 보다. 내 경우에는 3D 작업 경험을 토대로 다른 작가들과 차별화된 작업을 할 수 있으니 직접적인 도움을 받은 셈이다. 이외에도 살면서 겪은 다양한 경험들이 작품 활동에 큰 도움이 되었는데, 갖가지 경험들은 그 자체로 한 작가의 아이덴티티가 된다고 생각한다.

일단 3D 모델링을 통해 실제 자전거를 6분의 1 스케일로 만드는 작업에 착수했다. 메카닉의 경우 가동이 필요한 부분을 작업하는 데 많은 시간이 소요된다. 역시나 픽시를 모델링할 때도 외형은 단시간에 만든 반면, 실제 픽시처럼 가동 및 조립하게 만드는 데 시간과 정성이 꽤 들어갔다. 바디(자전거 몸체) 모델링 작업은 금방 끝났는데, 체인이나 스포크(자전거 바퀴의 살), 기어비 등을 계산해서 제작하는 부분은 시간이 좀 걸렸다. 기어비 계산법과 체인의 구조 등에 대한 자료를 찾아보고 학습하는 등 실제작 외에도 할 일이 많았기 때문이다. 이렇게 모델링을 계속 하다보면 지식이 전혀 없는 분야에 대해서도 참고자료나 설문을 통해 좀 더 깊이 이해하게 되고, 때로는 디자이너의 의도가 느껴지기도 한다.

사람들은 내가 만든 픽시 자전거 중에서도 체인 부분을 가장 신기해한다. 특별한 테크닉이 필요하다기보다는 실제 모델과 똑같은 구조로 만들면 저절로 가동이 된다. 물론 실제 모델을 6분의 1 스케일로 줄이면 크기가 작아지면서 체인 연결 파츠에 문제가 생길 수 있다. 이 부분이 너무 얇으면 부서질 위험성이 있고, 너무 두꺼우면 오브젝트끼리 붙어버려서 가동이 되지 않거나 장난감처럼 보일 가능성이 크다. 나는 몇 번의 테스트 후 가동도 자연스럽고 두께도 적당한 수치값을 찾을 수 있었다. 대략 한 달 정도 RPrapid prototyping(래피드 프로토타이핑)로 3D 프린트를 해보면서 테스트를 했던 것 같다.

가장 어려운 문제였던 체인이 해결되니 나머지는 식은 죽 먹기였다. 시간이 다소 걸렸을 뿐 해결 못할 문제는 없었다. 그렇게 픽시를 완성할 즈음 자전거를 주제로 기획된 '비바 벨로Via Vello'라는 전시회에 참가하게 되었다. 언제나 마감은 훌륭한 채찍이다. 나는 전시일을 마감 삼아 픽시 완성에 전력을 다했고, 전시 디스플레이 날짜를 겨우 맞출 수 있었다.

3D 프린트로 출력한 Fixie의 Prototype, 1/6 scale(28.5×17cm), 자전거 바디와 안장, 페달, 스포크, 체인, 핸들 등의 재료는 플라스틱과 알루미늄 등, 2009.

∨

치넬리 비고렐리 디자이너의 연락

2009년 10월 1일, 드디어 'Via Vello' 전시회가 열렸다. 나는 치넬리와 비앙키Bianchi 자전거를 모델로 한 픽시 완차 두 대를 전시장에 디스플레이했다. 당시에는 픽시 자전거를 만드는 것만으로도 벅차서 픽시를 타는 캐릭터까지 신경 쓸 여력이 없었고, 나이키 전시회 때 선보였던 캐릭터를 픽시와 나란히 전시하는 것으로 타협점을 찾았다. 이것이 나중에 파란을 일으킬지 누가 알았겠는가.

또 프로토타입prototype(원형) 완성 후 핸들 등 몇 가지 부품을 테스트하며 수치값을 조정하던 중 카시나 피나클 스토어(UPe가 매니저로 있는 스트리트 편집 숍)에서 전시를 하게 되었다. 단순히 스케일이나 비례를 보기 위한 전시였기에 별 뜻 없이 기존의 몬스터즈 크루 캐릭터들(12인치 피규어)과 함께 디스플레이한 후 사진을 몇 컷 찍어 개인 블로그에 올렸다.

얼마 뒤 내가 만든 픽시 자전거의 이미지가 〈하이프비스트Hypebeast〉라는 웹진에 소개되는 일이 생겼다. 'Via Vello'와 카시나 피나클 스토어에 전시했던 픽시 이미지였다. 누가 이미지를 웹진에 올렸는지는 알 수 없었으나, 이 일로 해외 피규어 마니아들의 관심이 순식간에 내가 만든 픽시에게로 쏠렸다.

대체로 픽시 자전거에 대해선 호평이 많지만 의상이나 소품에 대해선 의견이 분분했다. 여태 제대로 된 픽시 모형을 본 적이 없었던 사람들은 내가 만든 픽시에 열렬히 반응하면서 댓글을 달았다. 하지만 힙합 의상이 옥에 티였다. 피나클에서 수입·판매하는 더 헌드레즈The Hundreds나 크룩스앤캐슬Crooks & Castles, 나이키 NSW 등을 입은 몬스터즈 크루 피규어를 보고 외국인들은 "픽시를 타는데 왜 힙합 의상

<
Cinelli, Fixed Gear Bike, 1/6 size.

을 입었냐"라고 지적했다. 아무래도 실제 픽시를 타는 친구들의 패션 스타일과는 거리가 있었기 때문에 외국인들의 눈에 이상하게 보였을 것이다.

솔직히 내 입장에서는 아직 업그레이드 중인 작품이었기에 조금은 억울했지만, 처음 보는 사람들은 그 사실을 몰랐을 테니 의상에 대한 지적을 할 만했다. 하긴 "웹진에 소개된 픽시 이미지는 미완성 작품이다. 전시회 일정이 촉박해 픽시에 맞는 캐릭터를 만들지 못했다"라고 하소연한들 그들에게는 핑계처럼 들렸을 것이다.

이 사건으로 나는 다시 한 번 인터넷의 위력을 실감했고, "뭔가를 보여줄 때는 완벽하게 준비해서 보여줘야겠구나!" 하는 생각을 갖게 되었다. 나와 몇몇 지인들만 본다는 생각을 버리고 이제부터는 사진 한 컷이라도 좀 더 완성된 모습을 보여줄 때가 된 것이다.

〈하이프비스트〉에 사진이 소개되면서 미국이나 유럽 등지에도 알려졌는데, 그곳 최대 규모의 픽시 관련 커뮤니티에 모두 사진이 올라갔다. 결과적으로 내가 지금까지 작업한 디자인 피규어 중에서 가장 많이 알려지게 되었다.

그로부터 며칠 뒤 '알렉산드라Alessandra'라는 이탈리아 사람으로부터 흥미로운 이메일 한 통을 받았다. 자신을 비고렐리 디자이너라고 소개한 알렉산드라는 내가 만든 픽시를 치넬리 직원들 모두가 잘 봤고, 다들 무척 좋아했다고 덧붙였다. 그러면서 12인치 피규어(레드풋)와 치넬리 픽시를 사고 싶다고 밝혔다. 처음에는 다른 외국인들처럼 그냥 립서비스로 하는 말인 줄 알았는데, 정말 사겠다고 하니 깜짝 놀랄 수밖에 없었다. 그것도 실제 비고렐리 프레임을 디자인한 사람이……. 치넬리 회장인 안토니오Antonio의 부인이기도 한 알렉산드라는 이메일에서 내가 만든 픽시를 남편에게 선물로 주고 싶다고 했다. 정말 입

<

치넬리 본사에 보내는 피규어 캐릭터에 치넬리와 관련된 아이템을 몇 가지 추가하였다. 실제로는 존재하지 않는 의상이나 액세서리들도 미니어처로 만들 수 있는데, 이러한 부분은 피규어 작업이 지닌 매력 중 하나다.

이 딱 벌어지는 이 상황이 한편으로는 당황스럽고 놀라웠지만, 또 한편으로는 영광스럽고 기뻤다. 내가 픽시를 제대로 만들었다는 사실이 이로써 증명되었기 때문이다.

나는 디자이너에게 파는 건 말이 안 되니 선물로 드리겠다는 답변을 보냈다. 그러면서 알렉산드라와 안토니오의 사인이 들어간 실제 치넬리 비고넬리 프레임과 내 작품을 교환하면 어떻겠냐고 제안했다. 치넬리 버전의 피규어도 함께 만들어 선물하겠다는 말도 잊지 않았다. 치넬리는 아티스트들의 작업에 관심이 많으며, 제품 론칭이나 전시회 등을 겸한 이벤트도 자주 진행한다. 이 경우 대부분 밀라노에 위치한 안토니오의 갤러리에서 진행하는 편인데, 나는 알렉산드라에게 언젠가 픽시를 주제로 안토니오의 갤러리에서 전시회를 열고 싶다는 포부를 전했다.

알렉산드라와 이메일을 주고받은 후부터 내 손길은 바빠졌다. 픽시도 픽시지만 피규어도 이왕이면 좀 더 완벽하게 만들어서 선물하고 싶었다. 픽시를 손보고, 피규어에게도 픽시와 어울리는 의상을 만들어 입혔다. 한눈에 픽시 스타일임을 알아볼 수 있도록 말이다. 그러다보니 4개월이 훌쩍 지나갔다.

그 사이에 기어비와 체인, 바bar, 프레임의 두께도 수정하고, 크랭크나 바퀴가 좀 더 자연스럽게 돌아가도록 간격값도 맞추었다. 게다가 의상도 새로 다 만들었는데, 치넬리 로고를 박은 티셔츠와 신발 등을 직접 제작했다(세상에 없는 제품이지만 '만약에 있다면~'이라는 전제하에 디자인했다). 이외에도 선글라스, 체인 지갑, 유락U-lock(U자 형태의 자전거 자물쇠), 유락 홀더U-lock holder, 카라비너carabiner(타원 또는 D자형의 강철 고리), 치넬리 체인 액세사리도 만들어 세팅했다. 특히 '사이클 황제' 랜스 암스트롱Lance Armstrong의 자서전을 읽으면서 눈여겨보았던 '리브스트롱 밴드

>
Cinelli Bike and Redfoot Cinelli version, 1/6 size, 실제로는 없는 치넬리 슬립온 버전 신발, 체인 등을 추가하였다.

LiveStrong Band'를 추가했다.

아무래도 개인 전시회 준비를 할 때보다는 선물이든 프리오더든 쿨레인을 믿고 선택해준 사람들에게 보낼 피규어를 만들 때 좀 더 신경을 쓰게 된다. 개인 전시회 작품은 이후에도 업그레이드할 수 있지만, 다른 사람에게 보내는 경우는 한 번 만들면 끝이기 때문이다. 보내기 직전까지 최선을 다할 수밖에 없는 이유다.

이렇게 치넬리에 의한, 치네리를 위한 세상에 단 하나밖에 없는 픽시와 12인치 피규어가 만들어졌다. 지금까지의 작업 중에서 이토록 많은 시간과 정성을 들인 작업은 없었기에 막상 이탈리아의 치넬리 본사로 보내고 나니 아쉬움이 남았다. 특히나 실제 비고렐리 디자이너에게 보내는 것이어서 "혹 픽시가 마음에 안 들면 어쩌지?", "혹 결례를 범한 건 아니겠지?" 하는 염려가 들었다.

치넬리 본사에 무사히 도착한 픽시와 피규어 캐릭터는 다행히도 안토니오와 알렉산드라는 물론이고 그곳 직원들 모두를 즐겁게 해주었다. 그 소식을 듣고 몇 달간 고생한 보람이 느껴져 뿌듯했다. 피규어 아티스트로서 이럴 때가 가장 행복하다(그로부터 2년 뒤 안토니오의 밀라노 갤러리에 전시된 픽시와 피규어 모습을 찍은 사진을 받았다. 픽시 시리즈를 그곳에 전시할 내 꿈도 곧 이루어지리라).

치넬리의 안토니오 회장이 레이스를 응원하는 모습. 바로 뒤쪽에 있는 그의 갤러리에 내가 보낸 치넬리 버전 피규어가 전시돼 있다(이탈리아 밀라노 소재).

티레벨 프로젝트

한 차례 폭풍이 지나간 뒤로 원하는 대로 픽시를 만들 수 있게 되었다. 때마침 실력 발휘할 기회도 찾아왔다. 국내 도메스틱 러기지 Domestic Luggage 브랜드인 티레벨T-Level의 요청으로 다시 한 번 픽시와

01_T-Level 스케이트보드와 캐리어백.
02_T-Level version Slip-on 신발.

피규어 캐릭터들을 만들게 된 것이다.

티레벨은 2010년 여름에 개최되는 독일 최대 캐주얼 의류 전시회인 BBBBread & Butter in Berlin에서 뭔가 색다른 작품을 보여줌으로써 다른 브랜드와 차별화된 이미지를 표현하고 싶다고 했다. 바로 얼마 전에 6분의 1 스케일의 치넬리 픽스트 기어를 만들었기에 작업 흐름이 자연스레 연결되었다. 역시 새로운 작품을 만들어내면 그것이 계기가 되어 다음 일들이 줄줄이 생긴다.

이렇게 해서 티레벨 프로젝트가 시작되었다. 국내 브랜드가 당장 이익이 되는 것도 아닌 프로젝트를 진행하는 경우가 드물기 때문에 이 일은 내게 또 다른 기회였다. 직접적인 기업 이익과 관계되지 않는 행사, 예를 들어 문화나 아트와 연계한 브랜드 이미지 프로모션이라든가 잠재적 홍보를 위한 전시 이벤트 같은 행사는 어느 정도 규모가 있는 기업이어야 가능하다. 티레벨의 경우 자전거나 스케이트보드 등 액션 스포츠를 즐기는 젊은이들이 주 고객층이다 보니 그들의 관심과 흥미를 끌 만한 주제로 각종 프로젝트를 진행하는 편이다.

일단 네 명의 피규어 캐릭터(UDG·Ruckie·TH·BAN)와 티레벨의 콘셉트 바이크, 그리고 픽시를 탈 때 사용하는 가방 두 개(메신저백·마스터백)와 신작인 스케이트보드 가방을 제작하기로 했다.

먼저 디자인 피규어 제작에 착수했다. 전체 디렉터인 UDG, 티레벨의 매니저인 Ruckie, 디렉터 TH, 그리고 티레벨의 모델인 BAN, 이렇게 네 명을 캐릭터로 만든 이유는 이들과 티레벨의 연관성 때문이다. 이왕이면 티레벨과 관련 있는 캐릭터가 좀 더 의미 있지 않을까 하는 마음에서다. 게다가 국내 스트리트 씬에서 활동하는 사람들이 보면 "앗, 누구인지 알겠다"라고 하면서 무척 재미있어 할 거라 생각했다(나름 흥미를 불러일으킬 이벤트성 장치였는데, 독일 베를린에서 열린 전시라 국내 관계자들이 많이 보지는 못했다. 이 점이 좀 아쉽다).

디자인 피규어 제작 시 최대 과제는 "이 네 명의 캐릭터들을 얼마나 제대로, 사실적으로 표현하는가" 하는 것이었다. 또 실제와 똑같은 생김새만으로는 어딘지 부족하기 때문에 헤어나 패션 스타일로 각각의 이미지를 살렸다. 지인들이 보면 누가 누구인지 한눈에 알아볼 수 있을 정도로 말이다.

다음 과정은 가방 제작이었다. 실제 티레벨 제품과 유사하게 만드는 일이 여간 복잡하지 않았다. 어쩌면 이 프로젝트의 최대 난관이라 할 수 있었다. 픽시용 가방은 수납공간이 많다는 게 특징인데, 여기에 메시 원단 사용, 벨크로(일명 찍찍이)나 버클 부착 등 일반 가방보다 손이 가는 부분이 훨씬 많았다. 특히 버클 부분은 전부터 생각해오던 것이 있었는데, 바로 실제와 똑같이 가동되도록 하는 것이었다. 이 부분은 3D 제작에서 해결책을 찾을 수 있었다. 만들면서 비록 여러 번 부러지긴 했지만, 결국 제대로 된 두께값을 찾아내 실제처럼 가동되게 완성해냈다.

티레벨의 콘셉트 바이크 역시 제작 과정이 만만치 않았다. 치넬리의 오버사이즈 프레임보다 두께가 얇아서 6분의 1 크기로 제작할 경우 문제가 생길 수 있었다. 하지만 한번 시도해볼 만한 일이었기에 큰

> T-Level의 스케이트보드 캐리어백, 2010.

> T-Level의 메신저백, 2010.

94   3. 거리의 메신저, C.C.F.C

난관은 아니었다. 게다가 치넬리 픽스트 기어를 만들면서 쌓은 경험이 어디 갔겠는가. 완성 후 작동도 잘되고 형태도 잘 나왔다.

의상과 모자, 팔찌, 시계 등 액세서리 제작은 대체로 수월했다. 하지만 마감이라는 시간의 장벽은 역시나 높았고, BBB 전시를 위해 티레벨 팀이 독일로 떠나기 직전에서야 겨우 모든 작업을 마무리 지을 수 있었다(공항 가는 도중에 만나 액세서리를 전해주었는데, 얼마나 촉박했으면 완성 샷을 찍을 시간도 없었다).

"아~, 또 하나의 프로젝트를 잘 마무리했구나!"

비로소 안도감이 몰려들면서 온몸이 나른해졌다. 긴장이 풀린 탓에 온몸에서 기운이 빠져나가는 듯했지만, 그래도 기분은 최고였다. 2010년 7월 둘째 주, 그 시기 베를린에서는 내가 만든 '덩키즈(Bright Tradeshow 전시)'와 '티레벨 픽스트 기어(BBB 전시)'가 동시에 소개되었다. 비록 전시 장소는 달랐지만, 같은 기간에 두 시리즈를 나란히 독일 사람들에게 선보인다는 사실에 가슴이 벅차올랐다. 이때부터 독일, 프랑스로 이어지는 해외 전시가 본격적으로 시작되었다.

다른 분야도 그렇겠지만, 디자인 피규어처럼 작은 시장에서는 미미한 움직임이 큰 파장을 일으키고 앞으로 나아갈 계기를 만들어주기도 한다. 나비의 작은 날갯짓이 폭풍우를 일으킬 수 있는 것처럼 말이다. 아직 C.C.F.C 시리즈는 갈 길이 멀다. 하지만 첫발을 크고 깊게 내디딘 만큼 앞으로 더 많은 것을 보여줄 거라 확신한다.

<

01_TH, T-Level Creative Director, 2010.
02_BAN, T-Level Model, 2010.
03_Ruckie, T-Level Creative Director, 2010.
04_UDG, T-Level Director, 2010.

Mr. Bull은 T-Level 프로젝트에서 가장 중요한 부분 중 하나였기에 픽시의 bull bar에서 아이디어를 얻어 소뿔을 bull bar로 표현하였다.
ˇ

∧

T-Level의 실제 디렉터들과 모델, 그리고 티레벨의 이미지 바이크를 제작하였다. 독일에서 열린 BBB에 전시, 2010.

^ Mr. Pithetrooper, 2010.

Mr. Series

Coolrain's 4th design figure series
(collaboration with Seman10cm)
2010년~현재

'미스터 시리즈Mr. Series'는 슈트와 마스크(또는 탈)가 조화를 이룬 피규어로, 뭔가 재미나면서도 색다른 느낌을 주고자 기획되었다. 첫 등장부터 관심을 끌었던 미스터 시리즈는 그 화제성 때문에 주로 전시회나 홍보 이벤트의 단골 캐릭터가 되었다. 미스터 피테트루퍼, 미스터 스톰트루퍼, 미스터 래빗, 미스터 불 등 날이 갈수록 풍성해지는 캐릭터는 스토리가 더해져 한층 흥미롭다.

^ Mr. Series, since 2010.

4. 슈트와 탈의 묘한 조화, 미스터 시리즈

미스터 시리즈는 기본적으로 정장suit 차림의 사람이 마스크나 탈을 쓰고 있는 모습을 보인다. 2010년에 만든 첫 번째 캐릭터는 '미스터 피테트루퍼Mr. Pithetrooper'로, 덩키즈의 피테쿠스와 <스타워즈>의 스톰트루퍼를 패러디한 작품이었다.

일반적으로 정장은 격식과 예의를 갖춘 느낌인 반면, 마스크나 탈은 익명성이 주는 자유로움을 표현한다. 얼굴을 드러낸 상태에서는 꼭꼭 감추고 싶은 이야기도 마스크나 탈로 얼굴을 가린 상태에서는 얼마든지 표현할 수 있다. 나는 두 상반되는 이미지를 한 작품에 담음으로써 좀 더 대담하고 다양한 이야기를 펼쳐보고자 했다. 포멀함이 주는 안정감과 익명성이 주는 대담함, 이 두 조합과 작가의 상상력이 만나 피규어 수집가나 전시회 관객의 호기심을 배가시켰다.

물론 인형탈의 이미지가 강해 좀 우스꽝스러운 면도 있는데, 달리 생각해보면 희화화된 캐릭터를 통해 이야깃거리가 더 풍성해졌다는 측면도 있다. 캐릭터에 이야기가 더해지면 정말 갖고 싶고, 만지고 싶은 피규어가 될 수 있다.

미스터 시리즈의 두 번째 캐릭터는 덩키즈의 모노와 <스타워즈>의 다스베이더를 합친 '미스터 모노베이더Mr. Monovader'였다. 모노베이

더와 피테트루퍼가 같은 공간에 나란히 놓여 있는 모습을 상상해보라. 굳이 <스타워즈> 영화팬이 아니더라도 흥미를 갖고 상상의 나래를 맘껏 펼치게 될 것이다. 보기만 해도 웃음이 나고 머릿속에서 이야기가 전개되는 것, 미스터 시리즈가 가진 매력이다.

전시회 단골 캐릭터로 자리매김

미스터 시리즈 캐릭터는 새로운 전시회나 특별한 이벤트가 열릴 때마다 하나씩 더 추가되었다. 예전에 참가했던 전시회에서 알게 된 캐릭터를 기반으로 '미스터 래빗Mr. Rabbit'이 만들어졌고, 독일 베를린에서 열렸던 덩키즈 두 번째 전시회 때 '미스터 베어Mr. Bear'가 등장했다. 베를린을 상징하는 동물인 '곰'과 연관 있는 캐릭터를 구상하다가 만들어진 미스터 베어는 온몸을 털옷으로 감싼 게 특징인데, 곰탈만으로는 부족한 곰의 느낌을 좀 더 살리기 위한 장치였다. 이후에는 곰탈을 쓴 캐릭터에 정장 슈트를 입혀 미스터 시리즈를 계속 이어나갔다.

2010년 7월, 베를린에서는 공교롭게도 두 전시회가 함께 진행되었다. 하나는 위에서 말한 덩키즈 두 번째 전시회인 '브라이트 트레이드 쇼', 또 하나는 BBB에서 선보였던 '티레벨' 전시였다. 여기서 '미스터 불Mr. Bull'이 처음 소개되었다. 미스터 불은 소의 이미지를 살린 피규어로, 픽시 자전거의 핸들바를 본뜬 '불바bull bar'가 특징이었다(불바에서 '소뿔'이 연상된다).

사람들 반응이 뜨거웠던 캐릭터는 '미스터 미키Mr. Mickey'였다. 2013년 봄에 열렸던 '디즈니 아트 토이 서울특별전'을 위해 만들었는데, 남녀노소 누구나 좋아하는 디즈니 캐릭터답게 인기가 아주 좋았

^ Mr. Mickey, 디즈니 아트 토이 서울특별전, 2013.

^ Mr. Bear, 독일 베를린에서 열린 Bright show, 2010.

다. 2012년 10월에는 '미스터 피테트루퍼'를 변형해 '레드불 포뮬러 원' 이벤트RedBull F-1 Show Run Seoul에 내보내기도 했다. 일종의 '스포츠 아트'인 셈인데, 깔끔한 슈트 차림과 컬러풀한 F-1 카레이서 헬멧이 멋진 앙상블을 이루어냈다. 이렇게 하나, 둘씩 늘어난 미스터 시리즈 캐릭터들은 브레이크 타임 시리즈로 이어져 계속 만들어질 예정이다.

> F-1의 레이서인 베텔과 마크 웨버의 헬멧 디자인을 모티프로 피테트루퍼의 헤드를 디자인하였다.

v Mr. Pithetrooper, RedBull version, 2012.

∧ NBA Series 1의 메인 선수인 Kobe 피규어, 20inch(50cm) & 5inch(12cm).

NBA Art Toy Series

Coolrain's 5st design
figure series
(NBA × Coolrain Studio × MINDstyle)
2011년~현재

'NBA 아트 토이 시리즈'는 NBA(미국 프로농구협회)와 손잡고 만들어진 세계 최초의 아티스트 콜라보레이션으로, NBA 뉴욕 본사와 마인드스타일과의 공동 작업으로 이루어졌다. 코비 브라이언트·케빈 가넷 등의 NBA 슈퍼스타들을 디자인 피규어로 재현한 이 시리즈의 특징은 바디는 같은 형태로 제작되고 헤드만 형태가 바뀌는 플랫폼 토이 형식이라는 것. 쿨레인스튜디오에서 모든 2D/3D 디자인과 원형을 제작했다. 2011년 'NBA 5인치 컬렉터 시리즈 1'을 시작으로 'NBA 18인치 디럭스 시리즈', 'NBA 20인치 빅 사이즈 시리즈 1'이 발매되었다.

∧
데이브 화이트에게 선물로 보낸
Kobe black version.

5. 슈퍼스타를 피규어로, NBA 아트 토이 시리즈

흔히들 인생에는 세 번의 기회가 찾아온다고 한다. 세 번일지 다섯 번일지는 정확하지 않으나 분명한 사실은 누구에게나 기회는 오고, 인생의 터닝포인트가 되는 순간도 찾아온다는 것이다. 내 인생의 기회이자 터닝포인트는 나이키 23주년 덩크 전시였다. 그것을 놓치지 않고 꽉 붙잡았기에 '세계 최초'라는 타이틀을 달고 꿈에 그리던 NBA와의 콜라보레이션을 성사시킬 수 있었다. 덩키즈에 이어 NBA 시리즈의 성공으로 '쿨레인'이라는 이름이 세계 피규어 시장에 알려졌다. 내가 가장 좋아하는 스포츠인 농구가 내게 전 세계로 도약할 수 있는 화려하고 강력한 날개를 달아준 셈이다.

NBA 슈퍼스타, 아트 토이로 재탄생

2010년 2월 초, 설날 일주일 전쯤에 '마인드스타일'이라는 미국의 아트 토이 회사로부터 이메일 한 통이 왔다. NBA와 함께 세계 최초로 아티스트 콜라보레이션을 시리즈로 제작하자는 내용이었다. 그전에도 몇몇 해외 업체로부터 덩키즈 시리즈 제작과 관련해 투자 제안을 받은 적이 있었는데, 개인적으로 부담스러운 부분이 있어 선뜻 받아들이지 못한 상태였다.

그런데 마인드스타일의 제안은 매력적이었다. 무엇보다 쿨레인스튜디오는 피규어 디자인과 원형 작업을 도맡아 진행하고, 마인드스타일은 제품을 생산하며, NBA 뉴욕 본사는 라이선스를 해결하는 식으로 계약 당사자의 역할이 명확하게 구분되어 있었다. 이야기만 들어도 가슴이 두근두근 뛰는 이 프로젝트를 굳이 마다할 이유가 없었다.

나이키 전시회 이후 몇 차례 더 전시를 진행하면서 기존 작업들을 정리하고 새로운 피규어를 제작하는 일에 매달렸다. 이미 세상에 선보인 작품들을 기반으로 새로운 핸드메이드 피규어를 창작하는 일도 게을리 하지 않았다. 그러면서 내 머릿속에는 한 가지 바람이 생겼다. 바로 대량 생산! 손으로 일일이 만든 피규어는 희소성이 있어 매력적이지만 아무래도 소량 생산이다 보니 많은 사람들에게 다가가기엔 한계가 있었다.

마인드스타일의 제안을 받아들일 경우 피규어 양산이 가능했다. 게다가 마인드스타일의 몇몇 다양하고 특이한 콜라보레이션은 내 시선을 사로잡았기에 회사에 대한 이미지도 좋았다. 기존의 캐릭터를 그대로 표현하지 않고 자신들만의 색을 덧입혀 독특한 작품들로 재탄생시켰기 때문이다.

솔직히 처음에는 다른 아트 토이 회사처럼 덩키즈 시리즈를 양산하자는 제안인 줄 알았다. 첫 번째 이메일에서는 NBA와의 콜라보레이션이라는 말은 없었고, 그냥 함께 작업하고 싶다는 내용뿐이었다. 그로부터 일주일 후 구체적인 내용이 담긴 이메일이 도착했는데, 거기에 NBA 선수들을 아트 토이 시리즈로 제작하는 글로벌 프로젝트에 대한 계획이 들어 있었다.

나는 환호성을 질렀다. 물론 덩키즈 프로젝트도 기쁜 일이었지만, NBA 프로젝트는 차원이 달랐다. 덩키즈 양산은 개인적으로도 진행할 수 있는 프로젝트였지만, NBA 시리즈는 NBA 뉴욕 본사에서 라이선스를 해결해주지 않으면 시도조차 하지 못할 꿈의 프로젝트였기 때문이다. 기존의 NBA 피규어 시리즈, 즉 맥팔레인McFarlane에서 출시된 NBA 시리즈는 실제 NBA 선수들과 똑같이 생긴 리얼 피규어 형태였다. 반면 이번 프로젝트는 특정 피규어 아티스트와의 콜라보레이션이었고, 그러한 작업은 내가 처음이었다.

"내 손끝에서 NBA 공식 피규어가 만들어진다니, 그것도 매년 새로운 시리즈를 론칭하는 장기 프로젝트라니……." 나는 이메일 내용을 눈으로 직접 확인하고도 믿기지 않았다. 마치 아주 행복한 꿈을 꾸고 있는 듯했다.

이후 한 달 정도 서로의 의견을 주고받으며 세부적인 계약 내용을 정리했다. 이때 해외 매체와 인터뷰하거나 클라이언트와 작업할 때 도움을 받았던 좌우태 형님에게 다시금 도움을 받았다. 기존의 해외 아티스트와의 콜라보레이션과 이번 NBA 뉴욕 본사와의 콜라보레이션은 진행 과정에서 여러모로 달랐다. 개인 대 개인의 작업이 아닌 까닭에 라이선스 해결 등 계약서에 명시할 부분도 많았고, 자칫 법적으로 문제가 될 예민한 부분들도 있어 계약서에 사인하는 순간까지 긴장을 늦출 수가 없었다.

2010년 3월 중순, 모든 계약 과정이 끝나고 마침내 NBA 시리즈를 디자인하는 작업이 시작되었다.

바디는 같게, 헤드는 개성 살린 디자인

　NBA 아트 토이 시리즈를 구상하면서 바디는 동일한 디자인과 크기로 통일시키고, 헤드는 선수별로 조형을 다르게 해서 선수별 특징을 잡는 쪽으로 방향을 잡았다. 디자인 초기에는 각 선수의 모습을 형상화한 캐릭터의 키 높이를 각각 달리 표현하면 어떻겠냐는 제안이 있었으나, 시리즈 전체를 생각하면 적합지 않다고 판단했다. 10명의 선수들이 주인공인 시리즈 1로 끝나는 것이 아니라 앞으로 시리즈 2, 시리즈 3……, 이렇게 계속 진행될 프로젝트인 까닭에 그리 결정한 것이다. 즉 캐릭터별로 차별화된 느낌보다는 전체적인 그림에 포인트를 두었다.

　예를 들어 30~40여 개의 캐릭터들을 모두 한곳에 모아놓는다고 가정했을 때, 키 높이가 들쑥날쑥한 것보다는 같은 높이로 가지런히 놓여 있는 게 더 보기 좋지 않을까 싶었다(키가 큰 캐릭터 디자인은 나중에 스페셜 버전을 만들 때 고려해보기로 하고, 일단 지금은 여러 개가 나란히 세워진 캐릭터들의 조화를 먼저 생각해서 바디 디자인을 하나로 통일하기로 의견을 모았다).

　시리즈 1의 라인업은 베테랑과 신인 중 뛰어난 선수들, 그리고 당시 NBA 리그를 주름잡고 있는 각 팀의 에이스 선수들을 팀별로 골고루 배정하면서 적절히 조율했다. 최종 결정된 선수는 코비 브라이언트#24, Kobe Bryant·케빈 가넷#5, Kevin Garnett·드웨인 웨이드#3, Dwyane Wade·카멜로 앤서니#15, Carmelo Anthony·데릭 로즈#1, Derrick Rose·마누 지노빌리#20, Manu Ginobili·스티브 내쉬#13, Steve Nash·아마레 스터드마이어#1, Amare Stoudemire·브랜든 로이#7, Brandon Roy·더크 노비츠키#41, Dirk Nowitzki 였다.

　유니폼의 색상도 시리즈 1 전체를 모아놓았을 때 조화롭게 보이도

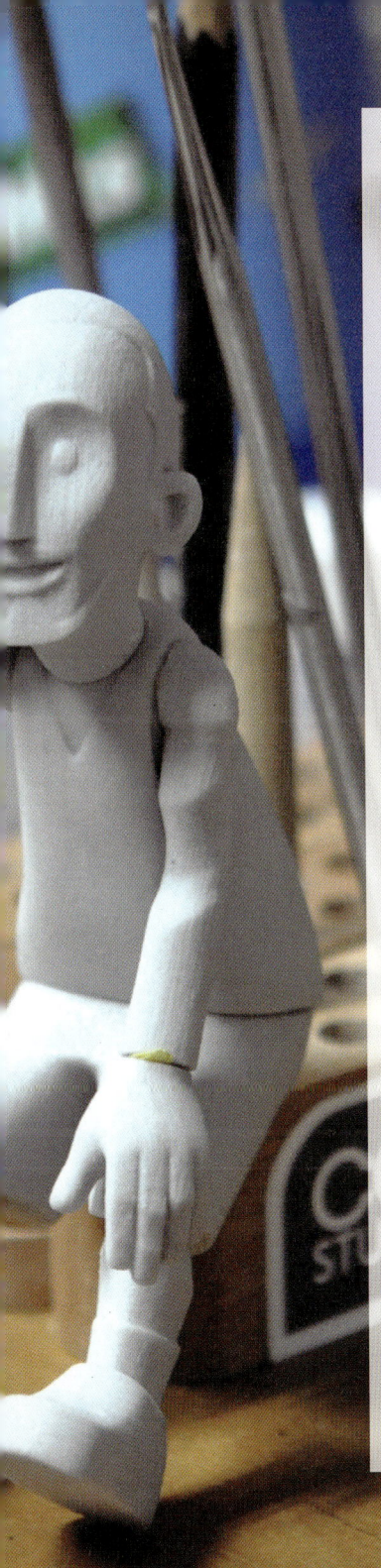

록 배합했으며, 신발 역시 전체적인 조화를 최우선적으로 고려해 디자인했다. 앞에서도 말했듯이 이번 프로젝트는 계속 늘어나는 캐릭터들 간의 어울림이 무엇보다 중요했다. 이것이 바로 전체적인 균형을 맞추는 데 신경 쓴 이유다.

NBA 최초로 농구를 주제로 아트 토이 시리즈를 제작한다는 사실은 부담스럽기도 했지만 크나큰 영광이었다. 나는 이 시리즈가 농구를 좋아하는 사람들뿐만 아니라 실제 모델이 된 선수들에게도 멋진 선물로 다가가기를 바랐다. 세월이 흐른 후 나의 아트 토이를 보면서 즐거운 추억을 회상할 수 있는 매개체가 되었으면 했다. 그 바람을 디자인에 담는 일, 지금부터 멀고도 험난했던 디자인 작업 이야기를 시작한다.

첫 캐릭터는 코비 브라이언트

가장 먼저 코비 브라이언트를 기본 모델로 바디와 헤드 디자인을 시작했다. 코비로 스타트를 끊은 이유는 NBA 리그를 대표하는 선수이자 NBA 아트 토이 시리즈 1을 대표하는 캐릭터였기 때문이다.

디자인 작업은 쿨레인스튜디오의 메인 디자이너인 GFX(신동진)와 함께 진행했다. GFX와는 2007년부터 손발을 맞춰왔기 때문에 서로의 작업 스타일이나 작품관을 누구보다 잘 알고 있었다. 우리는 디자인 방향에 대해 함께 고민하면서 접점을 찾았다. '척하면 척'인 찰떡 호흡이다 보니 디자인 작업 속도도 빨랐다.

이때 두 가지 사항을 중요하게 생각했다. 첫째, 매년 10명씩 앞으로 몇 년간 지속될 시리즈이므로 바디 디자인 시 무엇보다 농구선수의 특징이 잘 드러나야 한다는 것. 둘째, 캐릭터의 헤드만 보고도 어떤 선수를 표현했는지 알도록 실제 선수와 캐릭터가 닮게 만들어야 한다는 것. 만일 한 가지 캐릭터를 만드는 경우라면 헤드 디자인 시 아티스트의 역량을 좀 더 보여줄 수 있는데, 이 시리즈는 경우가 달랐다. 따라서 디자인적인 강조나 변형은 최소한으로 했다.

첫 번째 캐릭터인 코비 브라이언트의 바디 디자인은 시리즈의 전체적인 방향을 잡아준다는 점에서 아주 중요한 작업이었다. 그래서 시간이 좀 걸리더라도 최대한 콘셉트에 맞추도록 노력했다. 헤드 디자인은 일반적인 캐리커처 느낌보다는 좀 더 스타일리시Stylish한 부분을 강조했는데, 코비 브라이언트만의 특징적인 생김새를 살렸다. 그래선지 NBA 시리즈 중 가장 아트 토이다운 캐릭터를 하나 꼽으라면 단연 코비를 꼽을 수 있다. 그 뒤에 디자인한 선수들은 스타일리시한 면모를 드러내기보다는 가급적 많이 닮게 만드는 데 중점을 두었다. 유니폼 백넘버를 보고 누구인지 아는 것보다는 헤드만 보고도 누가 누구인지 알 수 있게 만드는 것이 이 시리즈의 목표라면 목표라고 할 수 있었다. 물론 디자인 작업을 하면서 조금씩 달라진 부분은 있었지만, 기본적인 콘셉트는 이러했다.

나는 처음 고민한 부분을 반영하기 위해 역동적이고 스피디한 농구의 느낌, 특히나 NBA 선수의 폭발적인 에너지를 바디 디자인에 담고자 애썼다. 그런데 기본적으로 NBA 아트 토이 시리즈는 동작이 없는, 즉 정적인 이미지의 스타일로 표현할 계획이어서 동적인 느낌을 어떻게 표현할 수 있을지 염려되었다. 정적인 쉐이프에 동적인 느낌을 가미하는, 어쩌면 상반되는 두 이미지를 하나의 쉐이프에 담는 게 결코 쉽지 않을 듯싶었다.

일반적으로 피규어에 슛이나 드리블 같은 동작을 넣을 경우 실제

> 선수들의 피부색이 다양해서 비교해서 차트화하였다.

> NBA Series의 키 디자인에 맞춰 코비를 스케치한 것. 캐릭터의 동선 (strength force)을 넣는 것에 중점을 두었다.

∨ Kobe의 3D 렌더링 이미지.

선수의 모습이나 에너지를 전달하기는 쉽지만, 여러 개의 피규어를 모아놓고 봤을 때는 통일감이나 밸런스 부분에서 아쉬운 점이 나타난다. 물론 가장 기본적인 자세(동작 없는 자세)일 경우 직관적인 에너지를 전달하는 데 한계가 있을 수 있다. 대신 전체적인 느낌이나 실루엣은 좀 더 강하게 전달될 수 있기에 정적인 느낌의 디자인을 기본으로 삼았다. 이제 숙제는 여기에 활동적인 이미지를 어떻게 더하느냐 하는 것이었다.

그래서 생각한 것이 디즈니 애니메이션에서 많이 사용되는 기법인 동작선line of action 또는 동선. 이 기법을 사용하면 캐릭터를 좀 더 생동감 있게 보여주거나 극적인 효과를 낼 수가 있다. 토이의 기본 형태가 정적이더라도 동선을 중심으로 캐릭터의 포즈를 잡아주면 마치 움직이는 듯한 느낌을 살릴 수 있는데, 이로써 농구선수들의 포즈를 생생하게 표현할 수 있었다.

이번에도 애니메이션 관련 일을 했던 경험이 큰 도움이 되었다. 또 언젠가 디즈니 애니메이션의 부드럽고 과장된 동선들을 토이에 적용시켜보고 싶었는데, 이번에 그 바람을 이루게 되었다. 하지만 애니메이션의 동선이 동작의 곡선을 강조한 것이라면, NBA 아트 토이 디자인은 각을 넣는 부분이어서 서로 차이가 있었다. 정반대의 느낌일 수도 있는데, 나는 잘만 적용한다면 좋은 효과를 낼 수 있을 거라 생각했다(극과 극은 통하지 않을까).

한동안 침체기를 걷던 디즈니 애니메이션의 화려한 부활을 알린 작품은 <알라딘>이었다. 1993년 개봉한 <알라딘>은 국내 시장에서도 어린이들이 보는 애니메이션이 아니라 성인들도 보고 즐길 수 있는 애니메이션으로 소개되었는데, 그때가 디즈니의 극장판 애니메이션이 되살아난 시점이었던 것 같다. 부활한 디즈니의 애니메이션과

> Kobe(5inch), 공장 생산을 위한 첫 번째 페인트 마스터.

갓 설립된 드림웍스DreamWorks*의 애니메이션은 내게는 꿈을 키우는 보물창고나 다름없었다. 그 시절 나는 다양한 애니메이션들을 섭렵하며 애니메이터로서의 꿈과 실력을 키웠다.

드디어 몇 가지 디자인 시안이 나왔다. 나와 GFX는 오랜 시간 공들여 만든 결과물을 NBA 뉴욕 본사로 보내고 피드백을 기다렸다. 깜깜무소식……, 한두 달 만에 끝내는 프로젝트가 아니라 1년 정도의 여유를 갖고 진행되는 장기 프로젝트여서 아무래도 시간이 좀 걸렸다. 게다가 국내 프로젝트가 아니어서 상대적으로 진행 속도가 늦은 편이었다. 피드백을 받기까지의 몇 달이 내게는 몇 년처럼 길게 느껴졌다. NBA 뉴욕 본사의 제안으로 시작했지만, 나의 첫 글로벌 프로젝트이다 보니 신경 쓰이는 부분이 한두 군데가 아니어서 더 그랬던 것 같다. 나름 잘 만들어서 보냈는데 그들의 눈에 어찌 보일지, 답변을 기다리는 내내 조금은 초조했다.

비록 피드백은 늦었지만, 아티스트의 디자인과 생각들을 최대한 존중해준다는 느낌을 받았다(아메바컬쳐와 콜라보레이션할 때도 같은 느낌을 받았다). 물론 프로젝트의 성격에 따라서 조금 다른 부분은 있겠지만 말이다.

* 드림웍스는 1994년 스티븐 스필버그와 제프리 카젠버그가 함께 세운 회사로, <개미>와 <슈렉> 등을 제작했다.

NBA 5인치 아트 토이 컬렉터 시리즈 1 공개

2010년 여름, 모든 작업이 완료되었다. 나는 첫 번째 시리즈의 라인업인 10명의 아트 토이 원형과 페인트 마스터를 마인드스타일에 보냈다. 7월 말에 열리는 미국 샌디에이고 코믹콘SDCC에서 선공개하기로 일정이 잡혀 있어서 더 이상 마감을 늦출 수 없었다. 거의 일주일

이상을 밤새워 작업한 끝에 마인드스타일의 대표인 영MD Young이 묵고 있는 샌디에이고의 호텔로 보낼 수 있었다. 코믹콘 오픈 전날에 담당자에게 전달되었다고 하니, 담당자는 얼마나 피가 말랐을까(아티스트에 대한 존중은 존중이고 마감은 마감이다. 세계 어디서나 마감은 똑같이 피를 말리는 순간이다). 그나마 일정에 맞춰 마감할 수 있었던 것은 함께 작업해준 병훈 동생이 있어서다. NBA 프로젝트 외에도 몇 번이나 나를 마감의 늪에서 건져준 동료이자 은인이다.

  기본적으로 모든 작업은 컨피덴셜confidential(대외비)로 진행되기 때문에 아무리 제작자라 해도 공식적인 공개 전에 라인업이나 작업 등에 대한 정보를 유출할 수 없었다. 때문에 코믹콘이 NBA 시리즈를 컬렉터들에게 소개하는 첫 번째 자리였다. 나는 사람들의 반응이 몹시 궁금했지만, 그 순간을 함께하진 못했다. 대부분의 해외 전시가 그렇듯이 이번에도 피규어들만 보냈기 때문이다.

^ NBA Series 1, 5inch, 전체적인 조화를 고려해 유니폼과 신발 등을 제작하였다.

거의 7~8개월 동안 만지작거리면서 고민했던 프로젝트여서 떠나 보내는 마음이 시원섭섭했다. 나는 몇 달간의 작업 과정을 되돌아보았다. 생전 처음 '피규어 양산'이라는 작업을 해본 건데 별 감흥이 없다면 새빨간 거짓말일 터, 하지만 내가 할 수 있는 최선을 다했기에 후회나 아쉬움은 없었다.

NBA 시리즈 1이 공개되자 아트 토이 관련 웹진이나 커뮤니티에 글들이 올라오기 시작했다. 보통은 관련 글들을 잘 찾아보지 않는 편인데, 이번엔 상황이 상황이니 만큼 몇 군데 커뮤니티를 클릭해 들어가 보았다. 아무래도 NBA 선수들을 아트 토이 스타일로 만든 게 처음이다 보니 NBA 팬들 사이에서 닮았다, 안 닮았다는 식의 이야기들이 많았다. 또 10명의 선수들을 모델로 만들다 보니 각 선수에 대한 반응들이 엇갈리기도 했다. 대체로 아트 토이 팬들은 재미있게 봐주는 느낌이었다. 이렇게 'NBA 5인치 컬렉터 시리즈 1'의 바퀴는 굴러가기 시작했다.

18인치 빅 사이즈에 도전

좋은 제안은 꼬리를 물고 이어졌다. 5인치 시리즈 양산도 꿈만 같았는데, 18인치 시리즈를 만들자는 제안이 들어왔다. 보통은 사이즈별로 토이를 만들며, 베어브릭Bearbrick처럼 블라인드 박스 형태로 된 것들은 2.5인치 사이즈로 진행하는 경우가 많다. 가장 흔하면서 적당한 사이즈는 5~6인치, 그다음이 10인치 정도다. 양산하는 피규어 캐릭터의 대부분은 10인치 사이즈이고, 이것보다 더 큰 사이즈는 시장성이나 수익성 등을 감안해 아주 특별한 경우에만 제작한다. 예를 들어 인

01_ 코비 피규어 의상에 로고를 붙이는 중(18inch).
02_ Kobe, 18inch, Prototype, 빅 사이즈 제작이 처음이어서 시행착오가 많았다.

기가 아주 많은 캐릭터라 고가임에도 구입하려는 사람이 줄을 섰다든가, 아니면 프로모션이나 전시회를 위해 한정판을 내놓는 경우에 소량으로 제작하는 편이다.

제안 내용을 좀 더 구체적으로 살펴보면, 18인치 사이즈를 300개 한정으로 극소량 제작하는 라인업을 기획해서 진행해보자는 것이었다. 대부분의 사람들은 가격 등의 이유로 처음에는 작은 사이즈의 토이를 수집하다가 점점 더 큰 사이즈에 욕심을 낸다. 나 역시 평범한 토이 수집가였던 예전의 마음이 남아 있어서인지, 피규어 아티스트가 된 후에도 큰 것을 만들고 싶다는 생각을 항상 갖고 있었다.

이런 까닭에 18인치 라인업을 만들자는 제안을 받았을 때 뛸 듯이 기뻤다. 게다가 18인치 라인업은 전시회 때 커스텀해서 쓸 수 있어 일석이조의 효과를 누릴 수 있었다. 개인적으로 복제해서 작업할 경우 여러 사정상 힘든 부분이 있는데, 양산할 경우 그냥 받아서 작업할 수 있으므로 여러모로 좋았다. 사실 이런 기회가 아니라면 언제 큰 사이즈의 피규어를 만들어보겠는가.

18인치 라인업에 대한 기대를 안고 작업을 시작했다. 문제는 여태 한 번도 큰 사이즈의 원형 제작을 해본 적이 없다는 것, 당연히 실제 작업 과정에서 많은 문제점이 드러났다. 특히나 복제하는 과정이 만만치가 않았다.

피규어를 양산할 때 축소되는 부분을 감안하여 대략 20인치 정도의 원형을 만들었다. 그리고 언젠가는 실제 사이즈로 만들고 싶다는 바람을 주문처럼 외우며 열심히 사포질을 했다. 정말 한 달 내내 사포질만 한 것 같다. 지금이야 20인치나 되는 커다란 피규어를 사포질하면서 "언젠가는……, 언젠가는……"이라는 말을 중얼거리는 내 모습이 우습게 생각되지만 그때는 정말 진지했다.

이렇게 빅 사이즈 코비 브라이언트 피규어의 원형 작업이 근 한 달 만에 마무리되었다. 나는 5인치 시리즈와 달리 빅 사이즈 시리즈의 유니폼 상의를 실제 패브릭으로 제작해서 입혔다. 일종의 차별화를 위한 시도였는데, 지인의 도움으로 이 부분은 쉽게 넘어갔다(아무 대가도 받지 않고 선뜻 큰 도움을 주는 이들이 옆에 있어 너무도 감사하다).

대량 생산에 필요한 모든 작업을 끝내고, 양산의 마지막 단계에서 QC quality check(품질검사)를 하기 위해 마인드스타일 중국 공장으로 떠났다. 그전에 마인드스타일 초청으로 홍콩에 잠시 들렀는데, 디즈니 미키 마우스의 아티스트 버전인 '매드 미키 Mad Mickey'와 매니 파퀴아오(필리핀의 유명 권투선수)의 아트 토이 론칭 행사 및 전시에 참가하는 게 목적이었다. 2010년 11월 말, 홍콩 미라마 쇼핑센터 Miramar Shopping Center에서 열린 '크리스마스 어라운드 더 월드 Christmas Around the World' 전시에는 좌우태 형님과 GFX가 함께 참석했다.

개인 일정상 홍콩에는 내가 가장 먼저 도착했다. 쿨레인스튜디오에서 해외 마케팅 관련 업무를 담당하는 좌우태 형님은 다른 해외 일정 때문에 케냐를 거쳐 이틀 후에, 그리고 디자이너인 GFX는 하루 늦게 합류할 예정이었다. 나는 홍콩에서의 일이 끝나면 마인드스타일 중국 공장으로 건너가 NBA 5인치 컬렉터 시리즈 1의 품질을 확인하

^
18inch 빅 사이즈 피규어에 들어가는 인증카드.

\>
휴대전화와 나란히 놓고 비교해보니 빅 사이즈라는 게 실감 난다.

^
NBA Big Size Series 1. Derick Rose, Dwight Howard, Kobe Bryant and Dwyne Wade.

는 한편, 앞으로의 프로젝트에 대해 의견을 나눌 일정이 잡혀 있었다.

일본에서 열린 '원더 페스티벌Wonder Festival' 등 그간 몇 번의 해외 나들이 경험이 있었지만 이번처럼 초청받아 가는 경우는 처음이었다. 더욱이 혼자 여행하는 일은 흔치 않아서 나도 모르게 가슴이 두근두근 뛰었다. 솔직히 나는 여행 자체를 즐기는 편은 아니다. 남들은 그렇게 살면 심심하지 않느냐고 묻는데, 전혀 심심하지 않다. 여기저기 돌아다니는 것보다는 쿨레인스튜디오의 내 자리에 앉아서 이것저것 만지작거리며 보내는 시간이 내게는 가장 편안하다.

매드 미키 론칭 행사, 그리고 마인드스타일 대표와의 만남

처음 가본 홍콩은 사람도 많고 길도 복잡해서 잠깐이라도 정신을 놓았다가는 미아가 되기 십상이었다. GFX의 말처럼 서울의 명동을 연이어 붙여놓은 느낌이랄까. 나는 공항을 빠져나와 매드 미키 론칭 행사가 열리는 침사추이의 미라마 쇼핑센터로 향했다. 그전에 잠시 호텔에 들러 짐을 풀고는 곧장 행사장으로 갔는데, 다행히 호텔 근처라 헤매지 않고 찾아갈 수 있었다. 행사장 내부는 다음 날이 오픈일이어서 정신이 하나도 없었다. 너무도 익숙한 모습, 한국이나 해외나 전시회 전날 모습은 별 차이가 없었다(작업은 밤까지 계속되었고, 이튿날 아침 8시가 되어서야 겨우 마무리되었다).

그곳에서 마인드스타일의 대표인 영을 처음 만났다. NBA 프로젝트 시작 후 10여 개월 만에 얼굴을 맞댄 영은 뭐랄까, 대범한 보스 스타일이면서도 행사장의 소품 하나도 꼼꼼하게 챙기는 모습을 보여주었다. 지금껏 마인드스타일은 기존의 캐릭터를 똑같이 만드는 방식이 아니라 아티스트들에 의해 새로운 쉐이프나 이미지로 만들어진 아트 토이를 많이 선보였다. 이번에 론칭하는 '매드 미키' 역시 디즈니를 대표하는 캐릭터인 미키 마우스에 새로운 콘셉트를 입혀 제작한 아트 토이다. 또 이번 행사에는 <토이 스토리>에 등장한 '그린 에이리언(눈이 세 개 달린 외계인 캐릭터)'을 큰 사이즈로 제작한 플랫폼 토이도 전시장에 모습을 나타냈다. 한마디로 전 세계 아티스트들이 커스텀을 해서 전시하는 행사였다.

가장 눈에 띄는 작품은 메인 캐릭터라 할 수 있는, 5미터 높이의 매드 미키 조형물이었다. 디즈니와의 콜라보레이션인 매드 미키는 필리핀의 복싱 영웅인 매니 파퀴아오를 아트 토이로 만들면서 세트로 제작된 캐릭터다. 즉 복싱하는 미키 마우스가 콘셉트인 셈이다. 처음에는 12인치(약 30센티미터) 사이즈로 출시되었고, 이번에 미라마 쇼핑센터와 연계해 6인치 사이즈의 매니 파퀴아오와 매드 미키가 함께 론칭된다고 했다. 정식 출시 전에 진행되는 일종의 이벤트인 셈인데, 쇼핑센터에서 일정 금액 이상을 구입한 사람에 한해서 구입 자격이 주어진다고 한다. 국내에서는 거의 볼 수 없는 이벤트 방식으로, 그 같은 마케팅이 진행된다는 것 자체가 정말 부러웠다.

5미터 사이즈의 매드 미키는 세우는 데만 5~6시간이 걸렸다. 실제 토이처럼 파츠들이 분리되게 제작된 조형물은 필리핀에서 만들어져 홍콩으로 건너온 것이라고 한다. 눈앞에 서 있는 빅 사이즈 매드 미키를 보니 내 손으로 저런 큰 토이를 만들고 싶다는 생각이 더 강렬해졌다(2012년 여름, 베이징에서 열린 '팝 라이프' 전시를 위해 실제 농구 골대보다 더 큰 5미터 사이즈의 코비 브라이언트를 제작함으로써 꿈을 이루었다).

나는 매드 미키 론칭 행사에서 여러 명의 아티스트와 아트 토이

01_마인드스타일의 중국 공장에서 양산되는 미키들.
02_마인드스타일의 디자이너인 사이몬(Simon)과 세부 디자인에 대해 논의 중.
03_NBA 피규어의 신발에 로고를 넣는 과정.

관련 업체 사람들을 만났다. 그중에서도 매드 미키 디자이너인 레스 Les(Division Creative Foundry의 아트디렉터)를 만난 것은 큰 행운이었다. 레스는 LA에서 활동하는 아티스트로, 홍콩에서의 만남을 계기로 해외 브랜드와의 컨택이나 콜라보레이션 작업 시 도움을 받기도 하고, 여러 가지 프로젝트를 함께 진행하기도 하면서 지금까지 쭉 인연을 이어오고 있다. 이외에도 전 세계에서 활동하는 아티스트들과 해외 숍 운영자들을 만났고, 그들은 쿨레인스튜디오의 해외 진출 및 협력 작업에 큰 도움이 되었다.

피규어를 만들면서 해외 전시나 커뮤니티 사이트를 통해 수많은 사람들과 친구가 되었다. 평소 말을 잘하는 편도 아니고, 외향적인 성격도 아닌 나로서는 이런 상황이 생소하다. 그런데 신기하게도 사람들, 그것도 외국인들과 온·오프라인상에서 스스럼없이 대화를 나누고 있다. 아트 토이, 피규어라는 공통 관심사가 있어서겠지만 가끔은 스스로에게 놀랄 때가 많다.

나는 뒤늦게 합류한 GFX와 함께 밤새 행사장에 머물며 전시 준비를 도왔다. 마인드스타일 직원들은 무척 호의적이었고, 이런저런 이야기를 하며 친분을 쌓았다. 특히 디자인 담당자는 함께 있는 내내 편하게 대해주었다. 그와는 일로서도 연결되어 있었는데, 내가 작업한 원형들과 데이터들을 받아서 중국 공장으로 넘기는 역할을 했다. 국적과 언어는 달라도 함께 작업하는 데는 아무 문제가 없음을 다시 한 번 깨달았다.

밤샘 작업이 끝나고 오전 11시, 행사가 시작되었다. 여러 방송사가 왔는지 여기저기서 촬영을 하느라 시끌벅적했다. 오프닝에 아이돌 스타가 나타났을 때는 다들 난리였는데, 함께 사진을 찍으려고 요란을 떠는 모습들이 재미있게 다가왔다. 내 옆에서 조용조용 통역을 도와

01_벽면을 가득 채운 NBA Series 1 의 전체 일러스트.
02_댈러스 매버릭스 팀의 저지 유니폼을 배경으로 팬이 찍어준 더크 노비츠키 선수의 피규어.
03_Kobe, Home/Away/Secret version. 5inch.

주던 이도 아이돌 스타 등장에 흥분을 감추지 못하는 등 오프닝 분위기는 그야말로 뜨거웠다.

첫 출시된 NBA 5인치 시리즈

오프닝 행사 후 마인드스타일 대표가 피규어 박스 하나를 건넸다. 다름 아닌 지난 1년여 동안 준비했던 'NBA 5인치 아트 토이 컬렉터 시리즈 1'의 첫 생산품이었다. 핸드메이드 작업의 한계를 뛰어넘기 위해 그간 얼마나 애썼던가. 고대하던 결과물을 손에 쥐니 비로소 실감이 나면서 진한 감동이 올라왔다.

"아~, 드디어 제품으로 나오는구나!"

나는 일일이 사인한 NBA 아트 토이를 오프닝 행사에 참여한 여러 아티스트와 VIP들에게 나눠주었다. 첫 대상자는 마이클 라우, 아내인 플로레스와 함께 오프닝에 참여한 그에게 내가 직접 사인한 코비 캐릭터를 건넸다. 이외에도 '토이도쿄'의 대표, 레스 등 정말 많은 사람들에게 토이를 전달했다. 토이도쿄의 대표는 뉴욕에서 토이숍과 갤러리를 운영하고 있다고 한다. 언젠가 전시를 위해 그를 다시 만나게 되지 않을까? 그리고 '더 헌드레즈The Hundreds'의 바비Bobby가 레스의 친구라고 해서 그에게 전해달라며 토이를 주었다.

2010년 2월에 첫걸음을 뗀 NBA 프로젝트, 바야흐로 제품 출시가 코앞으로 다가왔다. 처음에는 크리스마스에 출시될 예정이었는데, 불가피한 사정이 생기는 바람에 실제 출시 및 론칭 행사, 사인회는 2011년 4월에 이루어졌다. 막바지 단계에서 나이키 로고를 사용하는 부분이 명확하게 정리되지 않아 출시가 지체되었다는 이야기를 나중에 전해 들었다. 각 선수별 '시그너쳐 농구화(특정 선수가 모델이 된 농구화)' 브랜드가 워낙 다양해 최종 라이선스 컨펌까지 시간이 많이 걸렸다고 한다.

글로벌 회사와 프로젝트를 진행하면서 많은 경험과 교훈을 얻었다. 대외비라든가, 라이선스 등에 대한 제한과 엄격한 부분이라든가, 여하튼 직접 부딪쳐서 알아낸 지식들은 이 프로젝트의 또 다른 성과물이다. 이렇게 경험들이 쌓이면서 한 걸음, 한 걸음씩 나아가는 기분이다.

타임스퀘어에서 열린 마이클 라우의 10주년 기념 전시를 보는 것으로 홍콩 일정을 마무리 짓고 마인드스타일 중국 지사로 이동했다. 그곳에서는 NBA 아트 토이 시리즈 외 다른 프로젝트에 대한 논의, 그

<
'킨키로봇'에서 NBA Series 1 론칭 행사 중. 코비의 일러스트와 시리즈 포스터, 2011.

리고 마인드스타일에서 발간하는 〈CTB Collector's Toy Box〉라는 잡지에 실릴 인터뷰 및 사진 촬영이 기다리고 있었다. 이튿날 일정은 마인드스타일의 아트 토이 제품을 생산하는 공장에 들러 품질검사QC를 하는 것, 이 작업을 위해 머나먼 중국까지 온 셈이다. 나는 다른 라인업의 토이들도 둘러보는 시간을 가졌다. 생산 공정을 직접 보니 그간의 궁금증들이 풀리면서 앞으로 내가 고민해야 할 문제들이 떠올랐다. 어떻게 해야 퀄리티를 더 좋게 할 수 있을까? 이 숙제를 안고 서울로 돌아왔다.

일주일이라는 짧은 기간 동안 사람도, 정보도 정말 많이 접했다. 그만큼 꿈의 크기도 더 커졌는데, 좀 더 넓은 세상으로 나아가는 티켓을 얻은 기분이다. 아는 만큼 꿈을 꾼다는 말처럼, 더 넓은 세상과 여러 아티스트들을 접하면서 지금보다 더 큰 목표를 갖게 되었다.

NBA 슈퍼스타, 코비 브라이언트와의 만남

잘 알지 못하는 분야나 사람을 주제로 피규어를 만들 때는 사전 자료 조사에 시간을 많이 들인다. 그러면서 새로운 내용도 알게 되고 사람들의 생각도 읽게 된다. 호기심과 관심은 자칫 느슨해지기 쉬운 아티스트의 작품 활동에 좋은 윤활제 역할을 한다. 때로는 동기부여가 되기도 한다. 새로운 문화, 새로운 사람을 끊임없이 찾아내는 일은 아티스트에게는 아주 즐거운 놀이다.

피규어가 아니었다면 결코 접하지 못했을 다양한 분야의 사람들을 만나 함께 작업하고, 교류하면서 나는 큰 만족을 느꼈다. 이는 피규어 아티스트로서의 삶이 가져다준 장점 중 하나인데, 늘 눈을 크게 뜨고 세상을 관찰하는 게 이제 습관이 돼버렸다. 뮤지션, 그래피티 작가, 자전거 디자이너, 농구선수, 해외 아트 토이 작가 등 지금까지 수많은 사람들을 만났다. 그중 가장 기억에 남는 사람을 한 명 꼽으라면 LA 레이커스의 코비 브라이언트 선수를 들 수 있다.

NBA 시리즈는 어릴 때부터 좋아했던 농구와 NBA 선수들을 주제로 아트 토이로 만들 수 있다는 사실만으로 가장 즐겁게 진행한 콜라보레이션 작업이었다. 여러 명의 선수 중 코비 브라이언트를 가장 먼저 작업할 정도로 의미 있는 선수였지만, 실제로 만나게 될 줄은 상상도 못했었다.

2011년 4월 말, 나이키코리아의 에너지 팀이 특별한 소식을 전해주었다. 2010~2011 NBA 시즌 후 아시아 투어를 진행하는 코비 브라이언트가 7월 중에 방한한다는 소식이었다(코비 브라이언트 코리아투어 2011). 그들은 코비에게 아주 특별한 선물을 주고 싶다고 했다. 나는 방한일에 맞춰 20인치(50센티미터) 코비 피규어를 전달해주기로 했다.

사실 코비 20인치 피규어는 코비 브라이언트·데릭 로즈·드웨인 웨이드·드와이트 하워드로 구성된 'NBA 빅 사이즈 시리즈 1' 중 하나였는데, 출시 전이라 당시 공개되지는 않았었다. 일반적으로 피규어 중에서 20인치 사이즈는 거의 찾아보기 어렵다. 이 말은 제작 자체가 잘 이루어지지 않는다는 뜻인데, 이 시리즈 역시 각 캐릭터당 300개 한정으로 극소량 제작되었다.

실제 발매는 2011년 7월 말에 샌디에이고 코믹콘SDCC에서 이루어질 예정이었고(실제로는 2012년 7월 SDCC에서 네 개의 캐릭터 모두 공개), 코비의 방한 날짜보다 2주 정도 늦은 시점이었다. 일단 마인드스타일 측에 전후 사정을 설명한 다음 시제품을 받아서 코비에게 전달하기로 했다. 나는 이왕이면 좀 더 특별한 패키지에 담아서 코비에게 전달하고 싶어서 실제 판매되는 제품과 달리 구성해보았다. 스페셜 패키지는 Lady Brown이 스웨이드suede(보드랍게 보풀린 가죽)로 제작해주었고, 여기에 나이키·코비·쿨레인스튜디오의 로고와 사인, 그리고 LA 레이커스를 상징하는 컬러(노란색과 보라색)를 넣었다. 라이선스 문제로 최종 'NBA 빅 사이즈 시리즈 1'에는 나이키 로고가 안 들어가므로 결국 이것은 코비를 위한 아주 특별한 패키지일 수밖에 없었다.

　어느덧 시간이 흘러 코비 방한일이 가까워졌다. 그 즈음 쿨레인스튜디오는 새로운 멤버인 Rockoon(락쿤, 박태준), Uptempo(업템포, 이재헌), Lady Brown, P2PL(송필영)과 함께 첫 번째 그룹전인 'SQUARE ONE'을 준비하고 있었다. 언제나 그렇지만 마감일에는 여러 가지 일들이 겹치고 뜻밖의 변수가 생기는 법, 이때에도 마인드스타일에서 보내주기로 한 날짜보다 늦어져서 코비 방한 하루 전날에서야 시제품 두 개를 받을 수 있었다. 둘 중 하나는 코비에게 주고, 또 하나는 전시회용으로 쓸 생각이었다.

　7월 14일, 드디어 코비를 직접 만나볼 수 있는 날이 밝았다. 나는 나이키 농구전문점 '훕시티Hoopcity'로 이동했다. 코비 브라이언트, 그가 누구인가! 전 세계 최고의 농구리그인 NBA에서 2회 연속 'NBA 파이널 MVP'를 수상했으며, 현재에도 레전드들의 기록들을 하나씩 넘어서고 있는 최고 중의 최고가 아닌가. 그는 샤킬 오닐과 함께 NBA 3연패, 파우 가솔Pau Gasol(스페인 출신의 LA 레이커스 선수)과 함께 NBA 2연패를 달성하는 등 농구 황제 마이클 조던과 어깨를 나란히 하는 살아 있는 전설로 통하고 있다. 이런 선수를 직접 볼 수 있다니, 만나러 가는 도중에도 믿기지 않았다. 무엇보다 코비 브라이언트가 자신의 피규어를 보고 어떤 반응을 보일지 궁금했다. 피규어 컬렉터들이나 코비 팬들의 반응도 궁금했지만, 실제 모델로부터 듣게 될 평가에 마음

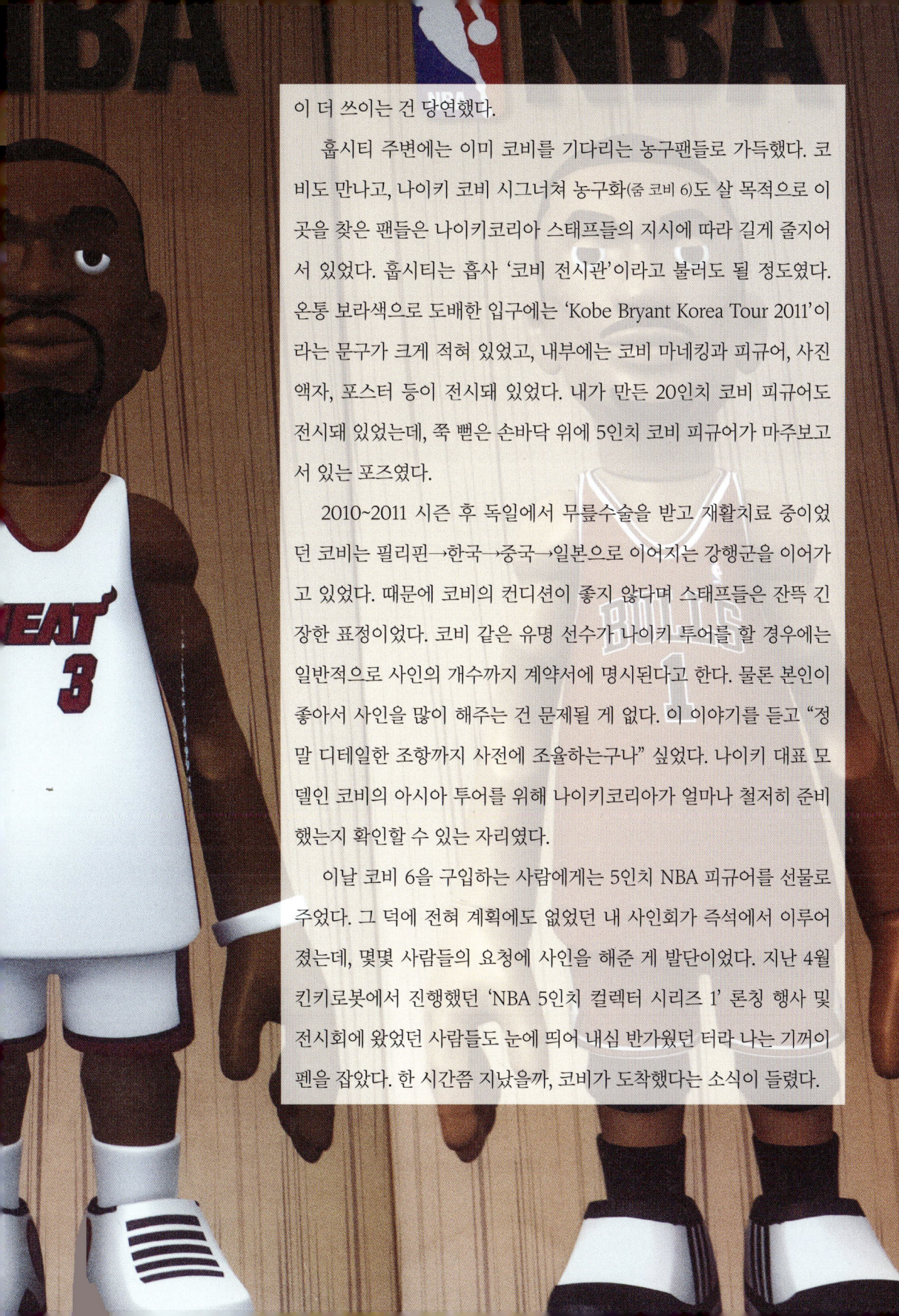

이 더 쓰이는 건 당연했다.

훕시티 주변에는 이미 코비를 기다리는 농구팬들로 가득했다. 코비도 만나고, 나이키 코비 시그너쳐 농구화(줌 코비 6)도 살 목적으로 이곳을 찾은 팬들은 나이키코리아 스태프들의 지시에 따라 길게 줄지어 서 있었다. 훕시티는 흡사 '코비 전시관'이라고 불러도 될 정도였다. 온통 보라색으로 도배한 입구에는 'Kobe Bryant Korea Tour 2011'이라는 문구가 크게 적혀 있었고, 내부에는 코비 마네킹과 피규어, 사진 액자, 포스터 등이 전시돼 있었다. 내가 만든 20인치 코비 피규어도 전시돼 있었는데, 쭉 뻗은 손바닥 위에 5인치 코비 피규어가 마주보고 서 있는 포즈였다.

2010~2011 시즌 후 독일에서 무릎수술을 받고 재활치료 중이었던 코비는 필리핀→한국→중국→일본으로 이어지는 강행군을 이어가고 있었다. 때문에 코비의 컨디션이 좋지 않다며 스태프들은 잔뜩 긴장한 표정이었다. 코비 같은 유명 선수가 나이키 투어를 할 경우에는 일반적으로 사인의 개수까지 계약서에 명시된다고 한다. 물론 본인이 좋아서 사인을 많이 해주는 건 문제될 게 없다. 이 이야기를 듣고 "정말 디테일한 조항까지 사전에 조율하는구나" 싶었다. 나이키 대표 모델인 코비의 아시아 투어를 위해 나이키코리아가 얼마나 철저히 준비했는지 확인할 수 있는 자리였다.

이날 코비 6을 구입하는 사람에게는 5인치 NBA 피규어를 선물로 주었다. 그 덕에 전혀 계획에도 없었던 내 사인회가 즉석에서 이루어졌는데, 몇몇 사람들의 요청에 사인을 해준 게 발단이었다. 지난 4월 킨키로봇에서 진행했던 'NBA 5인치 컬렉터 시리즈 1' 론칭 행사 및 전시회에 왔었던 사람들도 눈에 띄어 내심 반가웠던 터라 나는 기꺼이 펜을 잡았다. 한 시간쯤 지났을까, 코비가 도착했다는 소식이 들렸다.

Kobe와 Kobe가 만난 뜻 깊은 자리. 실제 Kobe 손에 Kobe 20인치 피규어가 들려 있다니, Oh My God!

　　팬들과 활기차게 하이파이브를 하면서 훕시티 안으로 들어오는 코비, 몸 상태가 정상이 아니라고 들었는데 걱정할 정도는 아니었나 보다. 훕시티 안은 코비와 수행원들, 그리고 나이키코리아 관계자들만 들어올 수 있도록 통제되었다.

　　"Oh, Shit!"

　　훕시티 안에 전시된 자신의 빅 사이즈 피규어를 본 코비가 감탄사를 터뜨렸다. 다행이었다. 자신의 피규어와 똑같은 포즈로 사진도 찍고, 표정도 따라하면서 환하게 웃는 코비의 모습을 보니 내 마음도 좋았다. 안심했다고 해야 할지, 뿌듯했다고 해야 할지, 여하튼 그간의 노력을 보상받는 기분이었다. 나는 'To Kobe'라고 사인한 20인치 피규어를 코비에게 직접 전달했고, 코비는 다른 20인치 피규어에 친필 사인을 해주었다.

　　비록 잠시 잠깐이었지만, 내 인생에서 가장 의미 있는 만남이었다. 피규어 아티스트가 안 되었다면 결코 만날 수 없었던 사람들, 나는 다시 한 번 피규어를 만들길 참 잘했다는 생각이 들었다.

"Kobe! See You Later!!"

NBA 빅 사이즈 시리즈 1 출시

NBA 빅 사이즈 시리즈는 기존의 5인치 블라인드 박스 형태의 피규어를 20인치(50센티미터) 크기로 만든 작품이다. 사실 처음부터 빅 사이즈의 피규어를 출시하는 경우는 거의 없다. 그 이유는 크기가 커지면 가격대도 높아지고, 자연히 피규어를 구입할 수 있는 컬렉터들도 제한적일 수밖에 없기 때문이다. 결국 피규어 팬 층이 넓어질 때를 기다렸다가 빅 사이즈 라인업을 내놓는 경우가 일반적이다. 그런데 NBA 시리즈는 처음부터 프로모션 개념으로 빅 사이즈를 함께 출시하게 되었다. 아무래도 NBA 선수들의 인기를 바탕으로 기획된 피규어 시리즈였기에 가능한 일이었다.

첫 번째 시리즈의 초기 라인업은 '대중적 인지도'를 고려해 결정했고, NBA 리그에서 인기가 높은 선수들이 우선적으로 선별되었다. LA 레이커스의 코비 브라이언트를 필두로, 최연소 MVP인 시카고 불스의 데릭 로즈, 마이애미 히트의 프랜차이즈 스타인 드웨인 웨이드, 그리고 올랜도 매직의 드와이트 하워드 선수가 최종 라인업에 이름을 올렸다.

그런데 제작 과정에서 드와이트 선수의 이적설이 불거져 나왔다. 소속팀이 달라지면 유니폼도 달라지므로 드와이트 선수는 팀이 정해질 때까지 제작을 미룰 수밖에 없었다. 일단 제작이 완료된 코비와 데릭 캐릭터를 1차로 출시하고, 드웨인과 드와이트(LA 레이커스의 유니폼으로 최종 결정) 캐릭터는 나중에 2차로 출시하기로 상황을 정리했다.

5인치와 20인치 사이즈는 크기뿐만 아니라 의상에서도 차이가 있

NBA 빅 사이즈 시리즈 1
Coolrain Studio × NBA × MIND style
• 라인업: 코비 브라이언트, 데릭 로즈, 드웨인 웨이드, 드와이트 하워드
• 한 캐릭터당 300개 한정으로 2012년 7월 출시

다. 빅 사이즈 시리즈를 좀 더 특별하게 만들고 싶었던 나는 유니폼 상의를 실제 유니폼처럼 패브릭으로 제작했다. 이처럼 패브릭으로 의상을 만들 경우 전문가의 손길이 필요한데, 적절한 외주 작업자를 찾는 일이 간단치가 않다.

12인치 액션 피규어를 제작할 경우, 의상은 외주로 작업할 때가 많다. 이러한 부분들이 힘들어서 한동안 패브릭이 들어가는 작업들을 꺼리기도 했었다. 직접 할 수 있는 일이라면 차라리 마음 편할 텐데, 패브릭 작업이나 외주 복제 등 다른 사람의 손을 빌려야 하는 일은 여러모로 까다로운 것 같다.

한편, 20인치 빅 시리즈는 크기가 커서 프로토타입을 만드는 데도 애를 많이 먹었다. 힘들게 만든 프로토타입은 중국 공장으로 보내졌고, 그 뒤 약 1년여 만에 실제 제품으로 내 눈앞에 나타났다. 고생해서 그런지 너무도 감격스러웠다.

NBA 아트 토이 시리즈 2 론칭

홍콩의 그랜드 센추리 플라자Grand Century Plaza에서 'NBA 아트 토이 시리즈 2' 론칭 행사 겸 쿨레인스튜디오의 전시회가 열렸다. 그랜드 센추리 플라자는 SBS 예능프로그램인 〈런닝맨〉 촬영지로 유명한 곳이라고 한다.

NBA 아트 토이 시리즈 제작사인 마인드스타일의 초청으로 성사된 '쿨레인스튜디오 아트 전시'는 2013년 5월 말부터 6월 말까지 한 달 간 진행되었다. 나는 2012년 베이징에서 선보였던 5미터 크기의 코비 브라이언트 조형물과 NBA 아트 토이 시리즈, 그리고 핸드메이

> Kobe, 18inch & 5inch Prototype.

140 5. 슈퍼스타를 피규어로, NBA 아트 토이 시리즈

드 피규어 시리즈들로 전시장을 꾸몄다. 무엇보다 작년 8월에 라인업을 공개한 후 처음으로 대대적인 론칭 행사를 여는 만큼 'NBA 아트 토이 시리즈 2'를 소개하는 데 신경을 썼다.

문득 2년여 전에 미라마 쇼핑센터에서 NBA 아트 토이 시리즈 1을 론칭할 때가 떠올랐다. 그러고 보니 홍콩은 이런 식의 이벤트가 많은 것 같다. 대형 쇼핑몰에서 전시를 열면서 사전 인터뷰도 진행하고, 오프닝 당일에는 유명 연예인과 방송사 카메라도 불러 적극적으로 알린다. 이 모든 홍보 작업은 대형 쇼핑몰이 주관하는 편이다. 플라자나 쇼핑센터 입장에서는 이벤트로 고객을 끌어 모으니 좋고, 아티스트 입장에서는 전시를 통해 작품을 홍보할 수 있으니 좋고, 그야말로 '누이 좋고 매부 좋고'가 아니겠는가.

나와 GFX는 전시 오픈 일주일 전에 홍콩에 도착해 주최 측에서 잡아둔 전시 홍보 관련 인터뷰 일정을 소화했다. 거의 4일 동안 매일 3~4군데의 매체와 인터뷰를 했었는데, 그때 주고받은 명함만 수십 장에 달했다. 사실 인터뷰하면서도 매체의 성격에 대해선 잘 모르는 경우가 많았고, 그저 어떤 질문이든 최대한 열심히 답변해야 한다는 내 역할에 충실했을 뿐이다. 어쨌든 전시장을 제공해준 그랜드 센추리 플라자도, 쿨레인스튜디오도 열심히 알리기 위해 빡빡한 인터뷰 일정을 모두 소화해냈다.

두 달 후 참가했던 '타이베이 토이 쇼'에서 안 사실이지만, 내가 그때 인터뷰했던 매체들이 홍콩에서는 꽤나 유명한 신문사들이었다. 어쩐지 작년에는 데면데면했던 홍콩 작가들이 이번 타이베이 토이 쇼에서는 먼저 다가와 아는 척도 하고 전시회 잘 봤다는 이야기도 하더라니, 이게 다 신문기사의 영향이었다.

한편, '쿨레인스튜디오 아트 전시'가 열리는 동안 다른 곳에서는

01_5m 크기의 Kobe 조형물 설치 중, Coolrain Studio Exhibition, Hong Kong, Grand Century Center, 2013.
02_전시 시작 전에 통역자에게 작품 설명 중, Coolrain Studio Exhibition, Hong Kong, Grand Century Center, 2013.
03_NBA Series 2, Prototype, Coolrain Studio Exhibition, Hong Kong, Grand Century Center, 2013.

'아트 바젤Art Basel'이라는 큰 행사가 열렸다. 이 전시 때문에 한국의 갤러리 관련 기획자들과 아티스트들이 대거 홍콩을 찾았는데, 쿨레인스튜디오의 전시 오프닝 때도 와서 축하해주었다. 해외에서 진행되는 행사에서 한국 사람들을 만나니 반가우면서도 이색적인 느낌이었다. 개인적으로 이들 모두가 한국으로 돌아가 홍콩에서의 경험을 바탕으로 아트 토이 관련 전시와 이벤트들을 많이 기획했으면 하는 바람이었다.

NBA Series 2. 마지막에 '제레미 린' 캐릭터가 추가돼 최종적으로 11개 캐릭터로 구성되었다.

NBA 시리즈는 계속된다

NBA 시리즈 2 라인업

- 최종 라인업(11개 캐릭터): 르브론 제임스, 케빈 듀란트, 라존 론도, 드와이트 하워드, 블레이크 그리핀, 크리스 폴, 존 월, 스테판 커리, 크리스 보쉬, 파우 가솔, 제레미 린
- 출시: 2012년 12월

애초 시리즈로 기획되긴 했지만, NBA 시리즈 2가 제작될지 여부는 불투명했다. 시리즈 1의 반응이 신통찮으면 시리즈 2는 물 건너 갈 수밖에 없는 상황이었는데, 다행히 시리즈 1이 성공적으로 론칭되면서 곧바로 시리즈 2의 기획을 할 수 있게 되었다. 시리즈 기획에서 가장 중요한 부분은 라인업 구성이다. 시리즈 1을 기획할 때도 라인업에 꼭 넣고 싶었던 선수들이 있었는데, 은퇴 또는 부상을 이유로 최종 라인업에서는 빠졌었다.

시리즈 2는 당시 NBA를 이끌고 있는 선수들을 주축으로 라인업을 구성했다. 베테랑 선수 외에 당시 가장 영향력 있는 선수라고 할 만한 마이애미 히트의 '르브론 제임스Lebron James'와 오클라호마시티 썬더의 '케빈 듀란트Kevin Durant'가 우선적으로 선정되었다. 그다음은 보스턴 셀틱스의 '라존 론도Rajon Rondo', 올랜도 매직의 '드와이트 하워드Dwight Howard(라인업을 구성할 때는 올랜도 매직 소속, 그 뒤 2012년 8월 LA 레이커스로 이적)', LA 클리퍼스의 '블레이크 그리핀Blake Griffin', 뉴올리언스 호니츠의 '크리스 폴Chris Paul(2011년 12월 LA 클리퍼스로 이적)', 워싱턴 위저즈의 '존 월John Wall', 골든 스테이트 워리어스의 '스테판 커리Stephen Curry', 마이애미 히트의 '크리스 보쉬Chris Bosh', LA 레이커스의 '파우 가솔Pau Gasol'이 시리즈 2 라인업에 포함되었다.

한편, 2012년 2월 NBA 리그에 '린새니티linsanity('린에게 미쳤다'는 의미)' 광풍이 불었다. 한 무명의 타이완계 선수가 혜성 같이 등장해 전 세계 농구팬들을 열광시킨 것이다. 바로 뉴욕 닉스의 '제레미 린Jeremy Lin' 선수였다. 하버드대학 출신인 제레미는 뉴욕 닉스 입단 전에 두 번이나 소속 팀에서 방출된 경험이 있었던 선수로, 사실 '린새니티'의 기점이 되었던 2012년 2월 5일 뉴저지 네츠(현재 브루클린 네츠) 원정 경기도 주전 선수들이 부상을 당하지 않았다면 출전하지 못했을 것이다. 언제 방출될지도 모르는 상황에서 주전으로 뛸 기회를 얻은 제레미는 '25득점 7어시스트'라는 놀라운 기록으로 팀을 승리로 이끌었다. 제레미 린은 단연 화제의 중심에 섰고, 농구선수로서 순탄치 못했던 그의 스토리가 알려지면서 인기가 하늘 높은 줄 모르고 치솟았다.

그때는 이미 시리즈 2의 프로토타입 제작이 완료된 시점이었지만, 나는 제레미 린을 기존 라인업에 추가하기로 마음먹었다. NBA 역사상 아시아계 선수가 식스맨이 아닌 주전급으로 출전해서 승부에 영향을 미칠 수 있는 경기력을 보여준 사례는 거의 없었다. 이 사실 하나만으로도 그의 존재감은 빛났고, 라인업에 추가될 자격이 충분했다. 이렇게 해서 NBA 시리즈 2의 최종 라인업은 11개의 캐릭터로 구성되었다.

∧ 다이나믹 듀오의 개코와 최자 피규어, 10inch.

Amoeba hood Series

Coolrain's 6st design
figure series
(collaboration with Amoebaculture)
2011년~현재

'아메바후드Amoebahood' 시리즈는 다이나믹 듀오 10주년 기념으로 제작된 아트 토이로, 아메바컬쳐 소속 뮤지션들이 라인업되어 있다. 시리즈명인 아메바후드는 '아메바컬쳐의 친구들'이라는 뜻이다. 2011년 시리즈 1(다이나믹 듀오·슈프림팀·프라이머리·코쿤·LJ로 구성)을 시작으로, 2013년 시리즈 2(자이언티·얀키·플래닛 쉬버·리듬파워로 구성)가 만들어졌다.

^
가나아트센터 전시회에서 판매했
던 한정판 다이나믹 듀오 피규어,
10inch, 2013.

6. 실제 뮤지션이 주인공인, 아메바후드 시리즈 1·2

다이나믹 듀오 10주년 기념 프로젝트

아메바컬쳐의 다이나믹 듀오와의 인연은 2009년으로 거슬러 올라간다. 동반 군입대 전에 발매되는 마지막 앨범을 준비하면서 아트 토이도 함께 제작하고 싶다며 다이나믹 듀오가 연락을 해왔는데, 시간도 촉박하고 상황도 여의치 않아 무산되고 말았었다. 하지만 제대 후 다시 마주앉게 되었으니 우리의 인연의 끈도 꽤나 긴가 보다.

아메바컬쳐와 함께 진행되는 이번 건은 아트 토이 제작 외에도 다이나믹 듀오 10주년 기념 앨범 발매, 10주년 전시, 콘서트가 함께 맞물린 대규모 프로젝트다. 여기서 내 역할은 다이나믹 듀오의 개코와 최자, 슈프림팀의 사이먼디와 이센스, 그리고 프라이머리 등의 아트 토이를 만드는 일이다. 우리는 이 프로젝트에 '아메바후드 Amoebahood = Amoeba Culture + Hood'라는 이름을 붙였다.

2011년 초여름에 시작된 프로젝트는 겨울을 지나 다음 해 2월에나 대략 마무리되었다. 하지만 바로 시리즈 2라든가 다른 브랜드와의 콜라보레이션을 진행한 탓에 마무리 시점은 큰 의미가 없다. 그 뒤로도 아메바후드 시리즈는 계속 굴러가고 있으니 말이다.

아메바컬쳐와의 첫 미팅은 NBA 아트 토이 시리즈를 성공리에 론칭한 후 여러 곳에서 들어오는 프로젝트들을 검토해보던 시점에 이루어졌다. 국내 힙합계를 이끌어가는 아메바컬쳐의 뮤지션들을 소재로 아트 토이를 만들다니, 국내에서는 여태 한 번도 시도된 적 없는 작업이었기에 관심이 갔다. 또 쿨레인스튜디오의 창작 방향과도 잘 맞아서 프로젝트는 일사천리로 성사되었다. 사실 몇 년 전에 다이나믹 듀오와 처음 만났을 때만 해도 이런 큰 프로젝트를 진행할 능력이 못 되었다. 당시엔 핸드메이드 실력만 있을 때여서 전체적인 진행이 어려웠다. 그러나 지금은 NBA 아트 토이 시리즈를 통해 습득한 기술이나 지식도 많고, 해외 아티스트나 업체와의 콜라보레이션 등을 통해 쌓아올린 경험도 다양하여 아메바컬쳐와의 프로젝트를 방해할 그 어떤 걸림돌도 없었다. 나는 아트 토이 디자인부터 제작, 양산까지 전 과정을 디렉팅하는 조건으로 아메바후드 제작을 맡았다. 만일 쿨레인스튜디오가 원하는 방향이 아니었다면 굳이 전체 디렉팅을 맡아 위험을 무릅쓰는 모험을 하지 않았을 것이다.

△
아메바후드의 시작이 되었던 '다이나믹 듀오'와의 첫 미팅.

이렇게 해서 아메바후드 프로젝트가 시작되었다. 사실 아트 토이 시장이 조금씩 커지는 과정에서 개인적으로 좀 아쉬운 부분이 있었다. 아트 토이라는 것이 본디 디자인을 중시하는 분야로, 소량 생산과 고퀄리티 원칙을 기본으로 삼는 작업이라고 할 수 있다. 그런데 국내 몇몇 업체들이 유명 연예인이나 방송국의 이름을 빌려서 말도 안 되는 퀄리티의 오브제를 만들어서 시장에 유통시키고 있다. 게다가 중국 공장에서 저가로 생산한 제품을 마치 '아트 토이'인 양 둔갑시켜 고가로 판매하고 있다. 이러한 형태는 저변 확대는 고사하고, 아트 토이 시장이 제대로 성장하기도 전에 무너뜨리는 결과를 낳을 수도 있음을 알아야 한다.

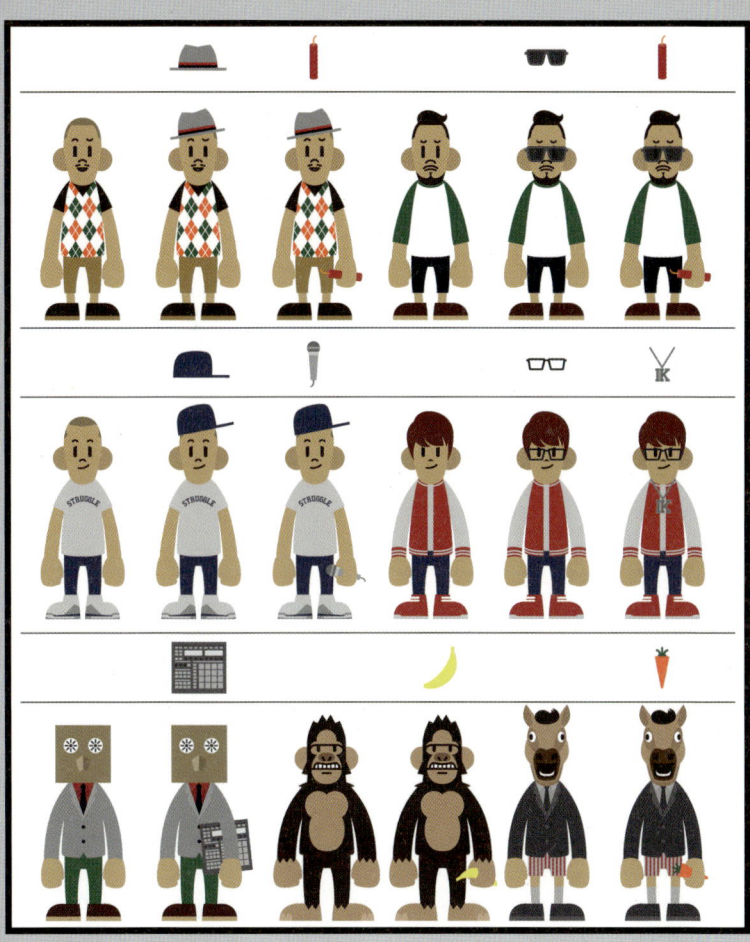

> 초기 스케치(by GFX).

이러한 의미로 나 역시 아트 토이 양산에 대해선 쉽게 결정하지 못했다. 개인이 접근하기는 어려울뿐더러 자칫 질 나쁜 아트 토이를 판매할 수도 있기 때문이다. 그런데 다른 프로젝트를 진행하면서 품질관리에 대해 완전히 믿고 맡길 수 있는 분(에이전트 미스터 K)을 만났기에 아메바후드 양산까지 욕심을 부리게 된 것이다. 그 덕분에 아메바후드는 그 어떤 아트 토이와 비교해도 품질 면에서 결코 뒤처지지 않는 고퀄리티를 유지하게 되었고, 해외에서도 눈여겨보게 되었다. 사실 해외 구입자 중에는 아메바컬쳐의 뮤지션에 대해선 아는 바가 거의 없고, 단지 토이 자체에 매력을 느껴서 구매 문의를 하는 경우가 많았다. 그야말로 순수 아트 토이로서 해외의 인정을 받은 것인데, 이 부분에서 자부심도 느낀다.

아메바후드 프로젝트는 순조롭게 진행되었지만, 마감의 벽을 지나칠 수는 없었다. 일반적으로 양산에는 절대적인 시간이 필요한데, 가수들의 경우 앨범 발매일이 정해져 있어 하루라도 늦어지면 안 되는 상황이었다. 만일 앨범 발매일까지 아메바후드 시리즈가 한국에 도착하지 않으면 돌이킬 수 없는 일이 생길 수도 있기에 나는 일정 체크에 온 신경을 집중했다. 프로젝트 도중에 리테이크할 여유도 없을 정도로 빠듯하게 일정을 진행해야 겨우 앨범 발매 전날에 아트 토이 제품이 한국에 도착할 수 있는, 숨 막히는 스케줄이었다(후~, 이건 정말 말로 표현하기 힘든 스트레스다. 나 혼자 바지런하게 움직인다고 해결되는 문제가 아니기에 더욱 그렇다).

나는 원활한 진행을 위해 초반 원형 작업을 최대한 빨리 중국 공장에 넘겼다. 그리고 금형 제작 후에 색상과 마스킹 등을 현장에서 바로바로 수정해주기 위해 GFX와 함께 중국으로 날아갔다. 중국 공장 방문은 이번이 두 번째였는데, 지난번과는 조금 차이가 있었다. 아메

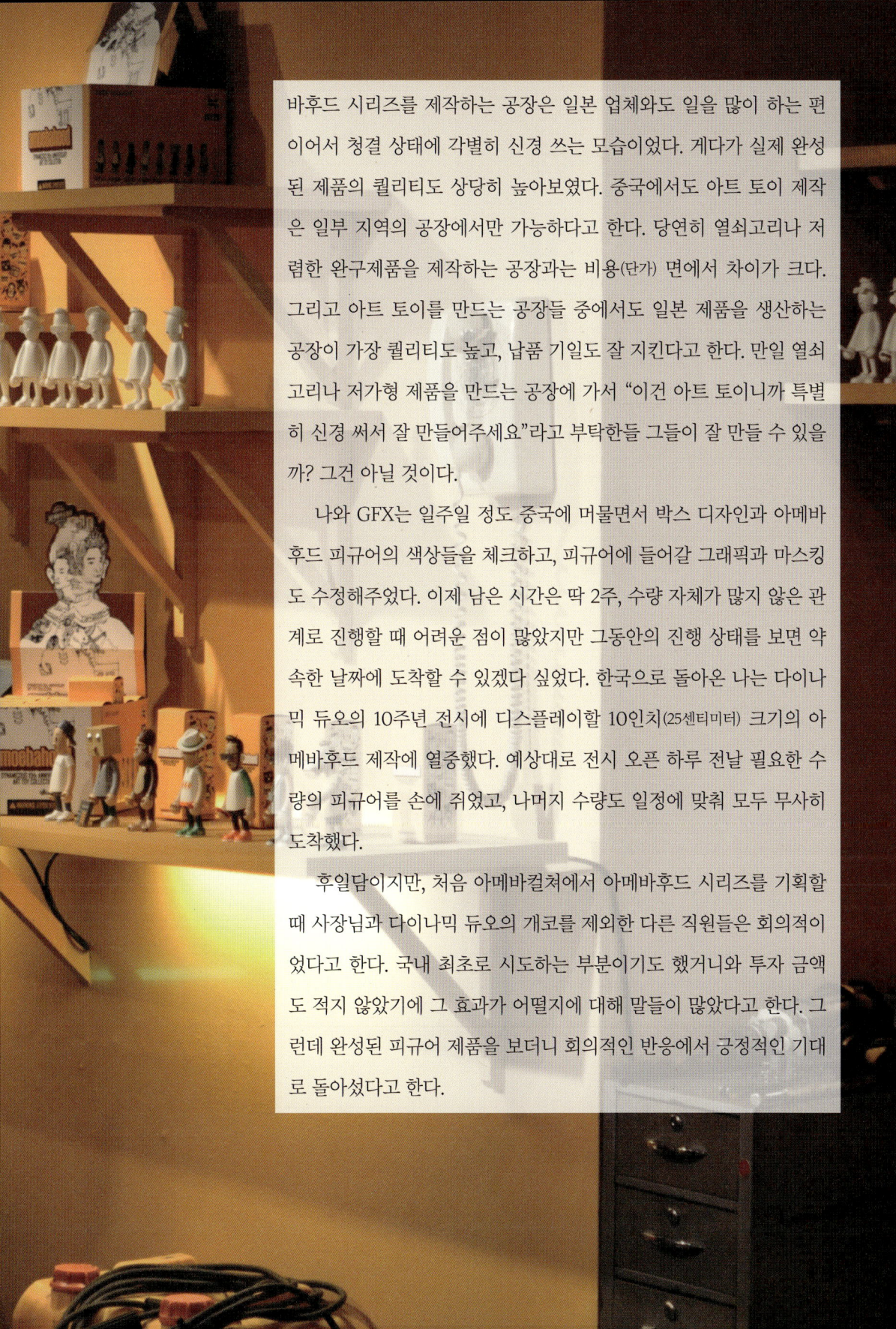

바후드 시리즈를 제작하는 공장은 일본 업체와도 일을 많이 하는 편이어서 청결 상태에 각별히 신경 쓰는 모습이었다. 게다가 실제 완성된 제품의 퀄리티도 상당히 높아보였다. 중국에서도 아트 토이 제작은 일부 지역의 공장에서만 가능하다고 한다. 당연히 열쇠고리나 저렴한 완구제품을 제작하는 공장과는 비용(단가) 면에서 차이가 크다. 그리고 아트 토이를 만드는 공장들 중에서도 일본 제품을 생산하는 공장이 가장 퀄리티도 높고, 납품 기일도 잘 지킨다고 한다. 만일 열쇠고리나 저가형 제품을 만드는 공장에 가서 "이건 아트 토이니까 특별히 신경 써서 잘 만들어주세요"라고 부탁한들 그들이 잘 만들 수 있을까? 그건 아닐 것이다.

나와 GFX는 일주일 정도 중국에 머물면서 박스 디자인과 아메바후드 피규어의 색상들을 체크하고, 피규어에 들어갈 그래픽과 마스킹도 수정해주었다. 이제 남은 시간은 딱 2주, 수량 자체가 많지 않은 관계로 진행할 때 어려운 점이 많았지만 그동안의 진행 상태를 보면 약속한 날짜에 도착할 수 있겠다 싶었다. 한국으로 돌아온 나는 다이나믹 듀오의 10주년 전시에 디스플레이할 10인치(25센티미터) 크기의 아메바후드 제작에 열중했다. 예상대로 전시 오픈 하루 전날 필요한 수량의 피규어를 손에 쥐었고, 나머지 수량도 일정에 맞춰 모두 무사히 도착했다.

후일담이지만, 처음 아메바컬쳐에서 아메바후드 시리즈를 기획할 때 사장님과 다이나믹 듀오의 개코를 제외한 다른 직원들은 회의적이었다고 한다. 국내 최초로 시도하는 부분이기도 했거니와 투자 금액도 적지 않았기에 그 효과가 어떨지에 대해 말들이 많았다고 한다. 그런데 완성된 피규어 제품을 보더니 회의적인 반응에서 긍정적인 기대로 돌아섰다고 한다.

6. 실제 뮤지션이 주인공인, 아메바후드 시리즈 1·2

NBA 아트 토이 시리즈를 국내에 처음 내놓았을 때도 이와 비슷한 반응이었다. 한국에서는 그다지 인기가 없는 스포츠인 농구 관련 피규어가 과연 잘 팔릴까, 하는 우려가 높았다. 그러나 아트 토이 마니아들 외에도 NBA 팬들의 서포트가 많아서 잘 마무리되었다. 한편 아메바후드 시리즈의 경우에는 처음부터 국내 시장을 겨냥해 제작한 제품이어서 불안한 부분이 많았다. 다행히도 아트 토이 마니아들의 반응이 좋았고, 다이나믹 듀오의 팬들도 물심양면으로 도와줘서 성공리에 판매를 마쳤다.

개인적으로 "아메바후드처럼 심플한 디자인의 아트 토이가 국내에서 나오려면 아직 몇 년은 더 기다려야 한다"라고 생각했었는데, 이렇게 빨리 만나게 되어 너무나 기뻤다. 무엇보다 디자인부터 양산까지의 작업은 생전 처음이었는데, 모든 과정이 순조롭게 진행되어 너무도 다행스러웠다.

01_개코 커스텀, by 핸즈인팩토리.
02_최자 커스텀, by 핸즈인팩토리.
03_개코 오리지널 버전.
04_최자 우드 페인팅 버전.
05_개코가 그린 아메바후드 시리즈의 메인 커버 이미지(왼쪽)와 GFX가 재해석한 이미지(오른쪽).
06_첫 아메바후드 시리즈.

아메바컬쳐 소속 아티스트 전원을 라인업으로

지난 2011년에 아메바후드 시리즈를 선보인 뒤로 거의 1년 반 만에 두 번째 시리즈를 만들게 되었다. 이번에 새롭게 추가되는 뮤지션들은 자이언티, 얀키, 플래닛 쉬버, 리듬파워. 기존의 시리즈 1도 새로운 버전을 추가하는 작업이 이루어졌다.

아메바후드 시리즈는 뮤지션을 아트 토이로 만든 국내 최초의 시리즈여서 의미가 큰데, 이 시리즈를 계기로 새로운 영역의 일들도 많이 하게 되었다. 보통 시리즈를 기획하면 디자인하는 데 가장 많은 시간이 할애된다. 이번 디자인은 아메바후드의 쉐이프에 페인팅을 다르게 해서 각각의 뮤지션들을 표현하는 한편, 각 뮤지션에 맞는 액세서리나 장비 등을 추가해주는 방식이어서 좀 더 다양하게, 재밌게 작업할 수 있었다.

아메바후드는 처음부터 페인팅을 다르게 해서 각각의 느낌을 살릴 수 있도록 디자인했다. 그래서 귀와 코를 제외한 나머지 얼굴 부분은 페인팅으로 여러 가지 표정을 만들 수 있다. 이 부분이 아메바후드 시리즈의 특징이라면 특징이다.

아메바후드 시리즈 2의 완성과 더불어 가나아트센터에서 진행하는 전시가 함께 기획되었다. 나는 이 전시회에서 아메바후드 시리즈 1의 대표 캐릭터라고 할 수 있는 다이나믹 듀오의 최자와 개코의 조형물을 60인치(약 150센티미터) 크기로 만들기로 했다. 관객이나 팬들이 옆에 서서 사진 촬영을 할 때, 과연 어느 정도의 높이가 가장 적합할지 고민하다가 60인치로 결론지었다.

사실 토이 작업이나 전시를 할 경우, 처음 시도하는 부분에 대해서는 주변 작가들의 도움을 받을 수밖에 없다. 이번 조형물 제작도 그러

<
아메바후드 시리즈 2, '리듬파워'의 지구인 피규어, Prototype.

01_아메바후드 시리즈 2 프로토타입 제작 중.
02_Air Jordan(AJ) 11의 디자인을 모티프로 제작.

했는데, 김정미 작가의 소개로 좋은 분을 만나 잘 진행되었다. 개인 전시가 아니라 아메바컬쳐가 주최하는 전시다보니 여간 마음이 쓰이는 게 아니었다. 외주로 제작한 실제 조형물을 디스플레이하는 순간까지, 한순간도 마음을 놓을 수가 없었다. 아무래도 외주 제작일 경우 여러 가지 불안 요소들이 있어서 진행 상황에 따라 주의해야 하는 부분들이 많다.

조형물 제작은 토이 제작과 유사한 부분도 많지만, 크기나 작업 시간에서 다른 양상을 보인다. 일단 조형물은 기본적으로 사이즈가 크기 때문에 실리콘 몰드나 복제 작업, 그리고 다듬는 데 시간이 많이 걸리는 편이다. 요즘은 3D 데이터로 전달해주기에 거의 똑같이 만들어지지만, 예전에는 실제 디자인과 다른 경우도 있었다. 만일 3D 모델링 데이터 작업이 되어 있으면 여러 가지 크기를 만들 때, 또 큰 조형물을 제작할 때 큰 도움이 되는데 실제 디자인에 근접하게 만들 수 있다.

'2013 아메바후드 인 서울' 전시에는 기존의 아메바후드 시리즈 1과 새로운 시리즈 2의 캐릭터들이 총출동했다. 다이나믹 듀오(최자·개코)와 슈프림팀(사이먼디·이센스), 프라이머리, 코쿤, LJ를 비롯해 자이언티, 얀키, 플래닛 쉬버(DJ 프리즈·필터), 리듬파워(보이 비·지구인·행주) 피규어가 모두 전시된 까닭에 아메바컬쳐 소속 뮤지션들을 한자리에서 볼 수 있는 기회가 되었다. 이렇게 아메바후드의 라인업을 확정한 후 전시를 위해 토이의 크기를 키우기로 했다. 관객들에게 보여주기엔 큰 사이즈가 좋을 듯싶어 기존의 크기인 5인치를 2배로 키운 10인치로 제작하기로 한 것이다.

피규어 외에도 캐코와 자이언티의 회화 작품들이 함께 전시되었고, 킬드런·윤협·GFX와의 콜라보레이션 작업들도 함께 관객들을 맞았다. 전시 오프닝 때는 피규어의 실제 모델이기도 한 아메바컬쳐의 뮤지션들이 출현한 미니 콘서트도 열렸다. 이날 오프닝에는 2,000여 명의 관객들이 몰렸는데, 가나아트센터 측에서도 개관 이래 가장 많은 사람들이 찾아와서 놀랐다고 했다. 한마디로 피규어와 페인팅, 설치미술, 힙합음악이 어우러진 축제의 장이었다.

나는 이 전시회에서 또 한 번의 새로운 시도를 했다. 보통 전시 때는 앞으로 나올 피규어들의 원형을 선보이는 데 그쳤는데, 이번엔 핸드메이드 피규어 100개를 제작해 전시 기간 동안 판매하기로 한 것이다. 사실 핸드메이드 피규어는 양산된 피규어에 비해 가격이 높아서 큰 기대는 하지 않았다. 그런데 이게 웬일일까? 오프닝 하루 동안 거의 대부분이 팔려나갔다. 내게는 핸드메이드 피규어의 판매 가능성을 엿볼 수 있었던 자리인 동시에 아트 토이 작업의 새로운 출구를 발견할 수 있는 시간이었다.

앞으로도 작업 방향만 맞으면 아메바후드 시리즈와 같은 작품들을 계속 만들어나갈 계획이다.

01_아메바후드 시리즈 2의 행주. Prototype.
02_전시장을 찾은 '다이나믹 듀오'의 개코 & 최자.
03_개코 & 최자 조형물, 150cm, 가나 아트센터, 2013.

^ 개코 & 최자 조형물, MIB 버전, 150cm, 25cm.

아메바후드 시리즈 1·2, 왼쪽부터 프라이머리, 보이 비(리듬파워), 행주(리듬파워), 지구인(리듬파워), 코콩(Kokong), 개코(다이나믹 듀오), 엘제이(LJ), 최자(다이나믹 듀오), 얀키, 사이먼디, 자이언티, 이센스, DJ 프리즈(플래닛 쉬버), 필터(플래닛 쉬버) 피규어, 10inch, Prototype, 2013.

쉼 없는 도전,
글로벌 스포츠 브랜드와의
콜라보레이션

Collaboration

CHAPTER 3

1. 나이키
NIKE

'나이키Nike'는 내게 아주 의미 있는 브랜드다. 자칫 취미로 묻힐 뻔한 일을 평생 직업으로 삼게 해준 은인이자, '쿨레인'이라는 이름을 세상에 알리게 해준 일등공신이기 때문이다. 무엇보다 2008년, 나이키코리아와 함께 진행했었던 '나이키 덩크 23주년 전시회'는 규모 면에서나 인지도 면에서 아주 돋보였는데, 내 인생의 커다란 전환점이 되었던 행사였다.

처음 나이키코리아로부터 전시회 제안을 받았던 시기는 개인적으로 고민이 참 많았던 때였다. 나야 피규어가 좋고 피규어 만드는 일이 즐겁지만, 국내 아트 토이의 열악한 환경을 생각하면 피규어 제작만으로 가족의 생계를 책임지기에는 다소 무리가 있었다. 나 좋다고 가족을 힘들게 할 수는 없었고, 아무리 머리를 쥐어짜봐도 취직밖에 달리 방법이 없었다. 이런 상황에서 나이키의 제안은 천군만마千軍萬馬와도 같았다. 나는 큰 고민 없이 나이키의 손을 잡았고, 곧바로 전시회에 내보낼 피규어 작품을 만들기 시작했다(나이키는 내가 가장 좋아하는 브랜드인 데다 공식적으로 전시를 할 수 있다고 해서 너무나 기뻤었다).

<
고대 그리스의 조각상, '사모트라케의 니케(NIKE of Samothrace)'를 모티프로 만든 작품. NIKE SAMOTHRACE(TRIGONAL 5034), 23cm, 2015.

Nike Dunk 23th Anniverary
'Dunk Zone' & 'BE TRUE'

전시회가 확정된 후 대략적인 일정을 조율해보니 3개월 정도의 준비 기간이 가능했다. 그 기간 안에 2008년 나이키코리아를 통해서 출시되는 봄/여름 시즌별 덩크 신발 100여 켤레와 의상 100여 벌을 만들고, 그것을 피규어에 입혀서 코엑스와 명동에서 전시하는 일정이었다. 전시 기간은 대략 6개월 정도, 봄/여름 시즌별로 중간에 한 번 의상과 신발들을 모두 교체해주는 프로젝트였다.

일단 전시될 캐릭터는 기존에 내가 작업했던 피규어들을 사용하기로 했다. 대신 나이키 덩크를 신고 생활하는 다양한 계층의 젊은 친구들의 라이프스타일을 보여주어야 했다. 농구·음악밴드·스쿨라이프·스케이트보드·BMX 등이 주제로 정해졌고, 만화 컷을 모티프로 해서 전시장 군데군데에 피규어를 이용해 입체적인 컷으로 연출했다.

나이키와 첫 만남을 가졌을 때가 2007년 11월 중순이었는데, 전시는 2008년 2월 초에 시작되었다(1/6 사이즈, 5.5센티미터). 채 3개월도 안 되는 시간의 대부분은 100여 켤레의 덩크 신발을 만드는 데 사용되었다. 그나마 봄/여름 시즌으로 나뉘어 전시한 덕분에 여름 시즌 덩크 신발은 나중에 만들 수 있었다. 이렇게 피규어용 신발을 만드는 데만 총 3개월이 걸렸다. 디자인, 재질, 그래픽이 다 제각각이어서 실제 작업은 상상 이상으로 힘들었다. 정말 원 없이 신발을 만들었지만, 돌이켜보면 가장 열심히, 재밌게 신발을 만들던 때가 아닌가 싶다(그 당시 거의 매일 밤을 새면서 작업한 까닭에 몸무게가 15킬로그램 정도 빠졌는데, 원래대로 돌아오는 데는 한 달도 채 걸리지 않았다).

그다음은 의상 작업이었다. 일단 의상에 들어가는 그래픽 디자인

Nike Korea × Coolrain Studio
- Nike Dunk 23Th Anniversary: 2008년 2월 6일~6월 30일, 코엑스 나이키 전시장
- Nike Dunk 'BE TRUE' Art Gallery: 2008년 3월 22일~5월 16일, 명동 나이키 아트 갤러리

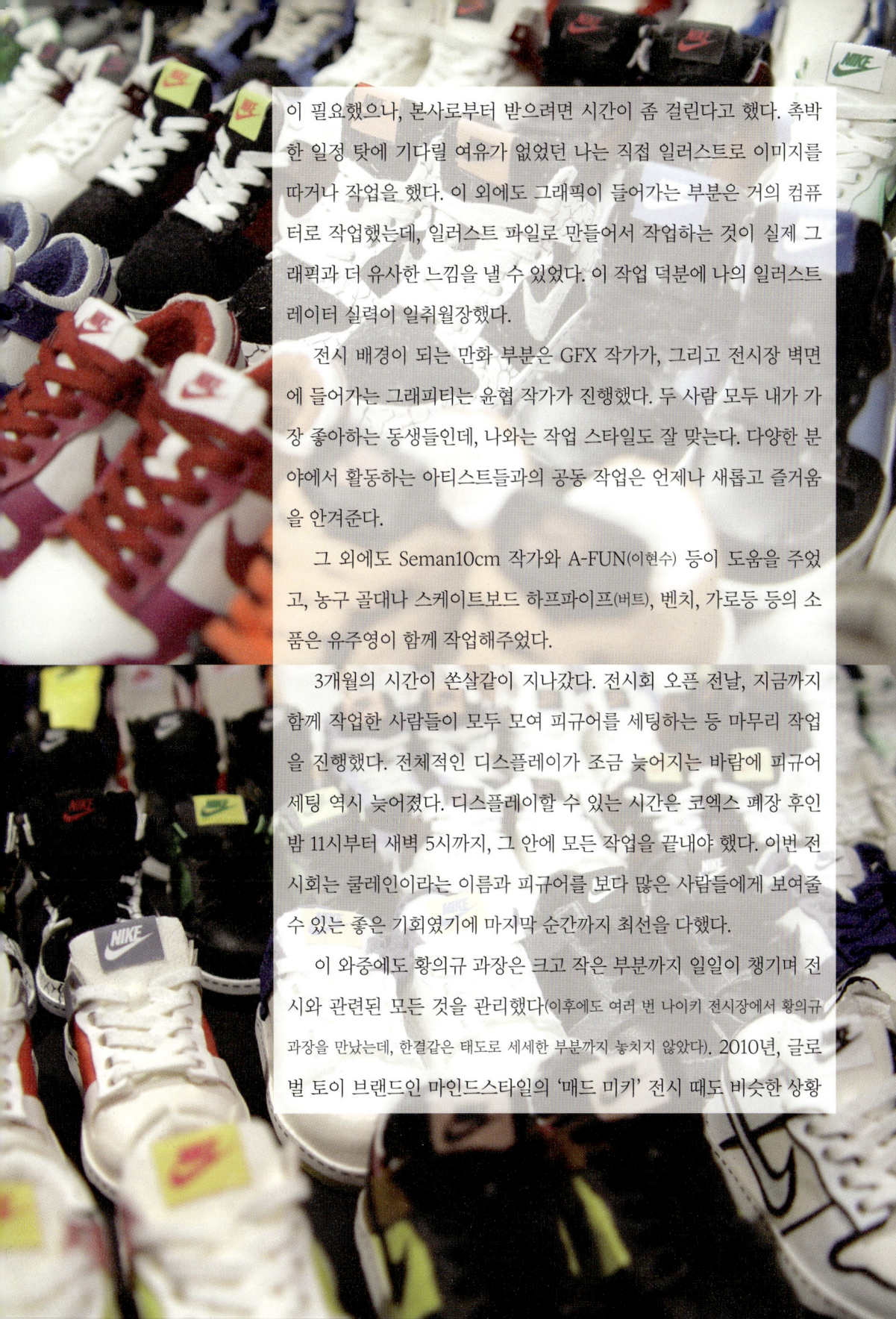

이 필요했으나, 본사로부터 받으려면 시간이 좀 걸린다고 했다. 촉박한 일정 탓에 기다릴 여유가 없었던 나는 직접 일러스트로 이미지를 따거나 작업을 했다. 이 외에도 그래픽이 들어가는 부분은 거의 컴퓨터로 작업했는데, 일러스트 파일로 만들어서 작업하는 것이 실제 그래픽과 더 유사한 느낌을 낼 수 있었다. 이 작업 덕분에 나의 일러스트레이터 실력이 일취월장했다.

전시 배경이 되는 만화 부분은 GFX 작가가, 그리고 전시장 벽면에 들어가는 그래피티는 윤협 작가가 진행했다. 두 사람 모두 내가 가장 좋아하는 동생들인데, 나와는 작업 스타일도 잘 맞는다. 다양한 분야에서 활동하는 아티스트들과의 공동 작업은 언제나 새롭고 즐거움을 안겨준다.

그 외에도 Seman10cm 작가와 A-FUN(이현수) 등이 도움을 주었고, 농구 골대나 스케이트보드 하프파이프(버트), 벤치, 가로등 등의 소품은 유주영이 함께 작업해주었다.

3개월의 시간이 쏜살같이 지나갔다. 전시회 오픈 전날, 지금까지 함께 작업한 사람들이 모두 모여 피규어를 세팅하는 등 마무리 작업을 진행했다. 전체적인 디스플레이가 조금 늦어지는 바람에 피규어 세팅 역시 늦어졌다. 디스플레이할 수 있는 시간은 코엑스 폐장 후인 밤 11시부터 새벽 5시까지, 그 안에 모든 작업을 끝내야 했다. 이번 전시회는 쿨레인이라는 이름과 피규어를 보다 많은 사람들에게 보여줄 수 있는 좋은 기회였기에 마지막 순간까지 최선을 다했다.

이 와중에도 황의규 과장은 크고 작은 부분까지 일일이 챙기며 전시와 관련된 모든 것을 관리했다(이후에도 여러 번 나이키 전시장에서 황의규 과장을 만났는데, 한결같은 태도로 세세한 부분까지 놓치지 않았다). 2010년, 글로벌 토이 브랜드인 마인드스타일의 '매드 미키' 전시 때도 비슷한 상황

을 접했었는데, 마인드스타일의 사장인 영MD Young이 소품 위치 하나까지 직접 챙기는 것을 보고 감탄했었다.

이렇게 6개월 동안 진행되는 전시회에서는 피규어를 고정하는 일이 무엇보다 중요하다. 내 경우에는 장기간 전시하는 일이 처음이었고, 게다가 그전에는 갤러리 같은 공간에서 전시를 했기 때문에 외부 충격으로 피규어가 넘어지는 일이 거의 없었다. 하지만 이번 전시는 기간도 기간이지만 장소가 코엑스 내에서도 유동인구가 많은 곳이어서 예기치 못한 문제가 생길 수 있었다. 우려했던 대로 전시 도중 세팅한 피규어가 넘어지는 바람에 다시 작업하는 일이 벌어졌다. 이 일로 또 하나 배웠다.

전시 오픈일이 밝았다. 새벽 5시까지 작업하다가 집에 가서 잠깐 눈을 붙이고 다시 코엑스 전시장으로 나왔다. 지난 3개월간의 땀과 노력이 사람들에게 어떻게 전달될지 궁금해서 가만히 있을 수가 없었다. "내가 만든 피규어를 보고 사람들은 과연 어떤 반응을 보일까?" 오죽했으면 밤을 홀딱 새웠는데도 쉬 잠들지 못했을까. 마치 소풍 전날 밤 아이처럼 내 마음은 설렘과 기대로 가득 차 있었다.

첫 나이키 전시회의 테이프를 끊자마자 다음 일정 준비로 바빠졌다. 두 달 뒤에는 여름 시즌용 신발과 의상으로 교체해서 보여줘야 했기 때문이다. 나는 며칠 휴식을 취한 후 본격적인 작업에 들어갔다. 그나마 피규어용 신발과 의상만 제작하면 되는 거여서 시간적으로 여유가 있었다. 또 지난 몇 달간의 작업으로 손도 좀 빨라져서 봄 시즌 제품을 준비할 때보다 한결 마음이 여유롭고 편안했다.

그런데 나이키와의 인연은 여기서 끝이 아니었다. 2008년 3월 말 명동에서 열리는 또 다른 나이키 전시회에 내 작품을 전시해달라는 요청을 받은 것이다. 여러 분야에서 활동하는 아티스트들이 함께 전

<
길거리 농구를 콘셉트로 제작한 디오라마, 1/6 사이즈(12inch).

01_그래피티 작가를 콘셉트로 작업한 벽(wall).
02_그래피티 작가 윤협의 디오라마 벽.
03_비보이의 프리즈 자세로 전시. 포즈를 제대로 표현하기 위해 피규어 바디 내부에 철사를 추가하여 설치하였다.

시하는, 일종의 그룹전 형식이었다. 명칭은 'BE TRUE' 전. '덩크dunk'를 오브제로 벽화와 그래피티, 설치 조형물과 피규어, 사진예술과 디지털 영상기술이 한데 어우러진 탈장르의 새로운 팝아트pop art 세계를 보여주는 것이 전시회의 주요 콘셉트였다.

특히 영국의 팝 아티스트 데이브 화이트의 작품들도 함께 전시되었는데, 이때 처음 접한 데이브 화이트의 심플한 그림은 내게 큰 감명을 주었다. 당시엔 그에 대해 전혀 아는 바가 없었으나, 나이키 관계자들이나 그래피티 작가들이 그를 높이 평가하는 것을 보고 관심이 더 갔었다.

여하튼 내 작업실은 다시 분주해졌다. 20여 개 정도의 캐릭터들을 보여줘야 했기에 정신이 하나도 없었다. 이때 재미삼아 만든 캐릭터가 바로 덩키즈 시리즈의 '모노'다. 흥미로운 점은 처음으로 선보인 덩키즈와 데이브 화이트의 작품이 함께 전시되었다는 사실이다.

나는 거의 매일 전시장을 찾았다. 지인들과 함께 가거나 다른 이유로 가기도 했지만, 2시간 거리를 매일 왕복했으니 정말 대단한 정성이었다고 생각한다. 이곳에서 고준의 소개로 핸즈인팩토리Hands in Factory의 Uptempo를 만났는데, 그 인연으로 지금까지 쿨레인스튜디오에서 함께 작업하고 있다.

명동에서의 전시가 끝나고 일 년쯤 뒤, 덩키즈 시리즈 중 하나인 '피테쿠스'와 '피테쿠스 BW'의 프리오더를 진행하다가 정말 기쁜 소식을 들었다. 데이브 화이트가 나이키코리아를 통해 구입 의사를 밝혀왔다는 내용이었다. 마침 덩키즈의 첫 번째 전시를 기획 중이던 나는 혹시 콜라보레이션을 할 생각이 없는지 물어보았다. 데이브 화이트는 흔쾌히 승낙해주었다. 그렇게 해서 데이브 화이트와의 첫 번째 콜라보레이션이라고 할 수 있는 '피테쿠스 BW' 버전이 '블루닷 아시아 2009BlueDot ASIA 2009'에서 선을 보였다. 어떻게 보면 전 세계 스트리트 컬처 작가들 중에서도 상당한 인지도를 갖고 있는 데이브 화이트의 덕을 봤는지도 모르겠다. 그와의 콜라보레이션을 계기로 다른 해외 작가들과도 '덩키즈'라는 주제로 함께 전시하게 되었으니 말이다. 사람 일은 참 알 수가 없다. 언제, 누구를 만나 무슨 일을 하게 될지…….

나이키 전시회를 통해 좋은 인연도 만들었고 피규어 아티스트로서 자신감도 한층 커졌다. 한 발 또 멋지게 앞으로 나아간 기분이었다. 문득 나이키 전시장이 보이는 벤치에 앉아서 오가는 사람들의 표정을 살펴보던 기억이 난다. 지금도 그렇지만 그때는 전시를 보는 사람들의 반응이 무척 궁금했었다. 아마 시간이 많이 흘러도 2008년의 나이키 전시회는 잊히지가 않을 것 같다.

나이키 'BE TRUE' 전시 때 선보인 우쓰라(몬스터즈 크루) 피규어, 2008.

'Be The Legend'
박지성 선수의 피규어 전시

나이키 전시회 준비로 정신없었던 2008년의 대미는 박지성 선수의 피규어 제작이었다. 당시 맨체스터 유나이티드 소속으로 잉글랜드 프리미어리그에서 활약하던 박지성 선수의 인기는 한국뿐 아니라 아시아, 유럽 등지에서도 대단했었다. 이에 나이키는 아시아 선수 최초로 '박지성 티엠포 레전드JS PARK TIEMPO LEGEND', 일명 '불사조 축구화'를 출시하면서 대대적으로 홍보했다. 그 하나가 바로 나이키 '비 더 레전드Be The Legend' 전시였다.

이 전시는 축구화, 축구공, 의류 등의 박지성 라인을 나이키에서 론칭하면서 함께 진행되었다. 나이키는 '비 더 레전드' 프로모션 방법으로 그래픽 노블, 애니메이션, 게임 등을 활용했는데, 피규어 전시도 그중 하나였다. 여기서 내가 할 일은 그래픽 노블의 이미지를 베이스로 박지성 선수의 피규어와 배경 디오라마diorama를 만드는 작업이었다.

한국 시장 자체가 별로 크지 않은 관계로 나이키가 국내 스포츠 선수의 이름을 내걸고 제품을 출시하는 일은 거의 없었다. 그런 점에서 박지성 선수의 라인은 아주 의미가 컸다. 물론 박찬호 선수의 야구화나 김연아 선수의 의류가 론칭된 적은 있었지만, 그들은 미국에서도 많이 알려진 스포츠 스타였기에 박지성 선수의 경우와는 좀 달랐다.

지칠 줄 모르는 열정과 불굴의 투지를 '불사조'의 이미지로 형상화한 로고를 기반으로 날개를 단 박지성 선수의 일러스트가 완성되었다. 나는 그 일러스트를 기반으로 붉은 날개를 활짝 펼친 채 투지를 불태우는 전사의 이미지를 피규어에 담았다. 이번 전시는 피규어도 중요했지만, 그것을 받쳐주는 배경 디오라마가 아주 중요한 부분이었다.

Nike Korea × Coolrain Studio
2008년 11월, 동대문 축구 전문점 '카포' 3층

^
박지성 그래픽 노블을 위한 일러스트. by 잠산.

그래서 컴퓨터와 마약, 폭력이 지배하는 근미래의 사이버펑크cyberpunk 이미지의 디오라마를 만들기로 했다. 한 달여 만에 피규어부터 디오라마까지 모든 제작을 마쳐야 했으므로 배경 디오라마는 친한 동생인 정연균Bhead 작가에게 맡겼다.

정연균 작가는 게임 원화 디자이너이면서 피규어 제작도 하는데, 주로 사이버펑크적인 콘셉트로 작업하는 게 특징이다. 그의 작업 스타일과 박지성 선수의 일러스트가 잘 맞을 듯싶어 함께 작업하자고 제안했다. 역시 내 판단은 옳았고, 멋진 결과물이 나왔다.

정연균 작가는 한 인형 전시회에서 처음 만난 뒤로 좋은 관계를 이어오던 사이였다. 개인적으로 사이버펑크적인 이미지를 좋아하는데, 자연 정연균 작가의 그림이나 피규어들도 내 마음에 꼭 들었다. 우리는 입버릇처럼 언젠가 기회가 닿으면 함께 일하자고 말했다. 그 기회가 이렇게 불쑥 찾아온 것이다. 비록 바빠서 자주 만나지는 못하지만, 또 다른 기회가 닿으면 다시 함께 작업하고 싶다(이럴 때 'Respect'라

박지성 피규어 제작 과정
01_축구화 프로토타입 제작.
02_헤드, 어깨 장갑, 축구화, 축구공 실리콘 몰드 제작.
03_실제 깃털로 날개 제작.
04_나이키 로고 페인팅을 위한 마스킹 작업.
05_실제 축구공과 미니어처 농구공 (1/6 사이즈) 비교.
06_최종 완성된 박지성 피규어.

는 말이 절로 나온다).

배경 디오라마는 완성되었고, 이제 문제는 피규어였다. 일단 일러스트 자체가 디자인 피규어가 아니라 실사 피규어에 가까운 이미지여서 나이키의 제안이 아니었다면 하지 않았을 것이다. 이번 프로젝트의 메인이라 할 수 있는 영상은 3D 애니메이션으로 제작했다. 완전히 실사 이미지를 표현한 것이 아니어서 그나마 다행이라면 다행이었다. 실제 박지성 선수의 모습이라기보다는 일러스트를 기반으로 만든 3D 영상 속의 이미지를 표현하는 것인데, 한 달 내내 씨름하면서 대략적인 이미지를 뽑아냈다.

디자인 피규어와 실사 피규어는 제작 과정에서 차이를 보인다. 먼저 디자인 피규어는 말 그대로 디자인하는 부분이 어렵고, 조형에 있어서는 깔끔한 이미지를 뽑아내는 데 시간이 좀 걸린다. 반면 실사 피규어는 무조건 닮게 만들어야 하기에 조형하는 데 시간이 많이 걸리는 편이다. 따라서 디자인 피규어는 자신의 아이덴티티를 찾는 것이 중요하고, 실사 피규어는 누가 뭐라고 하든 조형적인 부분에서 자신만의 스킬을 쌓아가는 과정이 중요하다.

피규어의 기본적인 도색을 마무리한 다음 정연균 작가가 전체적인 웨더링weathering을 하면서 배경과 캐릭터의 톤을 맞추는 작업을 진행했다. 전체적으로 톤을 정리하고 보니 한결 모습이 안정적이었다. 무엇보다 완성된 피규어를 본 나이키코리아의 반응이 좋아서 한숨 돌렸다. 비록 보완할 부분이 남아 있긴 했지만, 전체적인 느낌이 잘 나와서 다행이었다. 나의 첫 실사 피규어는 나이키 매장에 디스플레이되어 박지성 라인의 론칭 프로모션에 힘을 보탰다.

이번 프로젝트를 하면서 느낀 점은 "역시 사람은 잘하는 것을 해야 한다"라는 것이었다. 가끔은 잘할 수 있을 것 같아서 시도하게 되

<
박지성 피규어와 사이버펑크를 콘셉트로 제작한 배경 디오라마, by Coolrain & 정연균, 2008.

는데, 역시나 힘이 든다. 처음 시도했던 실사 피규어 제작은 이렇게 막을 내렸다.

"꺼지지 않는 열정으로 전설이 되어라!" 이 말은 '비 더 레전드'의 슬로건이다. 나의 피규어도 전설이 되기를 바란다.

나이키 영국
아드만 스튜디오와의 콜라보레이션

2012년 4월 중순경에 영국 아드만 애니메이션 스튜디오Aardman Animation Studio로부터 이메일 한 통을 받았다. 'Aardman'이라는 이름을 보고 처음에는 '설마, 그 아드만 스튜디오?'라고 생각했는데, 바로 그 아드만 스튜디오였다. 개인적으로 좋아하는 애니메이션을 꼽으라면 여러 작품을 들 수 있겠지만, 그중에서도 스톱모션 애니메이션의 대표작인 <크리스마스의 악몽>과 클레이 애니메이션의 명작인 <월레스 앤 그로밋>을 빼놓을 수 없다.

Nike England × Aardman Animation Studio × Coolrain Studio
2012년 7월

아드만 스튜디오가 바로 <월레스 앤 그로밋>을 만든 곳이다. <월레스 앤 그로밋>의 대성공으로 애니메이션 명가에 오른 아드만 스튜디오는 이후 <치킨런>이라는 장편 애니메이션을 드림웍스와 함께 제작하기도 했었다. 클레이 애니메이션이라는 장르가 이전에는 어린이용이나 예술 애니메이션으로 여겨졌었는데, 아드만 스튜디오의 활약으로 그 영역이 좀 더 확장될 수 있었다.

아드만 스튜디오가 내게 제안한 프로젝트는 FC 바르셀로나의 '안드레스 이니에스타Andres Iniesta' 선수를 12인치 액션 피규어로 만든 후 스톱모션 애니메이션 기법으로 나이키 CF를 찍자는 내용이었다. 그

> 이니에스타 프로젝트를 위해 제작한 캐릭터들의 초기 스케치.

러면서 내게 이니에스타 피규어 디자인과 제작을 맡아달라고 제안해왔다. 일정이 촉박해서 좀 힘들겠다 싶었지만, '이건 무조건 해야겠다' 하는 생각이 들었다.

또 하나 흥미로운 점은 몇 주 전에 지인이 보여준 유튜브YouTube 동영상을 만든 패트릭 보이빈Patrick Boivin이 이 프로젝트의 디렉터로 참여한다는 사실이었다. 캐나다 출신의 애니메이션 제작자인 패트릭은 12인치 액션 피규어로 찍은 스톱모션 영상을 유튜브에 올려 유명해진 사람인데, 동영상을 볼 때만 해도 이렇게 함께 작업하게 되리라고는 전혀 생각지 못했었다. 어쨌든 세상이 좁긴 좁나 보다.

여담이지만, 패트릭은 내게 이번 프로젝트가 아니더라도 나중에 꼭 함께 작업해보자고 했다. 아드만 스튜디오와는 별개로 보낸 이메일에서 내가 만든 피규어들로 스톱모션 애니메이션을 만들어보고 싶다고 한 것이다. 나 또한 함께 작업하면 재미난 영상이 나올 것 같아 긍정적인 답변을 보냈다.

이렇게 아드만 애니메이션 스튜디오에서 제안이 들어온 이유는 2년여 전에 만든 세 명의 축구선수 피규어(에투·멘사·에보에) 덕분이었다. 그 디자인을 보고 나를 컨택한 것이다. 어떤 작업이든 그냥 단발성으로 끝나는 법은 없었던 것 같다. 항상 지금 하는 일이 베이스가 되어 다음 일로 연결되는 경우가 많았고, 이번처럼 몇 년이 흐른 뒤에 더 큰 프로젝트로 연결된 경우도 허다했다. 개인 작업이든 외주 작업이든 간에 대부분의 작업들이 국내에서 처음 시도된 탓에 해외의 주목을 받는 일도 많았다. 만일 첫 시도가 좋은 반응을 얻지 못했다면 다음, 그다음으로 일이 이어지지 못했을 것이다. 이것이 바로 내가 즐겁게 일하면서도 긴장을 늦추지 못하는 이유다.

일단 전체적인 캐릭터 디자인과 피규어 제작figure building 부분은 쿨레인스튜디오가 맡았다. 프로젝트 시작 전에는 남아공월드컵 기념 전시회 때 제작했던 피규어 스타일로 제작해달라고 하더니, 계약 후에는 이야기가 좀 달라졌다. 이 프로젝트의 클라이언트인 나이키가 원하는 방향이 따로 있었던 것이다. 나는 나이키의 의견을 수용해 새로운 디자인을 제안하고 컨펌confirm을 받았다. 이 과정에서 시간이 꽤 소요되었다. 전에 만들었던 에투 피규어가 둥글둥글한 얼굴 형태에 흰이를 드러내고 환하게 웃는 모습이 포인트였다면, 이니에스타와 팀 동료, 상대편 선수들은 얼굴에 각을 주어 좀 더 카리스마 있고 전투적인 이미지가 디자인 콘셉트였다.

디자인 시 가장 공을 들인 캐릭터는 당연히 나이키 CF의 주인공인 이니에스타 선수. 팀 동료나 상대편 캐릭터는 실제 축구선수들과 닮지 않도록 주의해서 디자인했다. 헤드 디자인뿐만 아니라 유니폼과 축구화 디자인도 중요한 부분이었다. 이니에스타는 당시 출시될 나이키 유니폼과 축구화를, 그리고 다른 캐릭터들은 기존 제품이 아닌 유

∧
이니에스타 이미지 컷. 메인인 이니에스타의 시그너쳐 축구화 'CTR 360 Maestri III'가 시선을 끈다.

〉
위쪽부터 차례로 라이벌 1, 라이벌 2, 라이벌 3, 라이벌 4(골키퍼) 캐릭터. 상대편 캐릭터는 실제 축구선수들을 연상시키지 않아야 했기에, 기존에 규격화했던 피부톤을 사용하지 않았다.

니폼과 축구화를 새롭게 디자인해 세팅해주었다.

문제는 이니에스타가 현존하는 인물이다 보니 최대한 '닮게' 만들어야 한다는 것. 여러 가지 타입을 렌더링된 이미지로 보여주면서 수정 작업을 계속 진행했다. 상대적으로 팀 동료와 상대편 선수들에 대해서는 크게 까다롭지 않아서 좀 더 유연하게 작업할 수 있었다.

그런데 완성된 피규어를 영국으로 보내기 전날, 일이 터졌다. 레알 마드리드가 다음 시즌에 입을 새 유니폼을 공개했는데, 하필 그게 내가 제작한 가상의 상대편 선수 유니폼 디자인과 비슷했던 것이다. 유니폼 수정이 불가피했기에 발송을 4일 정도 미루고 추가 작업을 진행했다. 해외 업체는 이런 경우 항상 추가 작업에 필요한 '시간'과 '비용'을 물어보고 진행을 추진한다(개인적으로 이런 부분은 너무나 마음에 든다).

지금이야 에피소드로 웃어넘기지만, 당시는 너무도 급박한 상황이었다. 어쨌든 최종 결과물이 잘 나와서 프로젝트를 성공적으로 마무리 지을 수 있었다. 아드만 스튜디오와 나이키 영국 모두 매우 흡족해했다. 그러나 이니에스타 피규어만 추가로 40여 개 더 제작해달라는 제안은 일정상 따르기 어려웠다. 모든 작업이 수작업인 관계로 그들이 제시한 날짜까지는 10여 개 정도만 만들 수 있었는데, 이것도 여러 작업과 겹치는 바람에 제작하는 데 큰 어려움을 겪었다. 타이페이 토이 페스티벌TTF 2012에 다녀오자마자 열심히 작업하여 겨우 일정을 맞출 수 있었다.

개인적으로 프로젝트의 성공 여부는 그다음 프로젝트로 이어지느냐, 마느냐에 달려 있다고 생각한다. 그런 점에서 아드만 스튜디오와 나이키 영국과의 프로젝트는 성공적이었다고 할 수 있다. 이후 아드만 스튜디오는 전시 및 홍보 목적으로 피규어 추가 제작을 의뢰해오기도 했다.

^ 최대한 '닮게' 헤드 제작 중.

^ 새 유니폼에 맞게 추가 제작.

^ 수작업으로 추가 제작 중인 'CTR 360 Maestri III'

> 이니에스타 최종 이미지. 나이키 영국의 광고 촬영 때에도 사용되었다.
12inch, 2012.

이렇게 세계적인 스톱모션 애니메이션 회사와의 첫 작업은 모두 끝이 났다. 그리고 얼마 후 내가 만든 피규어가 실제처럼 움직이는 애니메이션 광고를 본 순간, 두 달여 간 고생했던 기억이 싹 사라졌다. 비록 내가 직접 제작한 애니메이션은 아니었지만, 어쨌든 내 피규어로 애니메이션을 만들고 싶다는 꿈이 일부 실현된 기분이었다.

노력한 만큼의 결과도 얻었고, 돈 주고도 못 살 값진 경험도 했으니 대성공!

이니에스타 & 라이벌 3 피규어. 나이키 영국 광고 촬영을 위해 만든 피규어 중 가장 내 마음에 들었던 캐릭터는 '라이벌 3'이다.

피규어, 살아 움직이다

'EGO TRIP' 전시회
2012년 10월 15일~11월 16일, 갤러리 나무

내가 꿈꾸는 전시회는 피규어와 드로잉 작품, 그리고 애니메이션이 한 공간에 모두 있는 형태다. 내가 만든 피규어 캐릭터들이 주인공으로 나오는 애니메이션을 함께 보여줌으로써 관객들이 그 캐릭터를 더 잘 이해할 수 있지 않을까 하는 마음에서다.

2012년 10월, 갤러리 나무NaMu에서 10명의 젊은 아티스트들이 참여한 '에고 트립EGO TRIP' 전이 열렸다. 나는 미국 드림팀을 재현한 농구선수 피규어와 이니에스타 피규어를 전시 콘셉트에 맞게 보완해서 출품했다. 기존의 콘텐츠를 보여줄 때는 뭔가 변화를 주고 싶은 게 당연지사다. 나는 디스플레이로 좀 더 역동적이고 드라마틱한 모습을 보여주고 싶었다. 기존의 전시를 보면 대부분이 받침대 위에 피규어를 올려놓고 아크릴 케이스를 씌우는 방식이어서 농구와 축구라는 액티브한 스포츠를 표현하는 데는 조금 부족함이 있었다.

나는 르브론 제임스, 케빈 듀란트, 코비 브라이언트, 이 세 드림팀 선수들과 이니에스타 피규어를 와이어에 매달아 공중에 띄우는 방식을 선택했다. 마치 실제 경기 중인 것처럼 보이게 하기 위해 피규어들이 자세도 선수 개개인의 특징에 맞게 세팅해주었다.

특히 이니에스타 피규어의 경우엔 지난여름에 제작된 스톱모션 애니메이션 광고가 있어 시각적으로 보다 확실한 메시지를 전달할 수 있었다. 피규어와 영상물이 한자리에 있는 전시회를 열고 싶다는 꿈에 거의 근접한 것이다.

몇 번의 해외 전시와 다양한 분야에서 활약하는 사람들과의 만남을 통해 전시 기획이나 디스플레이 방식에 대해 새롭게 생각하게 되었다. 그동안은 피규어 제작에만 몰두했었는데, 그것만으로는 내 작품 세계를 표현하는 데 한계가 있었기 때문이다. 이 전시를 계기로 "피규어를 잘 만드는 것은 기본이고 앞으로는 외적인 삶을 가꾸는 일에도 적극적으로 나서야겠다"라고 다짐했다.

▽ 와이어를 이용해 역동적인 이미지를 연출하였다.

미국 농구 드림팀 20주년 기념 피규어

2012년 런던올림픽에서 개인적으로 가장 관심 있었던 사항은 흔히 '드림팀'이라고 불리는 미국 올림픽 남자농구 대표팀의 참가 여부였다. 과연 2010~2011 시즌 NBA 결승전에서 만났던 르브론 제임스와 케빈 듀란트 듀오의 플레이를 볼 수 있을까? 나는 그들이 한 팀에서 뛰는 모습이 보고 싶었다. 게다가 2012년은 미국 드림팀이 처음으로 참여했던 1992년 바르셀로나올림픽 이후 20년이 되는 해이기도 했다.

이를 기념하기 위해 나이키는 여러 가지 레트로retro 제품들과 올림픽 버전의 제품들을 다양하게 내놓았는데, 특히나 원년 드림팀 멤버들을 기념하는 제품군들의 출시가 눈에 띄었다. 이에 따라 각종 이벤트와 전시도 함께 진행되었다.

나는 여름부터 농구를 주제로 한 12인치 액션 피규어 스타일을 만들기 위해 이런저런 테스트들을 해보는 중이었다. 그때 마침 나이키 코리아로부터 연락이 왔다. '타이베이 토이 쇼'에서 돌아와서 진행한 이니에스타 피규어 작업이 끝나갈 무렵이어서 나이키 제안을 거절할 이유가 없었다. 나이키는 현재 미국 드림팀의 주요 멤버이자 나이키 모델인 르브론 제임스와 케빈 듀란트, 코비 브라이언트를 라인업으로 하는 'USA 대표팀' 버전과 '나이키 NSW' 버전을 만들자고 제안했다.

내게는 한 단계 업그레이드된 농구선수 피규어를 세상에 보여줄 수 있는 기회였다. 런던올림픽 기간에 맞춰 런던 목스페이스MOK SPACE 갤러리에서 열리는 '한국 스포츠 아트전Korea Sports Art 2012' 준비를 한 달여 전에 마무리하면서 농구선수 피규어의 바디를 이리저리 개조해보는 시간을 가졌었는데, 이 피규어 시리즈에서는 바디의 비율이 중

Nike Korea × Coolrain Studio
RELIVE THE DREAM - USA DREAM TEAM SHOWCASE: 2012년 8월 8일~15일, 홉시티

요했기에 고심되는 부분이 많았다. 그때 얻은 테스트 결과를 이번 나이키 프로젝트에서 확인해볼 수 있었다.

사실 12인치 액션 피규어의 경우에는 정형화된 피규어 바디를 사용하기 때문에 비율이나 디자인에 있어서 쉐이프에 큰 변화를 주기가 어렵다. 디자인 변형을 줄 수 있는 부분은 헤드·손·발 정도이나, 그 역시 너무 많이 변형시키면 바디와 따로 노는 듯한 이질감을 주기에 변형 시 어느 정도 한계가 있다. 간혹 바디를 새로 만들기도 하나, 이 경우에는 핸드메이드로 만든 관절 부분이 잘 가동되지 않을 수도 있다. 12인치 액션 피규어의 가장 큰 특징이 관절이 자유롭게 움직이는 것인데, 이것이 불가능하다면 어찌 액션 피규어라 부를 수 있을까. 따라서 핵심은 디자인 및 액션 피규어의 특징을 잘 살려서 디자인하고 제작하는 것이다.

또한 12인치 액션 피규어에서는 의상이 아주 중요한 부분을 차지한다. 보통 실제 의상의 6분의 1 사이즈로 제작하기 때문에 실제 의상의 원단보다 얇은 원단을 사용한다. 실제 의상과 같은 원단을 사용할 경우 너무 두꺼워지기 때문이다. 이때 관건은 실제 의상과 최대한 비슷한 재질이면서 두께는 얇은 원단으로 작업하는 것이다. 원단 중에서는 다루기 힘든 재질들도 있는데, 특히 쭉쭉 잘 늘어나는 스판span이 그렇다. 게다가 사이즈가 작아서 재봉틀로 작업할 경우 밀리기 때문에 수작업이 많은 편이다. 예를 들어 축구선수 안드레스 이니에스타의 유니폼이나 미국 드림팀의 유니폼이 그러했는데, 둘 다 스판 재질이어서 꽤나 어려운 작업이었다.

그래도 다행스런 점은 쿨레인스튜디오의 Lady Brown과 함께 여러 프로젝트들을 진행해오면서 손발을 맞춘 결과 이제는 웬만한 의상은 척척 만들어낼 수 있다는 것이다. 게다가 한 공간에서 함께 작업

△
1/6 사이즈 신발 완성.

△
Nike Air More Uptempo, 1/6 scale, 미국 농구 드림팀 20주년 기념 피규어, 2012.

＜
미국 드림팀 유니폼 버전(USA 대표팀 버전). 스판 재질의 유니폼을 제작하는 일이 꽤나 까다로웠다. 실제 농구선수들은 키가 크기 때문에 1/6 사이즈로 줄여도 보통 피규어(대부분의 피규어는 30cm 정도)보다 크다. 해당 선수의 실제 키를 기준으로 하면, 드림팀은 32~35cm 사이다.

하다보니 의견을 나누기도 편하고, 문제 해결에도 머리를 맞댈 수 있어 여러모로 좋다. 12인치 액션 피규어 의상의 경우에는 재봉질을 잘 해야 한다거나 단순히 잘 만들어야 한다는 것 외에도 의상의 핏감이라든가 그래픽으로 처리할지, 원단으로 제작할지 등등 종합적으로 잘 표현할 수 있는 방법을 찾아서 작업하는 부분이 중요하다. 만일 외주를 줄 경우에는 그러한 부분을 세세하게 체크하면서 진행하기도 힘들뿐더러 늘 마감에 쫓기는 빠듯한 일정도 맞추기 어려울 것이다.

앞에서도 말했지만 스판 원단을 사용하는 작업과 그래픽이 많은 작업은 실제 의상의 원단을 사용할 수 없는데, 이 모든 것이 다 적용되는 디자인이 드림팀의 유니폼과 나이키의 디스트로이어 재킷이었다. 그러한 의미에서 이번 프로젝트는 나와 Lady Brown 모두에게 새로운 도전이었다.

사실 준비 기간이 너무 부족해서 할지 말지 고민이 많았다. 하지만 이번 기회가 아니면 해볼 수 없는 프로젝트여서 스케줄에 무리가 있더라도 강행하게 되었다. 1992년 원년 드림팀이 출범한 이후 20주년이 되는 해인 데다가 현재 최전성기의 선수들이 4년마다 열리는 올림픽에서 경기하는 모습을 재현하는 것이어서 의미가 깊었다. 마침 코비 브라이언트가 한 인터뷰에서 "20년 전의 원년 드림팀을 현재의 드림팀이 이길 수 있다"라고 말하면서 마이클 조던 등 원년 드림팀 멤버들과 설전이 벌어지는 등 런던올림픽 기간 내내 원년 드림팀 VS 현재 드림팀 간의 포지션별 비교 우위에 대해서 이슈가 되기도 했다.

물론 4년 후에 다시 작업할 기회가 올 수도 있지만, 앞일은 알 수 없기에 이번 프로젝트는 꼭 진행해야겠다고 결심했다. 이 결정 때문에 쿨레인스튜디오 식구들이 여간 고생한 게 아니어서 작업하는 내내 미안함과 고마움이 교차했다. 사실 예전처럼 혼자 작업했다면 결코 맡을 수 없었던 프로젝트였다. 의상 외에도 이번 프로젝트는 조인트 (어깨, 무릎 같은 관절 부위) 부분을 제외한 모든 파츠들을 개조하는 작업이어서 피규어 바디를 거의 새로 만드는 것과 진배없었다. 실제로도 모든 바디를 원형 작업하듯이 새로 만들었기에 시간이 많이 투자되었다.

드림팀의 각 선수들의 키를 기준으로 6분의 1 스케일로 줄이는 작업이어서 기존의 피규어 바디를 개조하는 경우가 많았다. 단순히 바디의 키나 덩치를 키우는 것으로 끝나는 작업이 아니었다. 르브론 제임스의 경우에는 키를 늘리는 한편, 어깨도 더 넓히고 팔의 근육도 더 크게 만들어주었다. 또 케빈 듀란트의 경우에는 르브론이나 코비에 비해 어깨가 좁고 팔다리가 길다는 특징을 살려 바디를 제작했다.

그리고 농구선수들의 필수 아이템인 농구화 제작에도 심혈을 기울였다. 런던올림픽을 기념해서 각자의 시그너쳐 농구화를 신겼는데, 농구화는 디자인이 복잡하고 새로운 기술들을 적용하는 작업이 많아서 일반 스니커즈 제작보다 훨씬 더 힘들다.

이번 프로젝트에서 코비, 르브론, 듀란트의 농구화는 크게 두 버전으로 만들어졌다. 먼저 런던올림픽 버전으로 코비는 '줌 코비 7', 르브론은 '하이퍼덩크', 듀란트는 'KD4'를 신겼다. 그다음 NSW 버전으로 코비는 'AF1 USA TEAM', 르브론은 'AF1HI', 듀란트는 'AIR FORCE 180'을 각각 신겼다. NSW 버전의 농구화들은 모두 드림팀 20주년을 기념해서 출시된 제품들이다. 기존에 만들었던 덩크나 에어포스 등에 비해 3~4배의 시간이 더 들어갔는데, 특히 에어포스 180은 패턴이 너무 복잡하고 작아서 만드는 데 3~4일이나 걸렸다. 또 하이퍼덩크는 만들면서 다이나믹 플라이와이어dynamic flywire라는 라인들을 표현할지 말지 고민했는데, 하이퍼덩크에서 가장 중요한 부분이어서 빠트릴 수 없었다. 완성 후 살펴보니 한 켤레에 총 72개의 라인이 들어가 있다(만

^ 드림팀을 위해 만든 농구화
01_ 코비의 '줌 코비 7'
02_ 르브론의 '하이퍼덩크'
03_ 듀란트의 'KD4'
04_ NSW 버전, 코비의 'AFI USA TEAM'
05_ NSW 버전, 르브론의 'AFIHI'
06_ NSW 버전, 듀란트의 'AIR FORCE 180'

^ 듀란트의 KD4 패턴.

^ 듀란트의 KD4 신발 작업 과정.

들 때는 몇 개인지도 몰랐는데, 작업 사진을 다시 보니 72개나 된다. 이왕이면 제대로 표현하겠다는 의지로 만들긴 했는데, 다시 만들라고 하면 글쎄……).

유니폼 역시 스판 재질이어서 만드는 데 애를 먹었다. 더욱이 미국 드림팀 유니폼의 특징이라고 할 수 있는 뒷모습을 재현해내느라 고생했는데, 그만큼 시간도 많이 걸렸다. 상의 유니폼의 뒷부분은 메시 원단 위에 성조기 패턴이 흐릿하게 보이는 모습이었다. 이것을 6분의 1 사이즈로 표현하려니 여간 까다로운 작업이 아니었는데, 몇 가지 테스트를 통해 표현할 수 있었다. 완성된 후에 보면 별것 아닐 수도 있지만, 이렇게 매 프로젝트마다 표현하기 어려운 부분들이 꼭 한두 가지 정도 나온다. 제대로 해냈을 때의 뿌듯함 때문에 며칠 쩔쩔매면서 고생했던 기억은 하나도 남아 있지 않지만 말이다.

어쨌든 정말 좋아서 진행한 프로젝트여서 작업 내내 즐거웠다. 일정 때문에 고민하고 며칠 밤을 꼬박 새우기도 했지만, '드림팀'에 푹 빠져 행복한 시간을 보냈다. 마침내 8월, 홉시티에서 '2012 드림팀 피규어 컬렉션'이 전시되었다. 수많은 국내 농구 팬들이 관심을 가져주었다. 게다가 페이스북을 통해 전해진 해외 팬들의 반응이 너무도 좋았다. 요즘은 페이스북 하나면 거의 실시간으로 작품을 알릴 수 있는데, 피드백 또한 초스피드로 날아온다.

이번 프로젝트로 다시 한 번 깨달은 것은 쿨레인스튜디오 식구들이 내겐 '드림팀'이라는 사실…….

> 나이키 NSW 버전. 왼쪽부터 차례로 코비, 제임스, 듀란트 피규어, 1/6 scale, 2012.

'에어맥스 루나 90 스페이스 부츠'를 신고 달나라로……

2014년 3월 26일, 홍대 와우산107에서 '에어 에브리웨어Air Everywhere' 전시회가 오픈했다. 이 날은 나이키 에어맥스Air Max가 태어난 지 꼭 27년째 되는 때로, 나이키는 이 날을 기념해 '에어맥스 데이'라 이름 짓고는 14명의 아티스트가 참가하는 전시회까지 열어 대대적으로 홍보했다. 그리고 이 시기에 맞춰 '에어맥스 루나Lunar' 시리즈도 발매했다. '루나'라는 이름은 마치 '달 위를 걷는 것 같다'라는 의미로 붙여졌다고 한다.

장장 27년 동안 나이키의 대표 상품이자 스트리트 패션 아이콘으로 자리 잡은 에어맥스를 주제로 전시회를 연다는 이야기를 들었을 때, 나는 '루나'를 처음 접했을 당시에 가졌던 이미지를 떠올려보았다. 달, 무중력, 가벼움, 우주인……, 이러한 이미지를 포괄적으로 가진 작품을 만들고 싶었는데 때마침 나이키 전시회가 기획된 것이다. 여기에 '에어', 즉 '공기'를 더해 전체적인 그림을 그려보았다.

달에 착륙한 우주인, 달 위를 탐사하는 우주인……. 이때 우주인이 신는 부츠를 에어맥스 루나 90의 디자인을 기본으로 만들어보면 어떨까, 하는 마음이 들었다. 일명 에어맥스 루나 90 스페이스 부츠Air Max Lunar 90 Space Boots. 또 달과 우주인 콘셉트에 맞춰 의자와 테이블 등도 새롭게 디자인하고 싶었다. 요즘 들어 이러한 부분에 관심이 많아졌는데, 그냥 울퉁불퉁한 달 표면이 아니라 에어맥스 루나 90의 발자국 모양을 본떠 테이블 위를 디자인했다. 여기에서 그치지 않고 우주인이 첫발을 내딛은 자리에 선명한 발자국까지 남겼다. 당연히 에어맥스 루나 90의 발자국을.

Nike Korea × Coolrain Studio
AIR EVERYWHERE: 2014년 3월 26일~4월 9일, 홍대 와우산107

^ Air Max Day 포스터.

^ 3D로 제작한 신발 밑창.

^ 달 표면에 신발 자국을 찍은 모습.

이렇게 제작된 작품은 전시장에 옮겨져 디스플레이되었는데, 우주인 피규어 하나는 줄에 매달아 허공에 띄웠다. 마치 무중력 상태의 달 표면을 힘껏 점프한 모습처럼. 또 다른 우주인은 달 표면에 서서 그 모습을 촬영하는 것처럼 세팅했다.

나는 이 작품에 '무한한 공간 저 너머로To Infinity and Beyond……'라는 제목을 붙였다. <토이 스토리>에 등장하는 우주전사 '버즈'가 즐겨 하는 말로, 작품 콘셉트에 딱 맞아떨어졌다.

아무리 처음 아이디어가 좋더라도 제작 과정에서 제대로 표현하지 못하면 아무 의미가 없다. 고생은 고생대로 하다가 포기해야 할 수도 있으므로 가급적 제작에 앞서 자료를 많이 모으는 등 철저히 준비하는 편이다. 이 작업에서 포인트는 달 표면을 기획 의도대로 표현할 수 있느냐, 없느냐 하는 것이었다. 다행히 스톱모션 관련 분야에서 애니메이터로 활동하고 있는 오쇼 리노Osho Rino가 도움을 주어 멋진 달 표면이 완성되었다. 그는 킬베로스Killberos 팀의 일원이기도 했다. 사실 달 표면이 제대로 표현되지 않으면 조잡하게 보일 수도 있기에 걱정이 많았는데, 생각한 것 이상으로 멋지게 표현되었다.

그리고 또 하나, 6분의 1 사이즈의 스페이스 부츠 발자국을 달 표면에 찍는 과정이 남아 있었다. 그전에 먼저 스페이스 부츠를 실제처럼 만들어야 했기에 윗부분은 실제 패브릭 재질로 만들고, 밑창(아웃솔) 부분은 3D 모델링으로 제작하는 방식을 선택했다. 보통은 신발 밑바닥까지 리얼하게 표현하지는 않는데, 이 경우 부츠의 바닥이 중요한 부분이어서 처음으로 3D 모델링으로 작업을 진행했다. 개인적으로 신발은 부드러운 패브릭이나 가죽으로 작업하는 것을 좋아해서 앞으로도 계속 신발 밑창을 3D로 조형할지는 고민이다(사실 퀄리티적인 면만 본다면 밑창을 3D로 만드는 게 좋다. 완성도 면에서 실제 신발과 더 가깝기 때문이다).

∧ 에어맥스 데이에 맞춰 열린 '에어 에브리웨어' 전시장 내부.

∧ 에어맥스 루나 90 스페이스 부츠 완성.

단순히 피규어 작품만 보여줄 거였다면 테이블이나 신발 밑창 같은 데까지 굳이 신경 쓰지 않아도 되었다. 하지만 나는 한 발 더 나아가 피규어에 스토리를 불어넣고 싶었다.
　　'공기, 가벼움, 무중력, 달, 개척, 우주, 로망……'
　　이러한 단어를 떠올린 사람들은 '무한한 공간 저 너머 달나라'를 상상할 수 있을 테고, 전시를 보는 재미가 한층 업그레이드되지 않을까? 앞으로도 스토리텔링이 있는 전시로 사람들을 초대하고 싶다.
　　피규어만 내놓은 기존의 전시 방식에서 탈피해 이번처럼 디오라마를 통해 피규어의 스토리를 보여주는 방식은 전시 오픈과 함께 많은 사람들의 관심을 끌었다. 해외 반응까지 좋아서 새로운 전시 기회가 찾아왔다. 사실 이 같은 로컬 전시는 한국에서만 전시되고 끝나는 경우가 대부분인데, 나이키 미국 본사에서 이 작품을 구입해 전시하고 싶다는 제안을 해온 것이다. 해외 컬렉터들의 구입 문의도 쇄도했다. 그러나 저작권이 나이키에 있는 관계로 미국 본사의 요청 외에는 모두 거절할 수밖에 없었다(미국 본사의 요청을 수락하긴 했지만, 개인 전시용으로 다시 작업하려고 하니 아득하기만 했다). 개인적으로는 언젠가 나이키 미국 본사와 작업하고 싶다는 목표가 있었는데, 이렇게 갑자기 이루어질 줄은 미처 예상치 못했었다.
　　로컬 전시냐, 글로벌 전시냐에 따라 기획 방향도 완전히 달라질뿐더러 규모 면에서도 큰 차이가 있기 때문에 준비 단계부터 차별화되는 부분이 많다. '에어 에브리웨어' 전시에 내놓은 작품의 준비 기간은 3개월 정도였다. 전시 오픈일에 맞추다보니 작가의 욕심을 조금은 내려놓아야 하는 부분들도 있었다. 나는 시간이 부족해서 추가하지 못했던 부분들을 보완해서 전시가 끝난 다음 미국 본사로 보냈다. 언젠가 나이키 미국 본사를 방문해 우주인 피규어들과 에어맥스 달 테이

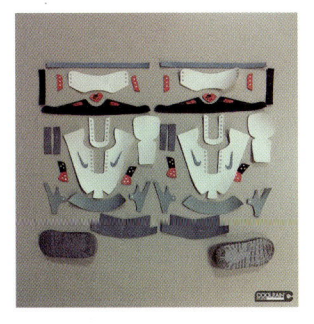
에어맥스 루나 90 스페이스 부츠 패턴.

199

블을 직접 두 눈으로 확인하고 싶다. 이번 전시에서 가장 큰 수확은 뭐니 뭐니 해도 해외에서 관심을 가질 만한 작품을 만들었고, 그것이 이슈화되었다는 것이다.

우주복에는 나이키 에어맥스와 관련된 나이키의 모든 로고들이 부착돼 있다. 그 외에 친한 동생들의 로고도 포함해서 '다 같이 우주로'라는 의미를 담았다.
∨

Astro Pithecuse, 30cm, 2014.

미국 본사와의 첫 프로젝트,
브라질 축구 국가대표팀 피규어 제작

나이키 미국 본사와의 첫 번째 프로젝트! 처음 컨택이 온 시점은 2013년 초였던 것으로 기억한다. 당시는 브라질월드컵을 위한 프로젝트는 아니었고, 같은 해 6월에 열리는 브라질 컨페더레이션스컵(FIFA 주관 아래 각 대륙에서 우승한 국가대표팀들이 벌이는 국제축구대회. '대륙간컵대회' 또는 '컨페드컵'이라고 한다)을 위한 프로젝트였다.

그런데 6개월 정도를 남겨두고 컨택이 온 까닭에 작업 일정이 빠듯했고, 이야기가 오가는 도중에 도저히 시간을 맞추기 어려울 것 같아 거의 취소되는 분위기였다. 프로젝트가 진행되다가 이러저러한 이유로 엎어지는 경우가 많은데, 그중 촉박한 일정이 가장 큰 부분을 차지한다. 이 경우도 그러했다.

2013년 브라질 컨페더레이션스컵은 개최국 브라질의 우승으로 막을 내렸다. 그리고 얼마 후 나에게 '2014 브라질월드컵'을 위한 프로젝트를 진행하자는 연락이 왔다. 애초 계획보다 판이 좀 더 커진 것이다. 그 배경에는 떠오르는 축구 스타 네이마르 다 실바Neymar da Silva의 활약이 있었다.

이렇게 해서 브라질 축구 국가대표팀을 아트 토이(12인치 액션 피규어)로 제작하는 프로젝트가 본격적으로 시작되었다. 최종 라인업은 브라질 축구를 대표하는 네이마르 다 실바, 다비드 루이스David Luiz, 티아고 실바Thiago Silva, 베르나르드Bernard, 파울리뉴Paulinho 선수. 아무래도 실제 선수들을 아트 토이로 만드는 작업인 데다 주인공들에게 직접 컨펌을 받아야 했기에 부담감이 컸다. 그러나 애쓴 만큼 보람도 컸기에 그 정도 부담감은 감수할 수 있었다.

Nike(USA) × Brazil Nation Team × Coolrain Studio
2014년 6월 13일~ 7월 14일, 브라질

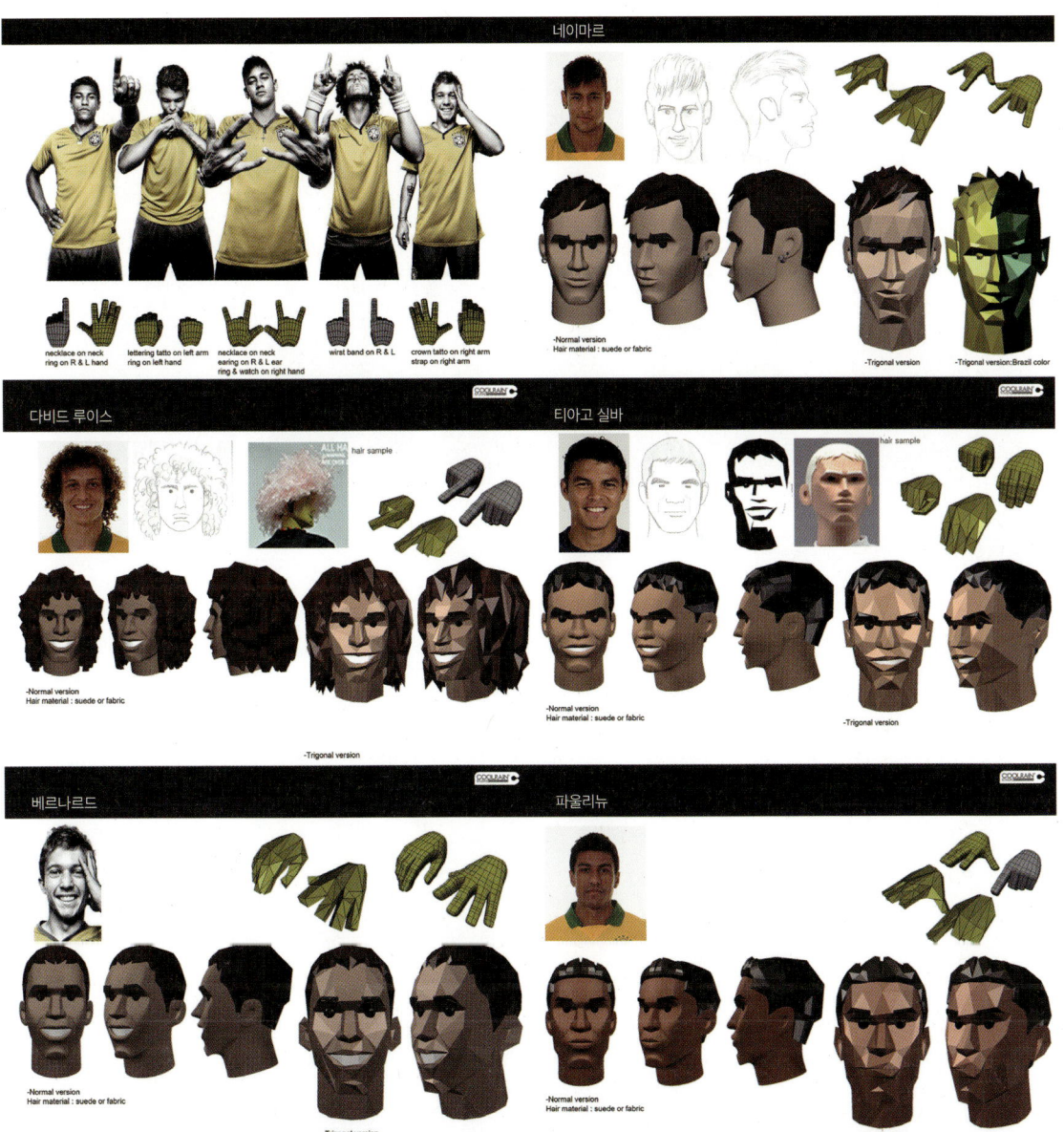

두 가지 버전의 브라질 축구 대표팀 피규어. 실제 선수와 닮은 노멀 버전과 스타일리시한 감각을 불어넣은 트리고날 버전을 만들었다.

나는 디자인 부분에서 고민을 많이 했고, 나이키 본사에 두 가지 시안을 제안했다. 하나는 실제 인물과 닮아야 한다는 원칙하에 기존 방식을 고수했고, 또 하나는 좀 더 스타일리시한 버전으로 트리고날 Trigonal 방식을 시도했다. 예상대로 후자는 색다른 스타일이어서 미국 본사 담당자는 좋아했지만 실제 축구선수들의 컴펌을 받는 데는 어려움이 컸다. 결과적으로는 실제 인물과 닮은 버전을 먼저 만들었고, 이후에 트리고날 버전도 만들게 되었다.

개인적으로는 디자인 토이 혹은 아트 토이를 만들 경우엔 실제 인물보다 좀 더 단순화시키는 한편, 캐릭터 성격과 관련된 색감으로 표현하는 게 바람직하다고 생각한다. 이 경우 겉으로 드러나는 부분이 아니라 주로 근육의 라인을 단순화시켜서 표현한다. 그다음에는 전체적인 비례를 변형해서 다른 쉐이프를 만드는 편이다. 그리고 하나의 시리즈로서 통일감을 주기 위해 전체적인 디자인에서 특징적인 부분들을 집어넣는다.

무엇보다 12인치 액션 피규어는 포즈를 다양하게 취할 수 있다는 장점이 있다. 나는 이 프로젝트 결과물을 전시하는 것까지 고려해 어떤 특징적인 포즈를 만들어보기로 했다. 이때 2014 브라질월드컵 유니폼을 론칭할 때 쓰였던 이미지 자료가 큰 도움이 되었다. 선수 개개인의 개성이 잘 드러나 있어 안성맞춤이었다. 게다가 나이키 브랜드 입장에서도 일반적인 포즈보다는 이미 대중에게 각인된 이미지가 효과 면에서 더 이로울 듯했다. 그래서 헤드 디자인 외에 손 모양들을 선수별로 다 다르게 제작하게 되었다. 또한 선수들의 키도 모두 제각각이었기에 실제 비율을 적용해 차이를 두었다. 캐릭터 의상도 다양하게 만들었다. 홈/어웨이 축구유니폼을 기본으로 하되, 여기에 캐주얼한 느낌의 NSW 라인을 착용한 버전을 추가했다.

<
2014년 브라질 축구 국가대표팀의 유니폼 론칭 이미지(위쪽). 이 이미지를 기본 삼아 다섯 선수의 손 모양을 강조한 피규어를 제작하였다. 왼쪽부터 차례로 파울리뉴, 티아고 실바, 네이마르 다 실바, 다비드 루이스, 베르나르드 피규어, Home version, 12inch Action Figure, 2014.

브랜드와의 콜라보레이션에서 가장 중요한 부분은 실제 제품들과 똑같이 만드는 작업이다. 대신 캐릭터를 디자인할 때 좀 더 개인적인 스타일을 표현할 수 있는 여지가 있다.

아티스트 입장에서는 프로젝트를 진행할 때마다 조금씩 앞으로 나아가기를 희망한다. 기존 작업에서 한 발 더 나아가 뭔가 새로운 것을 추가하려는 마음이 강하다. 나이키 미국 본사와의 첫 번째 협업인 이 프로젝트에서도 이 같은 나의 마음이 작품 곳곳에 반영되었다. 그 결과 기존의 방식을 답습한 부분도 있지만, 도전적인 부분도 적지 않았다. 나는 캐릭터의 헤드와 트리고날 부분을 좀 더 정리해주었고, 신발 제작에 더 큰 에너지를 쏟아 부었다.

특히 신발의 경우 축구화 밑창 부분을 조형으로 처리하는 한편, 위쪽 부분은 가죽이나 패브릭 재질로 표현해서 실제 신발과 유사하게 만들었다. 축구화 밑창의 스파이크 부분들을 표현하기 위해 3D 모델링 과정을 거쳤는데, 예전부터 늘 해보고 싶었던 작업이었다(이전 프로젝트였던 '나이키 에어맥스' 전시 때 한번 시도해보았다). 그리고 캐주얼 버전 역시 실제 신발 재료를 사용하여 진짜 제품처럼 보이게 만들었다.

한편, 디자인에 따라서는 도색보다 실제 재질을 사용하는 게 작업 시 더 수월할 수 있는데, 당시 나이키가 출시한 마지스타Magista 축구화가 그러했다. 도색으로 표현하기에는 작업도 어렵고, 시간도 많이 걸리는 디자인이어서 오히려 실제 재질에 전사를 해서 표현하는 방식이 더 느낌이 좋았다.

피규어 헤어는 기존 방식과 거의 유사하게 진행되었다. 다만, 다비드 루이스는 일명 '사자머리'라고 불리는 독특한 헤어스타일이어서 좀 더 신경을 썼다. 곱슬머리를 표현할 경우 실제와 유사한 원단을 찾지 못하면 별 뾰족한 수가 없는 편이다. 다행히 예전에 비슷한 원단을

^ 네이마르 피규어의 헤드 작업 중.

네이마르 피규어, Away/Home/NSW version, 12inch Action Figure, 2014.

사용해본 적이 있어서 캐릭터의 헤어 컬러와 맞는 원단만 찾아내면 쉽게 해결될 수 있는 부분이었다.

크게 홈·어웨이·캐주얼, 세 가지 버전으로 제작된 이 작품은 패키징된 박스만 봐도 직관적으로 어떤 버전, 누구 캐릭터인지 알 수 있도록 배려했다. 즉 캐릭터는 베이직 나무상자에 표시된 유니폼 넘버를 통해, 버전은 컬러를 통해 알 수 있게 디자인했다. 처음 계약할 때는 전시용 작품만 제작하는 내용이었는데, 패키지도 피규어 디자인의 연장선상이기 때문에 함께 제작해서 보냈다.

나이키 미국 본사와 진행한 첫 프로젝트였기에 사실 신경 쓰이는 점이 많았다. 물론 이전에도 미국 본사에 개인 작품을 전시하거나 안드레스 이니에스타를 모델로 나이키 영국 광고를 진행했던 적이 있었지만, 공식적으로 미국 본사와 직접 계약한 프로젝트는 이번이 처음이었다. 쿨레인스튜디오라는 이름으로 벤더 등록을 할 정도였다. 이번 프로젝트의 성공을 계기로 글로벌 브랜드와의 콜라보레이션 비중이 앞으로 더 높아지기를 바란다.

파울리뉴 피규어, 가족의 이름을 팔에 새긴 것을 피규어에도 반영했다.
12inch Action Figure, 2014.

2. 푸마
PUMA

Puma × Coolrain Studio
TNT 전시회: 2010년 6월, 합정동 앤트러사이트

2010년 봄, 독일의 스포츠용품 브랜드인 푸마코리아에서 '아프리카'를 주제로 진행하는 전시에 참여해달라는 제안을 받았다. 당시는 남아공월드컵의 열기가 무르익기 시작하던 때로, 푸마Puma 역시 그 분위기에 동승한 마케팅 프로모션을 준비 중이었다. 아프리카와 유독 인연이 깊었던 푸마는 남아공월드컵 본선에 진출한 가나·카메룬·코트디부아르·알제리 대표팀을 후원했는데, 내게 제안한 전시는 남아공월드컵을 기념하기 위해 푸마가 메인 스폰서로 참여한 'TNT 전시회 International Tee Tour Exhibition'였다.

예전부터 아프리카 원주민들의 화려한 색채를 주제로 뭔가를 만들어보고 싶었던지라, 아주 재미난 작업이 될 듯싶었다. 당연히 OK!

푸마와 함께
에투, 멘사, 에부에 피규어 제작

사무엘 에투 피규어, 12inch, 2010.

2010년 6월, 카페 앤트러사이트Anthracite에서 아주 특별한 행사가 열렸다. 나를 비롯한 세 명의 작가들이 아프리카에서 영감을 얻어 제작한 작품을 선보이는 자리였다.

나는 카메룬의 사무엘 에투Samuel Eto'o, 가나의 존 멘사John Mensah, 코트디부아르의 에마뉘엘 에부에Emmanuel Eboue, 이 세 선수가 아프리카 대륙 위에서 축구공을 놓고 서로 다투는 디오라마 형식(배경 위에 모형을 설치하여 하나의 장면을 만든 것)의 전시를 준비했다.

첫 작업은 캐릭터 디자인. 나는 에투, 멘사, 에부에 선수를 디자인하면서 마치 하나의 시리즈처럼 느껴지도록 했다. 각자의 개성을 표현하는 것도 중요했지만, 세 개의 피규어들을 모아놓았을 때 통일감을 줄 수 있도록 디자인하는 것이 무엇보다 중요했다. 이 부분은 하나의 시리즈를 구상할 때 특히 내가 중요하게 생각하는 것 중 하나다. 각자의 개성 있는 생김새를 살리면서 세 명의 차이점을 강조해서 작업하면 좀 더 재미난 디자인이 나올 거라고 생각했다.

먼저, 에투는 둥근 얼굴 형태에 웃는 얼굴이 매력적이고, 이마가 앞으로 살짝 튀어나온 짱구 형태이며, 쫑긋한 두 귀가 특징이다. 멘사는 입이 크고, 웃을 때 입이 옆으로 길게 벌어지면서 입꼬리가 살짝 올라가는 모습이다. 상대적으로 에투는 웃을 때 입모양이 역삼각형을 이룬다. 그리고 에부에는 다른 두 명에 비해 얼굴이 약간 길면서 사각 형태이고, 입도 작은 편이다. 헤어스타일은 에투를 제외한 두 명 모두 짧은 곱슬머리 형태다. 이러한 특징들을 기반으로 스케치업을 해주었다.

그다음은 디자인을 입체적으로 표현해주는 작업에 매달렸는데, 짧은 곱슬머리를 살리는 일이 생각보다 힘들었다. 헤어패턴 위에 본드를 바른 후, 아주 짧게 자른 털실을 눈처럼 머리 위에 뿌리면서 조금씩 붙여주는 방식으로 작업했다. 이렇게 여러 번 반복하면 진짜 짧은 곱슬머리처럼 보인다. 완성 후 살펴보니 생각했던 만큼의 이미지는 나

^
스케치와 피규어로 제작한 이미지.

^
실제 제품을 제작할 때는 최대한 똑같이 만드는 것이 중요하기 때문에 3D 모델링 후 도색을 진행하였다.

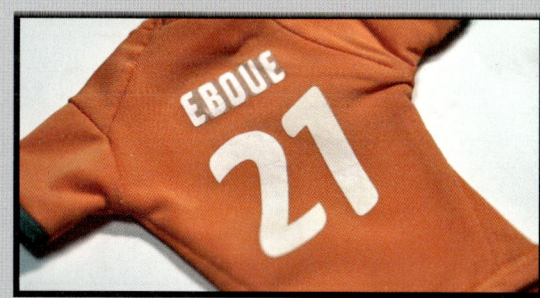

^
피규어 의상은 1/6 사이즈로 축소하여 제작하기 때문에 실제 원단을 사용하면 두꺼워지는 경우가 많다. 그래서 색상을 맞추고 최대한 얇은 원단을 사용하는 편이다.

온 것 같았다.

일반적으로 캐릭터들의 얼굴을 표현할 때는 전체적인 쉐이프 다음으로 눈이 중요한 부분이다. 에투·멘사·에부에, 이 세 명의 축구선수 캐릭터들은 공통적으로 피부색이 어두운데, 카리스마 있는 모습을 표현하는 방식에서 조금씩 차이를 두었다. 일단 축구선수의 에너지를 보여주기 위해 눈동자 주변에 흰자위를 표시해서 눈이 또렷하게 보이게 했다(당연히 치아도 하얗게~).

이렇게 정리하고 스케치를 기반으로 모델링 작업을 진행했다. 아무래도 2D 스케치를 입체로 표현할 때는 조금만 바뀌어도 인상이 많이 달라지기 때문에 기본적인 쉐이프는 스케치를 기반으로 하되, 어느 정도 실루엣이 나온 뒤에는 실제 선수들의 이미지를 보면서 작업을 하는 편이다.

그다음은 의상 작업. 이 프로젝트처럼 실제 선수가 모델인 경우에는 의상도 실제와 똑같이 만들어야 한다. 여기서는 축구 유니폼이므로 스판 재질의 원단을 사용했는데, 많이 늘어나는 스판 재질의 특성상 6분의 1 사이즈로 만드는 작업이 만만치 않았다. 보통의 의상을 만들 때와 비교했을 때 2~3배 정도의 시간이 더 걸린 것 같다.

그러나 빨강과 초록 등 아프리카 특유의 화려한 색채와 핏감이 좋은 유니폼은 지금까지 작업한 그 어떤 의상보다 흥미진진했다. 또 색상의 조합만으로도 각 캐릭터들의 넘치는 에너지를 전달할 수 있어 의상 작업에 특히 신경을 썼다. 이 디자인은 JOO(이주연)와 함께 진행했는데, 세 선수들의 유니폼은 '예술의 전당' 전시 때 덩키즈 유니폼을 만들어주었던 이정은 디자이너가 도와주었다.

매번 말하지만, 이렇게 도와주는 동료들이 있어서 나의 피규어 디자인이 빛을 발할 수 있으며, 좀 더 입체적인 오브제로 탄생하게 된다.

<
에투(카메룬), 에부에(코트디부아르), 멘사(가나)가 아프리카 대륙 위에서 축구공을 놓고 다투는 모습, 12inch, TNT 전시회, 2010.

12인치 액션 피규어의 경우에는 의상이 상당히 중요한 부분이다. 개인적으로 전시회용이나 샘플 제작을 위해 의상을 몇 번 만들어본 적이 있는데, 그때마다 12인치 의상을 만드는 분들은 정말 대단하다는 인상을 받는다.

의상이 만들어지는 동안 의상에 들어갈 그래픽들을 일러스트레이터로 작업하는 등 전사 작업에 필요한 준비를 해두었다. 특히나 푸마 축구화 제작에 시간이 많이 걸렸는데, 의상이 만들어지는 동안 그래픽 작업과 함께 축구화 도색 작업을 진행했다. 이렇게 완성된 의상에 전사 방식으로 로고를 찍어주고, 멋지게 세팅해주면 모든 작업은 끝이다.

선수 개개인의 생김새를 강조한 디자인을 보고 다들 만족해해서 다행이었다. 평소에 내가 만든 피규어를 보고 사람들이 많이 웃고 재밌어하면 좋겠다고 생각했었다. 그런 점에서 내가 나아갈 방향성을 제시해준 작업이었다.

2010년 여름에 진행되었던 프로젝트는 2012년 여름의 또 다른 프로젝트로 이어졌다. 푸마와 함께했던 아프리카 풋볼 피규어 스타일이 마음에 든다고 영국의 아드만 스튜디오에서 먼저 연락을 해온 것이다. 열심히 하다보면 이렇게 예상치 못했던 일들이 파장을 일으켜서 더 좋은 결과를 낳기도 한다.

01_Eto'o
02_Eboue
03_Mensah
04_2010년 남아공월드컵 때 만들었던 피규어는 성공적이었으며 덕분에 2012년엔 나이키 영국 이니에스타 광고로 연결될 수 있었다.

3. 리복
REEBOK

Reebok × Bait × Coolrain Studio
SDCC: 2013년 7월, 샌디에이고 코믹콘

작업을 하다보면 좋고 싫고를 떠나서 어쩔 수 없이 해야 하는 일들도 존재한다. 다행히도 내 경우에는 좋아하는 일 위주로 할 수 있지만, 모든 사람들이 그렇게 살 수는 없을 것이다. 그런 점에서 난 참 행복한 사람이다. 게다가 좋아서 진행했던 작업이 또 다른 흥미로운 작업을 몰고 오고, 그게 또 바탕이 되어 정말 해보고 싶었던 작업으로 이어지기도 하니 내가 생각해도 참 운이 좋다.

농구를 좋아해서 덩키즈 시리즈를 만들었고, 그 작업이 계기가 되어 미국 NBA와 아트 토이 시리즈를 만들었다. 이것은 2012년, 미국 농구 드림팀 20주년 기념으로 탄생한 '드림팀 프로젝트'의 발단이 되었다. 리복Reebok과의 협업 역시 그 연장선이나 마찬가지였다.

'BUBBA CHUCK'
앨런 아이버슨 피규어 제작

<
Bubba Chuck, 첫 번째 트리고날 작업, Prototype, 2013.

2012년 여름, 'NBA 아트 토이 시리즈 1' 출시와 맞물려 베이징에서 열렸던 '팝 라이프Pop Life' 전시에 참가했었다. 그때 리복 본사에서

Bubba Chuck TRI 734, 삼각형 폴리곤 734개로 구성되어 있다, 2013.

10년 넘게 마케터로 일했고, 지금은 '베이트BAIT(미국의 스니커 부티크)'의 마케터라고 자신을 소개하는 폴Paul과 대표인 에릭Eric을 처음 만났다. 그는 내가 만든 NBA 아트 토이 시리즈에 관심을 보이면서, 베이트가 리복의 '퀘스쳔Question'과 콜라보레이션을 진행하는데 함께해볼 생각이 없느냐고 물었다.

피규어의 모델은 데뷔 초기부터 항상 리복과 함께해온 앨런 아이버슨Allen Iverson. 그는 리복을 상징하는 NBA 선수이자, 리복의 시그너쳐 농구화 브랜드인 '앤서Answer 시리즈'의 주인공이었다. 또 '퀘스쳔'은 앤서 시리즈의 첫 제품이기도 하였으니, 앨런 아이버슨이 모델이 되는 건 당연했다.

농구 팬들 중에서는 마이클 조던을 최고의 선수라 꼽으며 좋아하는데, 개인적으로는 조던 못지않게 앨런 아이버슨을 좋아한다. 앨런 아이버슨은 불우한 어린 시절을 보냈음에도 불구하고 고등학교 시절부터 스포츠 분야에서 두각을 나타냈다. 미식축구팀에서는 쿼터백을, 그리고 농구팀에서는 포인트가드로 활약하며 '올해의 선수'로 뽑힐 정도로 뛰어난 실력을 발휘했다. 게다가 그는 마이클 조던도 인정한 선수였다. "농구는 신장(키)이 아니라 심장으로 하는 것이다Basketball is played not with your height, but with your heart"라는 말에서 알 수 있듯이, 그에게 183센티미터의 키는 농구에 대한 그의 열정을 가로막는 장애물이 아니었다.

사실 앨런 아이버슨은 NBA 아트 토이 시리즈 1을 기획할 때 한번 만들어본 적이 있었는데, 2009년 시즌에 은퇴를 발표하면서 최종 라인업에서 빠졌었다. 그때의 아쉬움을 이 프로젝트로 만회하게 된 나는 이번에야말로 앨런 아이버슨을 제대로 만들어보고 싶었다.

프로젝트에 대한 구체적인 이야기는 에릭과의 만남 후 6개월 만에 이루어졌다. 2013년 리복과 베이트의 콜라보레이션 제품인 '퀘스천 스네이크' 모델이 출시되는데, 이때 전시회를 열면서 핸드메이드 피규어를 20체 한정판으로 제작해 판매하는 것으로 협의가 되었다. 베이트와 리복이 손잡고 출시하는 '퀘스천 스네이크'는 2013년이 '뱀띠 해'임을 기념해서 갑피 부분에 뱀피가 사용되었고, 신발 밑창 부분은 야광으로 제작되었는데, 400켤레 한정판으로 베이트 숍에서만 판매한다고 한다.

언젠가는 이러한 콜라보레이션을 통해 쿨레인 버전의 상품들이 나왔으면 좋겠다고 막연히 생각해왔었는데, 이 같은 글로벌 프로젝트에서 단 400켤레만 발매된다는 사실을 알고 너무도 부러웠다.

피규어 디자인은 전적으로 내게 맡겨졌다. 기본적인 방향을 정해놓고 작업을 맡기는 국내 업체들과 달리 해외 업체들은 피규어 아티스트가 자유롭게 디자인할 수 있도록 배려하는 편이다. 베이트와 리복 역시 그러했는데, 나는 총 20체 중 10체를 기존에 없던 새로운 스타일로 디자인하면서 내게 주어진 기회를 맘껏 활용했다. 일단 기본적으로 NBA 아트 토이 시리즈의 디자인을 12인치 액션 피규어 스타일로 변형하는 것이어서 좀 더 리얼한 형태의 비례로 만들게 되었다.

피규어를 만들면서 지금까지 계속 고민해온 부분이 아이덴티티에 관한 것인데, 그러한 고민 끝에 구상한 아이템이 바로 '트리고날 Trigonal' 이미지다.

아이덴티티에 대해 고민하면서 스스로에게 '나는 누구인가', '나와 다른 사람의 차이점은 무엇인가' 같은 질문을 많이 했다. 그러면서 피규어 아티스트로서의 첫 출발점이 3D 애니메이터였음을, 그리고 앞

^ 퀘스천 베이트 버전, 1/6 사이즈 제작 과정.

으로도 계속 나아갈 방향에 애니메이션이 있음을 깨달았다. 그래서 '폴리곤polygon(3D 그래픽에서 입체형상을 표현할 때 쓰이는 가장 작은 단위인 다각형을 일컫는다)'이라는 표현방식을 피규어 디자인에 적용한 것이다.

이러한 생각들을 정리하고 있을 때 마침 앨런 아이버슨 피규어를 만드는 작업이 진행되고 있었기에 자연스레 트리고날 이미지를 도입한 첫 번째 아트 토이가 되었다. 나는 이 작품에 '부바 척Bubba Chuck'이라는 이름을 붙였다. '부바 척'은 앨런 아이버슨의 대학 시절 별명이기도 하여 이 프로젝트의 시리즈명으로 적합했다. 부바 척 시리즈를 보면 피규어의 얼굴에 유난히 삼각형 모양의 각이 많음을 알 수 있는데, 이 점이 바로 트리고날 스타일의 특징이다.

보통 아트 토이들은 소량 생산을 기본으로 하되, 컬러 바리에이션(색깔 변형)으로 버전을 늘리는 경향이 많다. 그래서 나도 부바 척 시리즈를 제작하면서 기본 컬러 외에 트리고날 스타일로 작업한 블랙 버전을 추가하기로 했다. 어쨌든 부바 척 시리즈를 선보이면서 트리고날 버전도 처음 보여주는 것이어서 기대되는 부분이 많았다.

모든 제작은 핸드메이드 방식으로 진행되었다. 예전에도 이런 방식으로 제작해서 판매한 적은 있었지만, 그때는 모두 '선주문·후제작'이어서 판매에 대한 부담은 없었다. 그러나 이번엔 '선제작·후판매' 시스템이어서 나름 걱정되는 부분이 많았다. 판매 전에 모든 제작을 마쳐야 하는 점은 물론이거니와 재고에 대한 걱정도 떨쳐버리기 어려웠다.

하지만 그런 걱정은 내 기우였다. 2013년 7월, 샌디에이고 코믹콘 SDCC에서 선보인 트리고날 버전은 첫날 모두 판매 완료되었고, 실제 퀘스천 스네이크 운동화도 하루 만에 다 팔렸다고 한다. 1년여 정도의 준비 끝에 출시된 부바 척 시리즈가 반응이 좋아서 다행이었다. 게다가 트리고날 시리즈도 성공적이어서 두 배의 만족감을 느꼈다. 뭐든 새로운 도전 앞에서는 늘 걱정이 앞서는데, 이번 성공으로 한시름 놓았다.

˅ 초기 박스 디자인.

˅ Bubba Chuck original version, Coolrain & Lo-fi(의상 제작), 2013.

> Bubba Chuck original version, 후드티는 BAIT, 신발은 BAIT 버전 퀘스천 스네이크, 2013.

파워풀한 팀워크로
시너지를 내는,
참 특별한 동행

해외 뮤지션, 아트 토이 디렉터, 만화가, 국내외 업체와의 콜라보레이션

Teamwork

CHAPTER 4

1. 이레이저 헤드
Eraser Heads

Eraser Heads × Secretfresh × Coolrain Studio
2012년, 필리핀

2010년 겨울, 홍콩 '매드 미키' 론칭 행사에서 처음 만났던 프레데릭Frederick으로부터 제안이 들어왔다. 필리핀의 전설적인 헤비메탈 록 밴드, 이레이저 헤드Eraser Heads의 아트 토이를 만들어보자는 것. 마인드스타일의 아시아 디스트리뷰터인 프레데릭은 자국의 유명 뮤지션을 한번 재현해보고 싶다며 나와의 콜라보레이션을 제안했다. 이레이저 헤드? 멤버는 넷이고, 데이빗 린치 감독의 실험적인 공포영화 제목에서 밴드 이름을 따왔다는데, 낯설기만 했다.

아무래도 잘 알지 못하는 사람을 모델로 삼을 경우에는 디자인하기가 참 곤란하다. 물론 실제 사진 자료를 받기는 하지만, 그것만으로는 많이 부족하다. 이미지를 제대로 표현하기 위해선 모델에 대해 많이 알아야 한다. 예를 들어 뮤지션이라면, 음악도 들어보고 공연하는 모습도 봐야 한다. 단순히 실물과 똑같이 생긴 조형물을 제작하는 게 아니라면 말이다. 난 쉽지 않은 작업이 될 거라 생각하면서도 프레데릭의 제안을 받아들였다.

나는 디자인 콘셉트를 아트 토이 느낌도 나면서 실제 뮤지션의 이미지도 살리는 방향으로 잡았다. 실존 인물이다 보니 '닮게' 만들 수밖에 없고, 이 부분이 컨펌을 받을 때 애를 많이 먹이는 요소다.

<
이레이저 헤드의 프로토타입.

최근에는 국내 연예계에서도 몇몇 한류 스타들을 대상으로 피규어를 만들려는 시도를 하고 있는데, 대부분은 스타들의 모습과 똑같이 제작하는 리얼 피규어 형태다. NBA 아트 토이, 아메바후드 시리즈 등의 성공으로 인지도가 높아져서인지 내게도 아트 토이 스타일로 제작하고 싶다는 제안들이 종종 들어온다.

개인적으로 한류 스타나 실존 인물을 아트 토이 스타일로 만드는 작업은 국내 여건상 아직 이르다고 생각했었다. 아트 토이 저변이 확대되는 중이라고는 하나, 사람들의 인식이 바뀌려면 아직 몇 년은 더 걸릴 거라고 생각했던 것이다. 그런데 생각보다 빨리 그러한 일들이 현실에서 일어나고 있는 것 같다. 반가운 일임에는 분명하지만, 한편으로는 제대로 만들어서 다음 프로젝트로 이어졌으면 하는 바람도 크다. 아트 토이 시장이 열악하다보니 한 번의 실패로 두 번 다시 기회를 얻지 못할 수도 있기 때문이다.

어쨌든 하나의 프로젝트를 잘 마무리 지으면 새로운 프로젝트라는 열매가 맺힌다. 이레이저 헤드와의 콜라보레이션 역시 NBA 프로젝트가 물어다준 열매가 아닌가. 이번 프로젝트도 잘 진행시키면 훗날 더 크고 달콤한 열매로 돌아올 거라 생각하니, 작업에 대한 열정이 샘솟았.

이레이저 헤드 측은 내 디자인 스타일을 최대한 존중해주었다. 그만큼 수월하게 작업할 수 있었는데, 자유로운 창작이 가능한 만큼 아티스트로서의 책임감은 더 막중해졌다.

프로젝트를 진행할 때마다 "이번 작업이 잘못될 경우 이전에 진행했던 작업까지 함께 잘못되는 게 아닐까. 지금껏 쌓아올린 명성이 와르르 무너지는 게 아닐까" 하는 불안감에 휩싸인다. 나뿐만 아니라 다른 작가들이나 프리랜서 작업자들도 아마 같은 걱정을 하고 있을지도

01_기타 원형. 02_페인트 마스터 제작 중. 03_이레이저 헤드 'Buddy' 프로토타입.

모르겠다. 게다가 아트 토이 작가가 몇 안 되는 국내 현실에서 한 사람이 무너지면 그 여파가 여러 사람에게 미칠 수 있고, 결국 앞으로 아트 토이 작가가 되고 싶은 이들에게도 부정적인 영향을 줄 수 있다. 이 말은 개인의 실패로 끝나지 않을 정도로 국내 아트 토이 시장의 기반이 아직은 약하다는 것을 의미한다. 그렇기에 항상 후회하지 않도록 최선을 다해서 작업하고 있다.

다시 이레이저 헤드와의 콜라보레이션 작업으로 돌아와 이야기하면, 실제 인물과 비슷하게 만드는 데 중점을 두고 전체적인 디자인과 조형 작업을 진행했다. 다만, 여태껏 해왔던 것과는 조금 다른 쉐이프를 보여줄 생각이었다. 특히 뮤지션 피규어임을 감안해 기타, 드럼, 마이크 등의 액세서리 제작에도 정성을 기울였다. 실제 이레이저 헤드가 사용하던 악기와 최대한 비슷하게 만들기 위해 당사자에게 직접

232　1. 이레이저 헤드

자문을 구했고, 이 내용을 토대로 더 많은 자료를 수집하기도 했다. 비록 공이 많이 들어가는 작업이었지만 나중에 론칭 행사 등에서 이레이저 헤드를 만났을 때 그들이 좋아하는 모습을 보고 싶었다. 최소한 그들 앞에서 내가 부끄러워져서는 안 되겠다 싶었다. 이런 마음이 강한 동기부여가 되어 손이 많이 가는 악기 제작도 즐겁게 진행할 수 있었다.

    12인치 액션 피규어를 제작할 경우 헤드나 손등 부분은 단순화시켜도 각 캐릭터의 특성을 간접적으로 표현할 수 있는 액세서리나 의상 등은 최대한 실물과 비슷하게 만들려고 노력하는 편이다. 캐릭터 자체가 비현실적이기 때문에 액세서리나 의상만이라도 사실적으로 표현해줘야 좀 더 현실감 있는 캐릭터로 보일 수 있다. 이는 상상 속의 캐릭터가 아닌 실생활에서도 흔히 접할 수 있는 캐릭터임을 강조하기 위해서다.

    공식적인 이레이저 헤드의 아트 토이는 2013년 9월 발매되었고, 내 바람대로 당사자들의 반응도 뜨거웠다. 그리고 이 프로젝트가 씨앗이 되어 또 다른 뮤지션 프로젝트도 현재 진행 중이다.

<

필리핀의 유명 록밴드 '이레이저 헤드' 피규어, PVC 재질, 8inch, 2012.
01_Ely Buendia(리드 보컬, 기타).
02_Raimund Marasigan(드럼 & 타악기).
03_Buddy Zabala(베이스 기타).
04_Marcus Adoro(리드 기타).

2. 델리토이즈
Delitoys

Delitoys(이재혁) × Coolrain(이찬우) 2008년, 델리토이즈의 '웁' 원형 모델링.

델리토이즈Delitoys의 이재혁 대표와의 인연은 몇 년 전으로 거슬러 올라간다. 내가 토이 컬렉터에서 디자이너로 넘어가던 시점에 '웁Ouip'의 모델링 작업을 도와주었는데, 당시는 한국형 플랫폼 토이가 없었던 때여서 뭐가 뭔지도 모르면서 그냥 작업하는 게 좋아서 '으샤으샤~' 했었다. 백열전구 모양을 닮은 웁은 한국 최초로 만들어진 플랫폼 토이이자, 델리토이즈의 첫 번째 아트 토이 프로젝트다.

원래 나는 사진 찍히기를 그다지 좋아하지 않는데, 웁의 원형이 완성된 후에는 그것을 들고 자발적으로 사진기 앞에 섰다. "웁이 잘되어서 나중에 오늘을 기념할 수 있으면 좋겠네. 그러려면 증거를 남겨둬야지!" 평소 안 하던 행동을 한 걸 보면, 왠지 굉장히 의미 있는 프로젝트에 동참했다는 마음이 들었나 보다. 웁이 국내 아트 토이 역사를 새로 쓸 거라는 기대 심리도 작용했을 듯하다. 어쨌든 델리토이즈의 시작에 내 작은 손길이 더해졌다는 사실이 뿌듯하다.

첫 출시된 웁은 DIY용이었다. 처음에는 레진으로 만들었는데, 이후 소프트 비닐soft vinyl로 생산해서 여러 아티스트들과 콜라보레이션 전시를 진행하기도 했다. 아티스트들에게 소프트 비닐로 만들어진 웁은 자신들만의 컬러를 입힐 수 있는 오브제였다. 몇몇 시도에서 볼 수

<
백열전구 모양의 '웁'에 아티스트의 개성이 더해지면 세상에 단 하나밖에 없는 아트 토이가 만들어진다.

있듯이 웝은 아트 토이의 새로운 길을 개척해나가고 있는 듯하다.

국내에서 소프트 비닐로 제작하는 일이 쉽지 않은 데다가 처음 하는 작업이라 문제가 많았을 것이다. 지금이야 국내 플랫폼 토이 시장에 플라잉툰의 '툰토이'나 듀코비의 'RB_{Rare Bear}' 등 다양한 형태의 토이들이 출시돼 있고 쏠리는 관심도 예전보다는 큰 편이지만, 웝이 처음 나왔을 때는 그렇지 않았다. 이게 뭘까 궁금해 하면서 아마 신기한 장난감쯤으로 여기지 않았을까? 처음이어서 힘든 부분도 많았겠지만, 반대로 일러스트레이터나 그래피티 아티스트, 캐릭터 디자이너 등과의 콜라보레이션은 수월하게 진행되었을 것 같다. 서로에게 좋은 자극이 될뿐더러 재미난 작품 활동을 할 수 있는 기회를 그들이 저버릴 리 없기 때문이다.

그동안 다양한 분야의 아티스트들과 교류하면서 그들 내면에 자신이 갖지 못한 부분에 대한 욕구가 있음을 느꼈다. 예를 들면 그림을 그리는 사람들은 입체 조형물 제작에 대한 욕구가 있고, 입체 조형물을 만드는 사람들은 그림에 대한 욕구와 동경이 함께 있는 듯하다(물론 지극히 개인적인 생각이다).

조금 안타까운 부분은 유명 연예인들의 인기를 등에 업고 쉽게 아트 토이 시장에 접근하려는 움직임이 있다는 것이다. 텔레비전·신문·잡지·인터넷 등의 미디어에 노출되는 경우가 많아지면서 이러한 현상이 두드러졌는데, 디자인이나 아트 토이의 느낌보다는 단순히 연예인들의 이미지를 이용하는 데서 문제가 생길 수 있다. 또 제작 단가를 낮추려고 제품의 퀄리티를 고려치 않는 것도 문제다. 국내 생산 프로세스가 많이 없어진 상태여서 중국 등 외국에서 생산할 수밖에 없는데, 이 경우 퀄리티 관리를 제대로 한다면야 무슨 문젯거리가 되겠는가. 그런데 제대로 된 퀄리티를 갖추지 못한 제품에 '아트 토이'라는

이름을 붙여 적절치 않은 가격에 판매하는 사례가 있다고 하니 걱정이 앞선다.

아트 토이 작가로서의 영역을 구축하기 위해서는 좋은 디자인과 희소성 외에도 퀄리티적인 면도 함께 가져가야 한다. 한 번은 연예인 마케팅이 통할지 모르나 두 번, 세 번 계속해서 통하리라는 보장은 없다. 좋은 디자인과 희소성, 고퀄리티로 국내 아트 토이 시장이 올바르게 성장해나가기를 바란다.

3. 툰토이
Toontoy

FlyingToon(임덕영) × Coolrain(이찬우)
2009년, 툰토이 원형 모델링

툰토이Toontoy는 '만화cartoon'와 '토이toy'의 합성어로, 말 그대로 토이에 만화를 접목시킨 아트 토이다. 그래선지 툰토이의 헤드는 만화에 나오는 말풍선 모양을 닮았다.

툰토이의 디자이너이자 플라잉툰FlyingToon의 대표인 임덕영 작가(만화가)는 홍콩 아트 토이 컬렉터로 유명하며, 요즘에는 레고 수집에 푹 빠져 있다. 툰토이를 보고 있노라면 뭐랄까, 정말 만화가다운 발상이고 디자인이라는 느낌이 든다. 임덕영 작가와 나는 툰토이 시작부터 함께한 사이로, 모델링은 물론이고 여러 가지 일들이 있으면 최대한 서로 도와주는 친구 관계다.

플랫폼 토이의 특징은 기본 베이스가 되는 토이 오브젝트에 각자의 취향대로 그림을 그리거나 디자인을 입힐 수 있다는 것이다. 똑같은 형태의 토이가 누군가의 손을 거쳐 완전히 다른 모습이 되는 것, 어쩌면 디자이너나 작가에게 플랫폼 토이는 입체적인 캔버스라 할 수 있을 것이다.

툰토이는 디자인 콘셉트 그대로 한국 만화 캐릭터들을 입히기 위해 만들어졌다. 원작자가 만화가가 아니었다면 결코 나오지 못했을 디자인! 임덕영 작가의 장점은 원로 만화 작가들부터 젊은 웹툰 작가

들까지 두루두루 컨택이 가능하다는 것, 나이대가 중간이어서 이편과 저편 모두 친분이 깊다. 이러한 인맥 덕분에 신구 만화 캐릭터가 조화를 이룬, 정말 다채로운 툰토이가 탄생할 수 있지 않았을까?

　무엇을 만들든 가장 중요한 부분 중 하나는 저작권이다(오리지널 캐릭터를 만드는 이유이기도 하다). 만일 원로 작가들이 허락해주지 않았다면 툰토이에 그들의 만화 캐릭터를 입히는 건 불가능했을지도 모른다. 물론 처음에는 플랫폼 토이에 대한 이해도가 낮은 데다가 툰토이에 그림을 그려 자신들의 캐릭터를 표현하는 방식에 강한 거부감을 보인 원로 작가들도 있었다. 그러나 대부분은 툰토이 작업 과정을 눈으로 확인하면서 차츰 새로운 캐릭터 표현 방식을 이해하고 받아들여 주었다.

　2009년 6월, 때마침 '한국 만화 100주년 기념 전시회'가 과천 국립현대미술관에서 열리면서 여러 작가들의 만화 캐릭터를 입힌 툰토

01_ 툰토이의 원형, 2009.
02_ 만화 캐릭터를 툰토이에 옮겨놓은 커스텀 작품들, 한국 만화 100주년 기념 전시회, 국립현대미술관, 2009.
03_ 툰토이 '로봇 찌빠' 커스텀, by Coolrain.

이를 선보일 수 있는 기회가 마련되었다. 내게는 어릴 때 봤던 만화의 원작자를 직접 만날 수 있는 정말 소중한 시간이었다.

나는 '로보트 킹(고유성 원작)'과 '로봇 찌빠(신문수 원작)'를 커스텀해서 전시회에 내놓았다. 그림만이 아니라 조형이 필요한 부분이어서 맡게 되었다. 토이란 것이 원래 즐거운 시절을 떠올리는 매개물일 때가 많은데, 어릴 적 동심이나 추억을 담고 있을 때 특히 그렇다. 나 역시 툰토이 커스텀을 하면서 어린 시절 기억들이 되살아나서 즐겁게 작업할 수 있었다. 나뿐만 아니라 툰토이 커스텀 작업에 참여한 다른 작가들도 예전에 재밌게 본 만화 캐릭터를 표현하며 즐거운 시간을 보냈다고 했다. 마치 추억 속으로 시간 여행을 떠나는 기분이었을 것이다.

전시 오프닝은 원로 작가부터 젊은 작가까지 모두 모인, 그야말로 한국 만화가들의 축제 자리였다. 그곳에서 내가 만든 툰토이 커스텀의 원작자를 만나니 영광스럽기도 하고 감회가 남달랐다. 이러한 콜라보레이션 작업의 장점은 새로운 작가들을 많이 만날 수 있다는 것이다. 그들과 대화하면서 생각을 공유하고 공감하다보면 미처 몰랐던 부분들도 알게 되는데, 이 작업에서도 그러한 느낌을 많이 받았었다.

특히 젊음과 열정이 느껴지는 팝아트 작가들의 작품들은 신선한 충격으로 다가왔다. 완전히 새롭게 변형된 만화 캐릭터들은 오리지널 캐릭터의 느낌을 뛰어넘었다. 이처럼 새로운 오브젝트로, 콘텐츠로 변형 및 발전되는 과정을 지켜보는 것은 아티스트에게는 매우 즐거운 경험이다.

그 뒤 툰토이는 국가 지원을 받아서 양산까지 하게 되었다. 이 경우 사전에 관련 부서에 사업기획서를 제출하는 등 운영과 영업에 대한 전반적인 비전을 보여줘 사업 타당성 여부를 검증받아야 한다. 절차도 복잡할뿐더러 아트 토이라는 콘텐츠가 비즈니스적으로 성공 가능성이 있는지 밝혀야 하므로 마음은 있어도 선뜻 실행하기는 어려웠을 텐데, 툰토이는 작가가 직접 이 모든 일을 해냈다. 정말 대단하다.

첫 번째 양산 플랫폼 토이였던 '웝'도 국내 제작 과정에서 여러 어려움을 겪었는데, 툰토이도 그 고생을 비켜갈 수 없었다. 당시에는 소프트 비닐을 생산하는 공장 자체도 없었거니와 사출금형 전문가도 한두 명 정도에 불과해 토이 제작에 힘든 부분이 많았다. 게다가 소프트 비닐의 특성상 툰토이 양산 과정에서 불량률도 높았다.

'한국 만화 100주년 기념 전시회' 뒤에도 툰토이는 계속 영역을 확장해나갔다. '서울국제만화애니메이션페스티벌SICAF(일명 시카프)'이나 '부천국제만화페스티벌BICOF' 등 만화 관련 행사나 특별전 등을 통해 툰토이의 인기는 점점 더 높아졌고, 툰토이를 구입해 자신이 직접 좋아하는 만화 캐릭터를 그려 넣는 사람들도 많아졌다. 이렇게 한국 만화와 함께 조금씩 성장해가는 툰토이를 볼 때마다 나 역시 기쁨을 감출 수 없다.

만화 연재와 툰토이 프로젝트를 동시에 진행하면서 늘 마감의 숲 속에서 분투하고 있는 임덕영 작가. 그의 뜨거운 열정을 알기에 툰토이가 앞으로 더 넓은 세상, 더 다양한 분야로 뻗어나가리라는 사실을 의심치 않는다.

4. 엠비오
MVIO

MVIO × Coolrain Studio
2010년, 엠비오 테이블 프로젝트

남성 캐주얼 브랜드 엠비오MVIO와 함께 진행했던 '테이블 프로젝트'는 지금까지 했던 작업 중에서도 몇 손가락 안에 들 정도로 힘든 작업이었다. 스케줄에 비해 작업량이 너무나 많았던 관계로 체력적으로나 정신적으로 스트레스를 많이 받았다.

엠비오의 테이블 프로젝트란 재미난 아이디어로 딱딱한 매장 분위기에 활력을 불어넣기 위해 도입한 일종의 이미지 마케팅 전략으로, 매월 콘셉트를 달리해 매장 디스플레이를 바꿔줌으로써 주력 상품도 홍보하고 고객들에게 재미도 주는 방식이다.

나는 '면접 보는 신입사원'이라는 콘셉트에 맞춰 캐주얼 슈트와 구두를 잘 차려 입은 12인치 액션 피규어를 제작했다. 일단 피규어 헤드는 이전에 만들어두었던 헤드를 기반으로 작업하면 되는데, 문제는 한 달여 만에 엠비오의 슈트와 셔츠, 넥타이, 가방, 신발들을 모두 새로 만들어야 한다는 것이었다. 50개 정도의 피규어와 의상, 액세서리를 한 달 동안 제작해 디스플레이하라니, 시간적으로 압박을 받을 수밖에 없는 상황이었다.

"이건 뭐, 마감일 안에 제작을 모두 마치는 것만도 감지덕지네!"

이렇게 작업 시간이 충분치 않을 경우에는 처음에 만든 프로토타

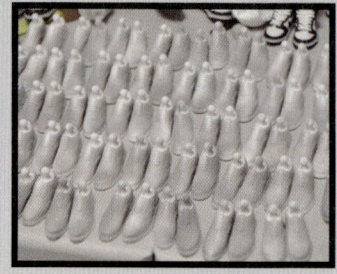

매월 테마를 정해 매장 분위기를 바꿔주는 엠비오의 '테이블 프로젝트', 이번 테마는 '면접 보는 신입사원'이어서 슈트, 가방, 신발 등을 제작하였다. 그런데 50개의 피규어를 동시에 만드는 일은 결코 쉽지 않았다. 프로토타입, 12inch Action Figure, 2010.

입(원형)과 같은 퀄리티를 전부 유지하기가 힘들다. 그렇다고 내 이름을 걸고 진행하는 프로젝트를 대충할 수는 없는 노릇, 나는 최대한 퀄리티를 유지하려고 노력했다. 솔직히 처음부터 무리한 일정인 줄은 알았지만, 그래도 한 달 꼬박 매달리면 끝낼 수 있을 거라 생각했었다 (매일 시간 계산을 하며 정말 열심히 일했지만, 생각보다 작업량이 많아 생고생했었다. 하긴 내 발등을 내가 찍었으니 누구를 원망하리).

나는 매일 밤을 꼬박 새우며 작업하고 또 작업했다. 만일 개인 작업이었다면 마감 날짜를 며칠이라도 늦출 수 있었을 텐데 공동 프로젝트니 그럴 수도 없었고, 또 일정상 재작업은 꿈도 꿀 수 없으니 한 번의 실수도 용납할 수 없었다.

어쨌든 작업은 예정대로 흘러갔다. 마감일이 다가오면서 피규어 헤드와 슈트, 가방, 신발들이 형태를 드러냈다. 그때 변수가 생겼다. 면접 보는 신입사원 콘셉트에 맞춰 '의자'가 추가된 것이다. 오 마이 갓! 피규어가 50개니까 의자도 자그마치 50개가 필요했다. 일정도 겨우 맞출 수 있는 상황에서 아이템이 하나 추가되다니……, 하지만 피해갈 수 없는 현실이었다. 이로 인해 그렇지 않아도 부족한 시간이 더 부족해져 결국 마감일을 3일 정도 넘기게 되었다. 게다가 마무리 단계에서 헤어스타일을 수정하는 일도 생겼는데, 헤드에 고정시켰던 실을 일일이 떼어내 다시 붙이는 데만 3~4일이 소요되었다.

2010년 9월, 드디어 엠비오 매장 안에 피규어들이 전시되었다. 가슴에 면접표까지 달고서 똑바로 앉아 있는 피규어들은 영락없는 '면접 보는 신입사원'의 모습이었다. 엠비오 매장을 찾은 사람들에게 웃음과 즐거움을 안겨준 이 프로젝트를 통해 하나 크게 느낀 점이 있다. 바로 계약서 작성의 중요성!

그때까지만 해도 서로 믿고 가는 부분이 있어서 계약서를 쓰지 않거나, 쓰더라도 세부적인 내용까지 챙기지는 않았었다. 그런데 계획에도 없던 추가 작업이 생기면서 스케줄 때문에 쩔쩔매보니 계약서의 중요성을 인지하게 되었다. 그 뒤로는 웬만하면 계약서를 쓰고 작업하게 되었고, 사인하기 전에 계약 내용을 꼼꼼하게 확인하는 과정도 소홀히 하지 않는다.

한여름 무더위에, 그것도 한 달 내내 밤을 새면서 홀로 피규어를 만들었던 기억을 떠올리면 지금도 그때의 스트레스가 생생하게 밀려든다. 마감일은 코앞인데 할 일은 산더미 같아서 주변 사람들에게 괜히 짜증을 부렸었는데, 지금이라도 미안하다는 말을 전하고 싶다.

완성 후 패키징 상태. 시간적으로 가장 힘들었던 프로젝트다.

5. 컨버스
Converse

Converse × Seman10cm × Coolrain Studio
2010년, 컨버스 페스티벌

요즘 젊은이들 사이에서 인기 있는 패션 아이템 중 하나인 컨버스 척 테일러Converse Chuck Taylor는 커스텀으로도 가장 많이 활용되는 신발이다. 누구나 부담 없이 편하게 신을 수 있는 신발이면서 개성을 보여줄 수 있어 젊음의 아이콘으로 떠오르고 있다.

컨버스Converse는 이 같은 분위기를 고조시키기 위해 '2010 컨버스 페스티벌'을 기획하면서 내게 '히어로hero'를 콘셉트로 피규어 전시회를 열고 싶다고 했다. 기본 콘셉트만 주어지고 피규어 디자인은 작가 마음대로 진행할 수 있다는 조건이 붙었다. 이런 식의 프로젝트는 언제든지 환영이다.

나는 예전부터 "덩키즈를 '스타워즈' 패러디로 만들어보면 어떨까?"라는 생각을 했었는데, 이 기회에 그 작업을 한번 해보고 싶었다. 그러면 <스타워즈>에서 악의 화신으로 등장하는 다스베이더를 '다크 히어로dark hero'라고 해야 하려나? 나는 기존의 이미지와는 정반대로 디자인하여 위트와 아트를 동시에 담아냈다. 즉 잔인한 다스베이더는 귀여운 이미지로, 우스꽝스런 투구를 쓴 스톰트루퍼는 카리스마 넘치는 이미지로 디자인한 것이다. 그래서 덩키즈 시리즈 중에서 귀여운 이미지를 가진 모노와 다스베이더를 합쳐 '모노베이더Monovader'를 만

들어냈다. 또한 카리스마 넘치는 피테쿠스는 스톰트루퍼를 패러디하여 '피테트루퍼Pithetrooper'로 다시 태어나게 했다.

이렇게 전체적인 윤곽을 잡고 작업을 시작했는데, 중간에 디자인이 조금 바뀌는 일이 생겼다. 조형을 하다보면 처음에 생각했던 이미지와 결과물이 다르게 나와 디자인을 변경할 수밖에 없는 상황이 생기기도 한다. 모노베이더 역시 그러했는데, 초반에는 다스베이더처럼 얼굴 전체를 가리는 마스크를 만들려고 했으나 결과물을 보니 귀여운 이미지가 사라진 느낌이었다. 12인치 액션 피규어는 헤드의 비율을 극단적으로 크게 만들기 어려운데, 바디 자체의 비율을 임의적으로 크게 변형시킬 경우 전체 밸런스가 무너질 뿐 아니라 분위기도 완전히 달라지기 때문이다.

01_모노베이더의 헬멧 모델링은 NBA 시리즈 1부터 함께해온 나병훈의 작업이다.
02_컨버스, 1/6 scale(5cm), 2010.
03_컨버스 및 신발 박스, 쇼핑백, 1/6 scale, 2010.

그래서 마스크를 없애고 모노의 얼굴을 드러내는 쪽으로 디자인을 변경했다. 의상 부분은 패러디임을 강조하는 방향으로 설정하면서 기본적인 망토 외에 컨버스 티셔츠 등 다른 요소를 더해 스트리트 문화가 좀 더 느껴지도록 했다. 그 결과 한손에는 광선검 대신 마이크를 들고, 또 한손에는 붐박스boom box를 든 모노베이더는 마치 거리 위의 엠시MC처럼 보였다. 그리고 다스베이더의 포인트인 가슴의 패널박스는 티셔츠의 프린트로 대체했고, 바지도 청반바지로 변경했다. 모노베이더의 의상이 티셔츠로 바뀌면서 피테트루퍼 역시 티셔츠와 반바지로 바뀌었다. 그러면서 피규어 바디와 반바지는 상대적으로 화려한 색상을 골라주었다.

모든 작업이 끝나고 전시가 시작되었다. '비 크리에이티브Be Creative'라는 제목이 붙은 전시회는 2010년 10월 홍대 앞 '더 갤러리The Gallery'에서 진행되었는데, 피규어 전시 외에도 다양한 볼거리와 체험 거리를 통해 '젊음·개성·창조'를 내세우는 컨버스의 정신을 보여주었다. 내게도 이러한 컨버스의 분위기가 전달되어 아주 즐겁고도 자유롭게 작업한 프로젝트로 기억된다.

< 컨버스 1/6 scale(5.5cm), 2010.

6. 네이버 라인
Naver Line

Naver Line × Coolrain Studio
2013년 9월, 모델링 및 생산 디렉션

최근 몇 년간 해외 업체들과 여러 프로젝트들을 진행하면서 나름 괜찮은 성과를 거두었다. 그래선지 콜라보레이션을 제안하는 국내 업체들이 많아졌다. 그중에서 라인 스티커로 잘 알려진 캐릭터들을 피규어로 만들고 싶다는 네이버 라인Naver Line의 제안을 받아들여 함께 작업하게 되었다.

브라운Brown, 코니Cony, 문Moon, 제임스James는 이미 잘 알려진 캐릭터로, 해외에서는 피규어로 제작되어 인기몰이를 하고 있었다. 꽤 많이 알려진 캐릭터여서 선뜻 맡기가 부담스러웠지만, 기존 피규어보다 더 좋은 퀄리티를 시리즈 형태로 보여주고 싶다는 네이버 라인 측의 제안에 '해보자'는 쪽으로 마음이 움직였다. 사실 이번 프로젝트는 네이버 라인 피규어 제작 외에 아티스트 콜라보레이션 전시 등의 론칭 이벤트가 함께 진행되는 방식이어서 나의 흥미를 끌었다.

네이버 라인과의 첫 접촉 후 나는 홍콩과 타이완을 방문하게 되었다. 해외 토이 쇼 참가가 목적이었는데, 그곳에서 라인 피규어들을 심심찮게 볼 수 있었다. 홍콩 편의점에는 아예 라인 피규어를 위한 진열대가 따로 있었다. 타이완에서는 거리에서 쉽게 찾아볼 수 있을 정도로 인기가 높았다. 국내 캐릭터를 해외에서 만나니 반가움과 뿌듯함

<
컨버스 신발을 신은 피테트루퍼, 'Be Creative' 전시, 2010.

이 동시에 밀려왔다. 게다가 국내보다 해외에서 더 많이 알려져 있는 것 같아 신기한 기분도 들었다. "이왕 만들기로 한 이상 해외에서 접한 라인 피규어보다 더 멋지게 만들어야지"라는 생각을 갖고 한국으로 돌아왔다.

토끼, 곰, 달, 사람을 형상화한 라인 피규어는 원작 일러스트의 느낌과 귀여운 이미지를 최대한 잘 살리는 것이 작업의 주요 포인트였다. 특히 웃는 얼굴, 눈치 보는 얼굴, 미안해하는 얼굴, '메롱' 하고 놀리는 얼굴, 윙크하는 얼굴 등 각 캐릭터를 특징짓는 표정이 라인 피규어의 최대 매력이었기에 단순하면서도 동글동글한 디자인으로 귀엽고 사랑스러운 표정을 강조했다.

네이버 라인과의 작업은 기존에 몰랐던 많은 부분들을 새로이 배울 수 있는 기회였고, 개인적으로 좀 더 발전할 수 있었던 유익한 시간이었다. 이전 작업까지는 피규어 자체에 집중했던 부분이 컸는데, 이번에는 라인 캐릭터를 이용해 다양한 MD 상품까지 만들어냈다. 이러한 과정에서 덩키즈 시리즈나 오리지널 캐릭터들을 다양한 제품군으로 만들어보면 어떨까, 하는 생각이 들었다. 프로젝트 경험이 쌓일수록 새로운 아이디어도 부쩍 늘어나고 있다. 해보고 싶은 게 점점 더 많아진다.

^ Naver Line 피규어와 패키지, Soft Vinyl. 2013.

트렌드와
비전이 공존하는
토이 쇼&전시회

CHAPTER 5

Show & Exhibition

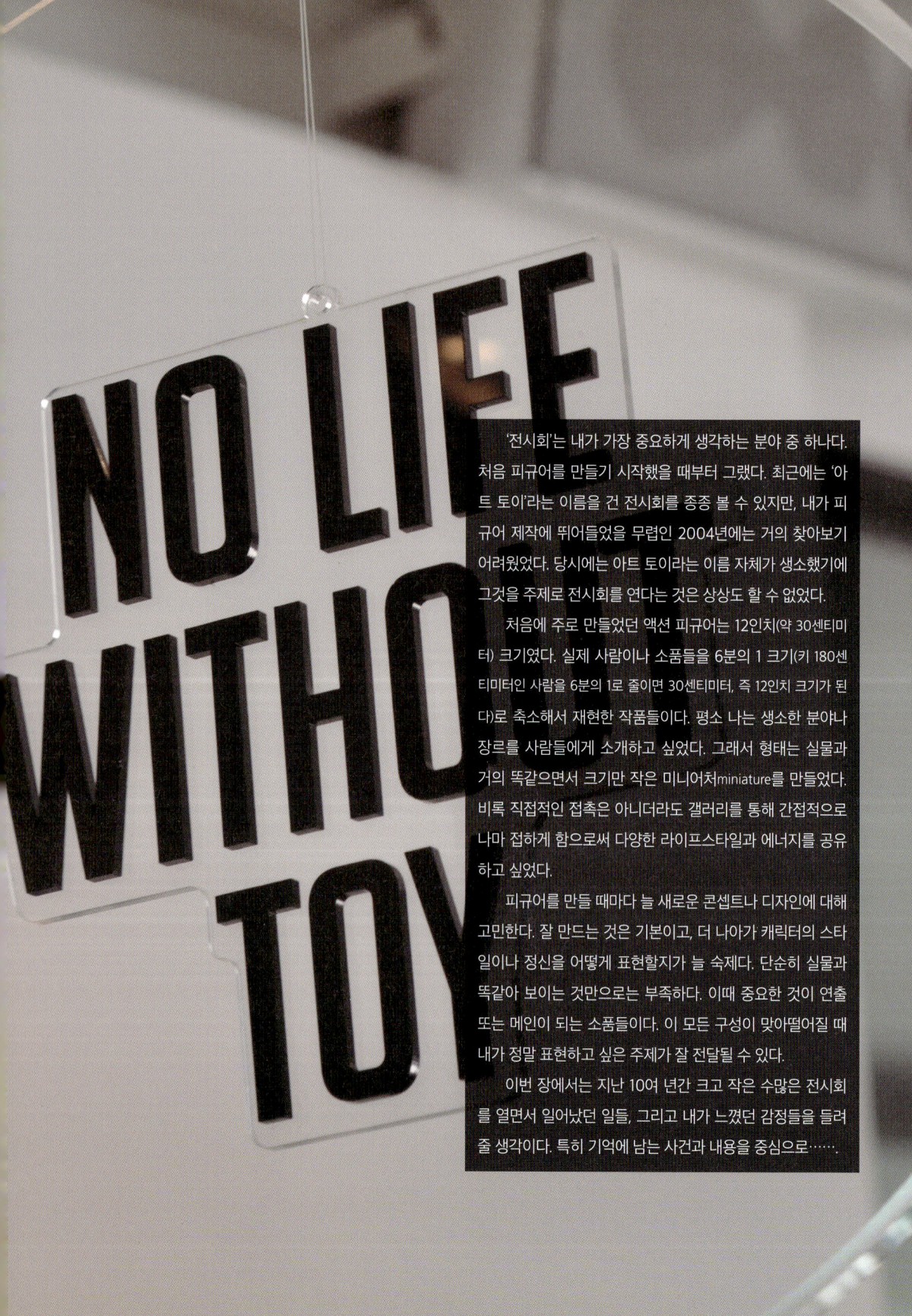

'전시회'는 내가 가장 중요하게 생각하는 분야 중 하나다. 처음 피규어를 만들기 시작했을 때부터 그랬다. 최근에는 '아트 토이'라는 이름을 건 전시회를 종종 볼 수 있지만, 내가 피규어 제작에 뛰어들었을 무렵인 2004년에는 거의 찾아보기 어려웠다. 당시에는 아트 토이라는 이름 자체가 생소했기에 그것을 주제로 전시회를 연다는 것은 상상도 할 수 없었다.

처음에 주로 만들었던 액션 피규어는 12인치(약 30센티미터) 크기였다. 실제 사람이나 소품들을 6분의 1 크기(키 180센티미터인 사람을 6분의 1로 줄이면 30센티미터, 즉 12인치 크기가 된다)로 축소해서 재현한 작품들이다. 평소 나는 생소한 분야나 장르를 사람들에게 소개하고 싶었다. 그래서 형태는 실물과 거의 똑같으면서 크기만 작은 미니어처miniature를 만들었다. 비록 직접적인 접촉은 아니더라도 갤러리를 통해 간접적으로나마 접하게 함으로써 다양한 라이프스타일과 에너지를 공유하고 싶었다.

피규어를 만들 때마다 늘 새로운 콘셉트나 디자인에 대해 고민한다. 잘 만드는 것은 기본이고, 더 나아가 캐릭터의 스타일이나 정신을 어떻게 표현할지가 늘 숙제다. 단순히 실물과 똑같아 보이는 것만으로는 부족하다. 이때 중요한 것이 연출 또는 메인이 되는 소품들이다. 이 모든 구성이 맞아떨어질 때 내가 정말 표현하고 싶은 주제가 잘 전달될 수 있다.

이번 장에서는 지난 10여 년간 크고 작은 수많은 전시회를 열면서 일어났던 일들, 그리고 내가 느꼈던 감정들을 들려줄 생각이다. 특히 기억에 남는 사건과 내용을 중심으로……

1. 전시 기획력이 돋보였던, Dreamaker Art & Toy

2010년 5월 1일~6월 8일, 롯데백화점 본점 명품관 에비뉴엘

예술의 전당에서의 전시회 이후 예전보다 좋은 환경에서 전시를 열 기회가 많아졌다. 예전에는 장소를 제공해줄 테니 와서 피규어 작품을 전시하라는 제안이 많았는데, 그런 방식은 썩 마음에 들지 않았다. 전시의 원래 목적을 살리기 위해서는 기획이나 디스플레이 방향 등 처음부터 제대로 준비해서 진행해야지, 장소 제공만 된다고 아무 곳에서나 전시해서는 안 된다. 이는 시간적으로나 비용적으로 비효율적일뿐더러 서로에게 불필요한 작업이다. 나는 한 번을 해도 제대로 전시 기획을 하고, 그에 따라 제대로 아트 토이 시리즈를 제작해서 보여주는 것이 옳다고 생각한다. 이런 점에서 예술의 전당 전시는 한 단계씩 앞으로 나아가는 과정인 동시에 내 전시 작업의 전환점이 되었다.

2010년, 전시 기획 전문업체인 아트레시피Artrecipe로부터 '예술과 사랑에 빠진 장난감 이야기'라는 주제로 같이 작업해보자는 제안을 받았다. 함께할 작가들을 보니 나와 친분 있는 작가들이 많았다. 윕Ouip을 제작한 델리토이즈의 이재혁 대표, 이소통 피규어로 잘 알려신 어니(김영민) 작가, 그리고 베어브릭 컬렉터인 튜창신 씨 등 이름만 봐도 정말 반가운 사람들이었다. 그동안 매체 등을 통해 그들의 활동상은 익히 알고 있었지만 각자 바쁘다는 이유로 자주 만나지 못했었는데, 이렇게 전시를 통해 얼굴도 보고 신작들도 만나니 몇 배로 기뻤다. 이게 바로 '일석이조'가 아닐까?

전시명은 '드림메이커 아트&토이Dreamaker Art & Toy'. 나는 픽스트 기어 바이크를 주제로 작업했던 픽시 시리즈와 덩키즈 라인업을 전시했다. 장소가 갤러리인 까닭에 더 신경 썼고, 다소 미흡했던 부분을 수정하는 등 내가 생각했던 이미지에 최대한 근접한 작품을 보여주기 위해 최선을 다했다.

갤러리에서 전시할 때마다 "같은 콘텐츠라도 어디서 어떻게 보여주는가에 따라

<
"NO LIFE WITHOUT TOY", 나의 첫 번째 개인전 슬로건이다.

분위기가 완전히 다를 수 있구나" 싶었는데, 롯데 에비뉴엘Avenuel 갤러리에서 전시하면서 이러한 점을 다시 한 번 깨달았다. 성공적인 전시의 경우 좋은 콘텐츠도 당연히 중요하나, 기획 역시 간과할 수 없기 때문이다.

더욱이 나 또는 지인이 기획해서 진행했던 이전 전시들과는 뭐가 달라도 달랐다. 확실히 전시 기획 전문가가 진행하니 편하기도 했거니와 개인적으로 배울 점도 많았다. 아트레시피와는 2012년 코오롱 '스페이스 KSpace K 과천'에서 열렸던 'I Love Toy' 전시에서 다시 만나 작업했다. 이처럼 한 번이 두 번, 세 번으로 이어지는 작업의 인연은 늘 소중하고 감사하다.

> Seman10cm와 작업한 덩키즈, 그리고 GFX의 그림.

∨ T-Level과의 콜라보레이션으로 만들었던 시리즈.

2. 배우고, 만들고, 보여주는, DTE Vol. 1

지난 2010년부터 수년째 KT&G 상상마당에서 '디자인 피규어' 강좌를 진행하고 있다. 바쁜 와중에도 이 일을 계속하는 이유는 나처럼 피규어가 좋고, 직접 만들어보고 싶은 수강생들에게 책과 동영상 그리고 경험을 통해 거의 독학으로 배우다시피 한 디자인 피규어 작업 과정을 강의하는 일이 보람 있기 때문이다.

'디자인 토이 전시 1Design Toy Exhibition Vol. 1(이하 DTE)'은 이 디자인 피규어 제작 과정을 마친 1~2기 수료생들의 작품을 보여주는 자리였다. 일종의 졸업 작품전쯤으로 이해하면 될 듯하다. 약 10주간의 강좌를 진행하면서 수강생들이 디자인한 캐릭터나 아트 토이를 전시하면 어떨까, 하는 생각이 들었다. 또 전시라는 게 작품을 만드는 수강생들에게 강력한 동기부여가 될 것도 같았다. 물론 수강생 중에는 이미 전시를 해봤거나, 현재 전시 중인 이들도 여럿 있었다. 그러나 대부분은 전시 경험이 전혀 없어서 자신이 만든 작품을 여러 사람들에게 보여주는 경험에서 뿌듯함을 느낄 수 있으리라 생각했다. 나는 상상마당 측과 협의해 수강생들의 작품이 완성되는 시점에 맞춰 전시회를 열기로 했다. 이러한 전시는 앞으로도 꾸준히 진행할 계획이다.

사실 1~2기생 중에는 내가 아는 사람들이 많았다. 피규어 제작에 관심을 가진 사람들이 많이 모인 까닭도 있었지만, 블로그를 통해 친분을 쌓은 이들도 꽤 여럿이었다. 지금까지 이 강좌를 들은 수강생들의 경력을 살펴보면 디자인 전공자나 일러스트레이터, 그래픽 디자이너, 만화가, 3D 모델링 작업자부터 단순히 아트 토이가 좋아서 왔다는 사람까지 아주 다양했다. 대학에서 조소과나 도예과를 전공한 수강생들도 있었는데, 사실 이들은 피규어 제작보다는 전시라든가 작가로서의 해외 진출 등에 관심이 많아 강좌를 들었던 것 같다. 재밌는 점은 이러한 경력들이 수강생들의 작품에 고스란히 담겨 있었다는 것이다. 만화가는 자신의 만화 캐릭터를, 그리고 디자

2011년 1월 27일~2월 12일, KT&G 상상마당 홍대(1층 디자인스퀘어)

01_클레이로 만들었던 작업을 피규어로 다시 제작.
02_일러스트 작가 '주키'의 작업 과정.
03_Lady Brown의 아트 토이 시리즈.
04_실리콘 복제 수업 중.

이너는 자신이 창작해낸 캐릭터를 피규어로 만들었다.

수강생들은 10주 동안 캐릭터 디자인부터 조형, 실리콘 복제, 페인팅 등 피규어 제작에 필요한 전반적인 과정을 경험해보았다. 이 과정에서 간혹 실사 피규어 제작에 관심 있는 수강생들이 있었는데, 이 부분은 짧은 일정상 불가능하다고 말할 수밖에 없었다. 실사 피규어의 경우 조형적인 부분을 작업하는 데만도 몇 개월이 걸리기 때문이다.

사실 커리큘럼 자체가 10주 과정이라 디테일한 작품을 만들기에는 턱없이 부족한 시간이었다. 그렇지만 자신이 디자인한 캐릭터를 직접 만들어보는 것은 쉽게 얻어지는 경험이 아니었고, 재료나 복제 등 제작 과정에서 불거지는 문제들을 다함께 머리를 맞대고 해결할 수 있어 수강생들의 열의는 대단했다. 그 모습에서 매일 혼자 습작에 몰두하던 오래전 내 모습이 떠올랐다. 누군가에게 이렇게 배울 수 있기를 얼마나 바랐던가!

무슨 일이든 첫 경험은 강렬한 인상으로 남는다. 내게는 상상마당 강좌 수료생들의 첫 번째 전시가 그러했는데, 개인적으로 진행했던 그 어떤 전시보다 준비 과정에서 설렜고 신경이 쓰였다. 게다가 순전히 전시 기획 및 진행자로만 참여했기에 내게도 무척 새로운 경험이었다. 전시장에 자신의 작품을 디스플레이하고 좋아하는 수료생들을 보면서 "아, 내가 도움이 되었구나" 싶었고, 그 순간만큼은 수많은 시행착오를 겪으며 습득한 지식을 꼭 필요한 사람에게 전달할 수 있어서 행복했다.

그 뒤로도 디자인 피규어 제작 심화 과정, 3D 모델링 워크숍 과정 등을 진행하면서 국내 아트 토이 작가들을 발굴하고 지원하는 프로젝트를 계속하고 있다. 피규어 워크숍 과정을 필요로 하는 사람들이 있는 한 이 프로젝트가 오래오래 지속되기를, 또 전시회도 계속 열리기를 바란다.

3. 첫 상설 전시전, Around Art Toy

나와 KT&G 상상마당은 인연이 아주 깊다. 2007년 9월 '상상마당 홍대' 개관식 때는 '비주류 비주얼'이라는 프로그램에 참여했었고, 2011년 6월 '상상마당 논산' 개관식 때는 '어라운드 아트 토이 Around Art Toy'라는 오픈 전시에 이름을 올렸다. 개인적으로 아주 많이 정이 가는 공간이다. 이곳에서 편하게 얘기 나눌 수 있는 좋은 사람들도 많이 만났고, 다양한 분야에서 활동하는 작가들과의 교류도 이루어졌다. 한 마디로 상상마당은 내 작품을 선보이는 전시 공간이자, 사람과 문화와 아트를 공유하는 놀이 공간이었다. 상상마당이 내게 준 시너지는 말로 설명하기 어려울 정도다.

2011년 6월부터 3년간 상설 전시, KT&G 상상마당 논산 갤러리

NBA 시리즈 1에 속한 선수들로 디오라마 제작.

∨

'Around Art Toy' 전은 그동안 꾸준히 작업해왔던 '덩키즈'의 새로운 쉐이프가 첫 공개되는 자리였다. 기존의 액션 피규어 스타일이 아니라 스태츄 형태로 실루엣을 강조하는 오브제로 디자인한 작품이었다. 그동안 덩키즈는 여러 작가와의 콜라보레인션을 통해 다양한 형태를 선보인 바 있으며, 처음 덩키즈 헤드를 디자인한 Seman10cm 작가가 자신의 스타일을 반영한 스태츄를 만들기도 했었다. 이러한 것들을 기반으로 한 새로운 쉐이프는 GFX 작가와 교감하고 고민을 나눈 끝에 만들어진 결과물이었다.

초기에 만들었던 12인치 액션 피규어는 캐릭터를 디자인한 후 의상이나 액세서리 등을 통해 각각의 전시나 프로젝트의 콘셉트에 맞춰 새로운 스타일을 보여주기에 적합했다. 반면 특정 포즈를 극대화해서 표현하는 스태츄 형태는 움직임이 불가능해 포즈 등을 통해 여러 느낌으로 연출하는 데는 제한이 있으나, 캐릭터나 디자인 본연의 이미지를 전달하는 데는 한결 효과적이었다.

나는 덩키즈 이미지를 좀 더 임팩트 있게 표현하기 위해 실루엣에 중점을 두고 디자인을 했다. 이때 '농구'라는 주제가 같기도 했지만, 전작인 NBA 시리즈의 연장선상에서 덩키즈 디자인을 모색했다.

또한 예전부터 염두에 두었던 20인치 사이즈의 덩키즈 제작에 도전해보았다. 피규어를 제작하면서 어느 순간 큰 사이즈에 욕심이 생겼다. 사이즈가 커진 만큼 작

아크릴 구 안에 피규어를 넣어 전시하였다. 10년 넘게 전시회를 열면서 이러한 디스플레이는 처음이었는데, 아주 마음에 들었다.

업 시간도 많이 걸리고, 작업 자체도 몇 배로 힘들 거라는 걸 알면서도 말이다. 그럼에도 만드는 이유는 완성 후 느끼는 기쁨 또한 몇 배로 크기 때문이다.

상상마당 논산 갤러리 오픈 전시는 공간 연출 면에서 아주 인상 깊었던 전시회였다. 전시 공간 자체도 특별했는데, 《어린 왕자》에 나오는 '코끼리를 삼키는 보아뱀'을 모티프로 건축한 갤러리는 내부 세팅부터 내 마음을 사로잡았다.

처음 전시 진행자가 아크릴 구球 안에 피규어를 넣어서 디스플레이하자는 이야기를 했을 때는 솔직히 어떤 느낌일지 상상이 가지 않았다. 그런데 모든 세팅이 완료된 후에 보니, 마치 공중에 둥둥 떠 있는 듯한 모습이 너무도 신비롭고 몽환적이었다. 게다가 바람에 따라 뱅뱅 도는 아크릴 구는 고정된 피규어에 생동감을 불어넣는 것처럼 보였다. 커다란 물방울이 둥둥 떠다니는 느낌이라고나 할까?

입체 피규어임에도 한쪽 면만 볼 수 있었던 기존의 전시 방식과 달리 사방에서 피규어를 감상할 수 있다는 점도 마음에 들었다. 물론 공중에 떠 있는 관계로 피규어 하나하나를 자세히 들여다보기 힘들다는 단점이 있었으나, 전체적인 분위기나 콘셉트를 전달하는 방식에서는 합격점을 주고 싶다.

한 가지 안타까운 점은 서울에서 논산까지의 거리 때문에 디스플레이할 때와 오프닝 행사 때 가본 게 전부라는 사실이다. 피규어들이 처음 모습 그대로 잘 있는지 궁금해 하면서도 이러저러한 핑계로 찾아가보지 못했다. 아마 전시 기간이 3년이어서 '다음에, 다음에' 하는 마음이 앞섰나 보다.

"나의 덩키즈들, 잘 있는 거지?"

<
전시회를 위해 12인치로 제작한 덩키즈. 의상과 신발을 패브릭 재질로 표현한 것이 기존 작업과의 차이점이다.

4. 우리의 진정한 출발점, Square One

2011년 7월 1일~15일, W.D.S 갤러리

'스퀘어 원Square One'은 W.D.S 갤러리 오픈 전시이면서 쿨레인스튜디오 멤버들과 함께한 첫 번째 전시였다. 그전까지는 대부분의 작업과 전시를 혼자 또는 GFX와 둘이 진행해오다가 2011년 초 처음으로 뜻이 같은 작가들과 한 공간에 모여 일하게 되었다. 핸즈인팩토리Hands in Factory 측의 제안으로 스튜디오를 함께 사용하게 된 것이 그 계기였다.

쿨레인스튜디오는 각자 자신들의 시리즈나 분야를 가지고 있는 멤버들로 구성된 아티스트 그룹으로, 그래픽 디자이너인 GFX, 아트 토이팀인 '핸즈인팩토리'의 Rockoon과 Uptempo, 나와 닮은 부분이 많은 Lady Brown, '콘크리트 정글' 시리즈를 작업하고 있는 Kiddo(키도, 강병헌), 디렉터 JOO와 P2PL이 주로 함께 작업하고 있다. 이외에도 해외 쪽 업무를 담당하는 쥬얼리 아티스트인 김좌우태(Sean Kim), 덩키즈 시리즈를 함께 디자인하는 Seman10cm 모두 빼놓을 수 없는 쿨레인스튜디오의 식구들이다. 모두가 작업실에 상주하는 것은 아니고, 각자 따로 작업하다가 프로젝트가 진행되면 함께 작업하는 방식으로 유지되고 있다. 쿨레인스튜디오라는 이름을 달고 일한 뒤로는 왠지 가까이에 든든한 아군이 있는 기분이랄까, 외롭지 않아서 좋다.

'Square One'은 쿨레인스튜디오의 작명가인 GFX의 아이디어로 '시작, 원점, 출발점'이라는 뜻이다. 쿨레인스튜디오와 W.D.S 갤러리 모두 첫발을 내딛는다는 의미에서 참 잘 지은 제목 같다(두 번째 전시 제목이 'Square Two'인 것은 절대 아니다). 첫 전시인 만큼 제대로 준비해서 보여주자는 데 다들 뜻을 같이했다. 아트 토이, 그래픽 디자인 등 워낙 분야가 다양하다보니 볼거리, 즐길 거리는 한층 풍성해졌다. 나조차도 다른 동료들의 작품을 빨리 보고 싶어 전시회가 기다려질 정도였다.

쿨레인스튜디오의 큰형님인 좌우태 작가는 몇 년 동안 준비해온 6분의 1 사이즈의 에어조던 시리즈와 에어포스 신발, 스케이트보드, 모자 등 스트릿 패션에 어울리는 펜던트들을 전시했다. 한국 전통 도색 방식인 칠보로 은은함과 깊이를 더한 좌우태 작가의 쥬얼리 작품은 디테일까지 살린 섬세한 표현과 기존의 펜던트들에 비해 몇 배나 높은 퀄리티로 주목을 끌었다. 원래는 마케팅 관련 일을 해오다가 자신이 좋아하는 스니커즈를 기반으로 쥬얼리를 제작하는 일에 푹 빠진 좌우태 작가, 작품 하나에 상당한 시간을 투자하는 모습을 볼 때마다 존경심이 솟구쳐 오른다.

그리고 쿨레인스튜디오의 홍일점, Lady Brown은 '시크릿 스마일Secret Smile'이라는 시리즈를 처음으로 전부 선보였다. 그레이톤의 독특한 감성으로 쓸쓸함과 따뜻함이 동시에 느껴지는 그녀의 아트 토이는 아기자기하고 앙증맞은 스타일이 특징, 보는 내내 빙그레 미소 짓게 만드는 데는 귀여운 패브릭 의상도 한몫 거든다. 우리는 오래전, 내가 아트 토이를 수집할 때부터 알고 지내던 사이다. 물론 그때는 이렇게 함께 작업하게 될 줄은 몰랐지만……. 작업하는 방식이라든가 접근하는 방법 등 여러 부분에서 우리는 참 많이 닮았다. 선호하는 토이, 음악, 스타일 등이 같다는 의미는 아니다. 뭐랄까, 뭔가를 만들 때의 마음자세가 비슷한 느낌이랄까?

P2PL은 자신의 삶에 크게 영향을 끼쳤다는 미국의 힙합 뮤지션 '제이 딜라J Dilla'를 아트 토이로 만든 작품과 '이지스모그Easy Smoke', '프레시Fresh' 시리즈를 함께 전시했다. 생전의 제이 딜라를 빼닮은 그레이 버전의 아트 토이와 익살스러운 표정의 프레시 시리즈는 전시회를 찾은 많은 이들의 관심을 받았다.

Lady Brown, P2PL, Uptempo는 서로 나이대도 비슷하고 대화도 통하는 사이라 쿨레인스튜디오 내에서도 꽤 잘 지낸다. 비록 좋아하는 음악이라든가 작업하는 분야는 다르지만, 그 외 다른 부분에서 셋을 이어주는 뭔가가 있나 보다. 나와 Rockoon은 그들과 함께 있어도 무슨 이야기를 하는지 도통 못 알아들을 때가 많다. 만일 토이라는 접점이 없었다면 나이대도 다르고 살아온 환경도 완전히 다른 우리가 이렇게 함께할 수 있었을까? 가끔 그들을 보면서 "아, 저런 세상도 있구나" 싶다.

∧
뿔 달린 초식동물을 콘셉트로 한 '러닝 혼즈' 시리즈의 일러스트 아트워크, by Hands in Factory.

세대 간의 소통, 이것이 바로 쿨레인스튜디오의 장점이 아닐까?

토이에는 만든 사람의 생각과 성격, 그리고 살아온 환경이 투영돼 있다. 가끔 스튜디오 멤버들이 만든 토이를 보고 놀랄 때가 있는데, 어쩜 그렇게 그 작가 이미지와 잘 맞는지……. 이젠 토이를 보면 작가가 누군지 금방 떠올릴 수 있을 정도로 서로를 잘 이해하게 되었다. 나이는 숫자에 불과할 뿐 '토이'로 뭉친 우리는 한 팀이다.

디자이너인 Uptempo와 3D 모델링 등의 제작을 맡은 Rockoon으로 구성된 핸즈인팩토리는 당시 기획 중이던 '러닝 혼즈Running Horns' 시리즈의 일러스트 아트워크를 선보였다. 이외에도 Rockoon은 덩키즈의 새로운 버전인 헬키Hellkey와 아인슈타인·히틀러 등 역사적인 인물의 이미지에서 모티프를 가져온 '프라블럼 히스토리Problem History' 시리즈를 아트워크와 함께 전시했다. 이후 뿔 달린 초식동물 콘셉트인 러닝 혼즈는 해외에서 큰 반응을 얻었고, 지금도 승승장구 중이다.

Seman10cm 작가는 스태츄 형태의 제천대성(손오공)과 그래피티 라이터, 이 두 버전의 덩키즈를 선보였다. Seman10cm 작가는 직장에 다니면서 작품 활동도 하는, 정말이지 에너지 넘치는 삶의 주인공이다. 가끔 게을러질 때는 그의 작품들을 보면서 다시 기운을 얻곤 한다.

마지막으로 GFX는 전시장 내부를 다채로운 일러스트 아트워크로 채워주었다. 각 작가들이 새롭게 내놓은 작품들을 자신만의 스타일로 멋지게 그려주었는데, 때론 강렬하게 때론 귀엽게 표현한 그의 일러스트들은 아트 토이의 매력을 한층 더 높이는 일등공신이었다. 정말 부지런한 동생이다. Respect!!

'Square One'이라는 제목답게 쿨레인스튜디오의 출발을 알리는 첫 전시는 무사히 막을 내렸다. 전시 횟수가 늘어날 때마다 작품의 수도, 퀄리티도 점점 더 증가할 테고, 보러오는 사람들도 많아질 것이다. 어깨가 무거워진다. 그래도 이 말만은 꼭 하고 싶다.

"앞으로 더 멋진 작품들을 만들어서 초대하겠습니다!"

5. 아트 토이 작가들의 꿈의 무대, TTF 2012

2012년 여름, 드디어 예전부터 가보고 싶었던 '타이베이 토이 페스티벌Taipei Toy Festival(이하 TTF)'에 입성하게 되었다. 2004년 처음 시작된 TTF는 초창기 아트 토이 작가들의 데뷔 무대이기도 했는데, 나 역시 이 전시에서 소개된 아트 토이를 보며 꿈을 키워왔었다. 길지 않은 아트 토이 역사에도, 피규어 아티스트로서의 내 경력에도 큰 영향을 미친 행사라고 할 수 있다.

홍콩 아트 토이의 시작은 2000년대 초반쯤으로 거슬러 올라간다. 마이클 라우, 에릭소, 김펑(쓰리에이) 등이 1세대 작가들인데, 기존의 토이에 디자인적인 감성을 넣어서 자신들만의 토이를 만들어보려는 시도가 출발점이었다고 한다. 아트 토이의 창시자로 불리는 마이클 라우는 스케이트보드나 스노보드, 웨이크보드 등 스트리트 컬처에 기반을 둔 아트 토이를 만들었다. 그리고 에릭소는 홍콩 거리에서 흔히 볼 수 있는 사람들을 테마로 작업을 했고, 김펑은 밀리터리 기반에 캐주얼한 느낌을 가미한 피규어를 제작했다.

이러한 움직임이 모여 2000년대 초반 '토이콘Toycon'이라는 토이 쇼가 만들어졌다. 하지만 토이콘은 몇 번 열리다가 중단되었고, 그 뒤로 TTF가 아트 토이와 디자인 피규어 작가들의 주요 활동 무대로 성장하게 된 것이다. 이외에도 미국의 샌디에이고 코믹콘SDCC과 뉴욕 코믹콘NYCC 등이 유명하지만, 이러한 토이 쇼는 아트 토이가 중심이라기보다는 토이 전반에 대한 전시 성격이 강한 편이다.

언젠가는 꼭 한 번 가봐야지 생각했던 기회가 드디어 찾아왔다. 그것도 단순 관람자가 아닌 작가로서! 4월에 타이완에서 유학 중인 친구를 보러 갔던 Uptempo가 TTF 관계자를 만나면서 부스 설치 이야기가 나왔다. 때마침 쿨레인스튜디오의 멤버들도 새로운 시리즈를 시작하는 시점이어서 시기적으로 잘 맞았다. 7월까지 열

2012년 7월 5일~8일, 타이완 타이베이

TTF 전시 모습, 2012.

심히 준비하면 TTF에서 기대 이상의 홍보 효과를 누릴 수 있을 것 같았다. 또 나처럼 TTF에 동경을 가졌던 멤버들도 있었기에 모두 함께 가는 것으로 결정했다. 이때 쿨레인스튜디오를 후원해주는 모비룩스가 든든한 배경이 되었다.

핸즈인팩토리는 '러닝 혼즈' 시리즈를, Lady Brown은 '버터 핑거Butter Finger' 시리즈를 마무리하여 TTF에서 선보이기로 계획을 세웠다. 나는 다른 프로젝트가 몇 개 걸려 있어서 새로운 작품을 디자인하기 힘든 상황이었기에 TTF에서는 기존 작품들을 알리는 것으로 아쉬움을 달래기로 했다.

그런데 여러 일들이 몰리면서 작업이 겹치기 시작했다. 당시 나는 NBA 시리즈 2의 발매를 앞둔 상황이었고, 나이키 영국과 아드만 스튜디오와의 콜라보레이션, 아메바후드와 해외 브랜드의 콜라보레이션 등을 진행하는 중이었다. 복잡한 스케줄 안에는 5주년 기념 전시회도 들어 있었다. 실제 토이를 만들기 시작한 지는 8년여쯤 되었지만, 프리오더를 통해 피규어를 판매한 때를 기준으로는 2012년이 딱 5년째 되는 해였다. 나는 지금까지의 작업들을 총 정리하는 마음으로 전시회 준비에 매진했다.

7월은 빠르게 다가왔다. 쿨레인스튜디오 멤버들은 타이완으로 떠나기 1~2주 전에 모든 작업을 마무리 짓고 페이스북과 블로그를 통해 홍보를 시작했다. 요즘 같이 인터넷을 통해 실시간으로 피드백을 받는 세상에서는 페이스북으로 작품에 대한 반응도 보고, 아이디어도 얻는다.

드디어 출발일, 5박 6일 일정의 타이완 여행이 시작되었다. 출발 직전까지 내 손에는 이레이저 헤드 피규어가 들려 있었다. 재밌어서 계속하기는 하지만, 마감에 살고 마감에 죽는 아티스트의 삶은 참으로 고달프다.

그리고 도착한 타이완! 막연히 홍콩과 비슷한 느낌일 거라 생각했는데, 아뿔싸! 말이 전혀 통하지 않았다. 홍콩에서는 어눌한 영어라도 대충 의사소통이 가능했지만, 타이완에서는 짧은 영어 실력도 소용없었다. 손짓 발짓으로 표현하는 것도 어느 정도지, 말이 안 통하니 너무도 답답했다.

우리는 타이완 공항에 마중 나온 Uptempo의 친구와 함께 서둘러 TTF 전시장으로 이동했다. 오프닝에 맞춰 디스플레이를 끝내려면 1분 1초가 아쉬웠기에 잠깐 호텔에 들러 짐을 내려놓기 무섭게 전시장으로 달려갔다. 양조장을 개조했다는 전시장은 시설 면에서 한국의 코엑스 수준에 한참 못 미쳤다. "어? 기대했던 것과 완전히 다른데……." 더욱이 낯선 환경에서 전시 준비를 해야 해서 뭐가 뭔지 정신이 하나도 없었다. 우리는 할 수 있는 범위 내에서 최선을 다한다는 마음으로 관람자를 맞이할 준비를 마쳤다. 한국이라면 더 욕심도 부렸을 텐데, 어쩌겠나? 타이완에서는 타이완 방식을 따라야지.

2012년 7월 5일, 아홉 번째 TTF의 막이 올랐다. 오전 10시부터 개장이라고 해서 9시 30분까지 갔는데, 한국에서는 볼 수 없었던 진풍경이 펼쳐져 있었다. 얼핏 봐도 20여 미터는 족히 되는 긴 행렬. "와~ 이 사람들이 다 토이를 보러온 거야? 정말 대단하다!" 어제의 실망감이 사라지고 두근두근 기대감이 차올랐다. "그래도 첫날만 이러고 말겠지. 내일부터는 한산할 거야." 하지만 다음 날도, 그다음 날도 긴 줄은 그대로였다. 심지어 폐장 1시간 전까지도 행렬이 보였다.

긴 줄에 한 번 놀랐고, 긴 개장 시간에 또 한 번 놀랐다. 오전 10시부터 오후 8시

01_Secret Smile, by Lady Brown.
02_Butter Finger, by Lady Brown.
03_Baby Horns(Fire Horn, AD Vex, Mighty Horn), by Hands in Factory.

30분까지, "무슨 전시를 이렇게 늦게까지 하는 거야"라는 말이 절로 입 밖으로 나왔다. 호텔에서 아침 먹고 나가서 종일 전시장을 지키다가 저녁 먹고 돌아오면 밤 11시였다. 그만큼 보러오는 사람들이 많았다는 증거인데, 국내 전시와 너무도 비교되었다.

쿨레인스튜디오는 TTF에서 나름 성과를 얻었다. 러닝 혼즈 시리즈는 완판되었고, 타이완의 토이 숍들로부터 우리 작품을 판매하고 싶다는 제안도 받았다. 여러 아티스트들과 교류하게 된 것도 큰 수확이었다. 나중에 함께 작업할 발판을 마련한 셈이니까. 이러한 부분 외에도 얻은 게 많은데, 당시는 우물 밖의 넓은 세상을 보고 온 기분이었다. 전시장에 들어가기 위해 이른 아침부터 길게 줄지어 서 있던 사람들은 그 후로도 오랫동안 기억되었다. 그 모습에서 한국과 타이완의 아트 토이에 대한 인식의 차이를 본 것은 아닐까? 하루빨리 국내 전시장 입구에서 줄지어 기다리는 수십 미터 행렬을 보고 싶다.

6. 중국 시장의 가능성을 엿본, Pop Life Exhibition

2012년 초, 마인드스타일로부터 '팝 라이프Pop Life' 전시에 참여해달라는 제안을 받고 흔쾌히 승낙했다. 팝 라이프는 마인드스타일이 기획부터 진행까지 총괄하는 프로젝트로, 무려 2년여 동안의 준비를 거쳐 중국 베이징에서 열리는 전시회였다. 그런데 왜 일은 항상 한꺼번에 몰려드는지, 팝 라이프 전시 기간 동안 여러 프로젝트가 겹치면서 마감이 피크에 달하게 되었다. 전체 프로젝트에 대한 대대적인 일정 조절이 필요한 시기임을 절감하면서 좌우태 형님, GFX와 함께 베이징으로 출발했다.

우리 세 명은 베이징에 도착해서도 한국에 두고 온 일 때문에 계속 신경을 썼다. 낮에는 팝 라이프 전시에 몰두하고, 밤에는 호텔에서 각자의 일을 진행하는 식이었다. 출발하는 날도 어찌나 바빴는지, 정신은 한국에 두고 몸만 베이징으로 날아오는 기분이었다. 그런데 베이징에 와서도 다른 프로젝트를 걱정하며 일을 하고 있으니, 마감이 무섭긴 하다.

팝 라이프 전시에서는 5인치, 20인치 사이즈의 덩키즈 시리즈가 한정판으로 제작되어 판매될 예정이었다. 나는 덩키즈 핸드메이드 작품들을 전시함으로써 홍보 효과를 높이기로 했다. 사실 해외 전시는 사전 정보가 부족한 상황에서 준비해야 하는 어려움이 있다. 나름 열심히 준비하고 가도 돌발적인 상황이 생길 수도 있고, 또 국내라면 쉽게 해결할 문제도 손쓰기 어려운 경우도 있다. 작가 입장에서는 이런 부분이 많이 아쉬우나, 해외라는 한계도 있으니 감수할 수밖에 없다. 해외 전시 경험이 점점 쌓이면서 차츰 나아질 거라 생각한다.

나는 팝 라이프 전시에 참여하면서 비장의 카드를 준비했다. 바로 5미터 크기의 코비 조형물! 2년 전, 홍콩 매드 미키 론칭 행사에서 보았던 5미터 크기의 매드 미키

> 2012년 8월 16일~19일, 중국 베이징 798스페이스

^ 대형 코비 조형물 설치 중, 5m, 2012.

> NBA 아트 토이 시리즈 2 공개.

조형물과 똑같은 크기였다. 그 당시만 해도 금방 5미터 크기의 코비를 만들 줄 알았다. 2011년 샌디에이고 코믹콘SDCC에서 전시하자는 얘기가 나왔었기 때문인데, 사정이 생겨 실현되지 못하다가 이제야 만들어진 것이다. 또 하나의 카드는 NBA 아트 토이 시리즈 2! 나는 베이징에서 처음으로 11명의 라인업 전부를 공개했다. 5미터 코비 앞에 나란히 세워놓고 보니 어찌나 뿌듯하던지, 론칭이 몹시 기다려졌다.

나는 팝 라이프 전시가 열리는 798스페이스에 들어서자마자 가장 먼저 대형 코비를 찾았다. 출발 전에 제작 과정을 사진으로 봐서인지 더 궁금하고 기대되었다. 금세 LA 레이커스의 노란색 유니폼을 입은 5미터 크기의 코비가 눈에 들어왔다. 실제 농구 골대 앞에 서 있으니 더 커보였다. 막연히 상상만 하다가 직접 실물을 보니 다른 작품들도 크게 만들어보고 싶다는 생각이 들었다. 프로젝트가 겹쳐 계속 고생하면서도 작품 욕심은 끝이 없다.

잠시 뒤 마인드스타일의 공동대표인 영MD Young과 폴Paul을 만났다. 이미 영은 여러 차례 만난 적이 있고, 이메일로도 수시로 연락하며 지내는 사이라 제법 친근하게 인사를 나누었다. 반면 LA 본사에서 미국 내 비즈니스를 담당하고 있는 폴과는 첫 만남이었다. 전시를 진두지휘하는 모습에서 영과 일하는 방식이 상당히 닮았음을 느꼈다.

그런데 진행 과정상의 문제인지, 커뮤니케이션상의 문제인지 처음 계획과 달라진 부분이 있었다. 애초에는 NBA 시리즈와 덩키즈 시리즈의 콜라보레이션 작품을 선보이려 했는데, 결과물을 보니 덩키즈 시리즈의 '헤드'와 NBA 시리즈의 '바디'가 합체된 형태였다.

마인드스타일과 작업하면서 이런 부분에서 답답함을 느낄 때가 많았다. 빠듯한 일정 때문에 의견을 조율할 시간이 절대적으로 부족하다는 점을 이해하더라도 작가 의도와 완전히 다른 작품을 대하니 기분이 좋지 않았다. 패키지 디자인이나 NBA 로고를 변형시킨 덩키즈 리그(?) 로고도 눈살을 찌푸리게 만들었다. 컨펌 없이 진행되는 바람에 전시장에서 처음 봤는데, 내가 생각했던 것과는 좀 달라 아쉬움이 컸다. 물론 제작자 입장에서도 할 말은 있을 것이다. 나는 괜히 문제 제기를 했다가 마인드스타일과의 관계가 껄끄러워질까봐 말을 아꼈다. 디자인과 제작이 따로따로 진행되다보니 이런 문제가 생기는 것 같다. 이후 나는 오리지널 디자인의 덩키즈를 제작하면서 작업 과정 전체를 직접 챙겼다. 비록 작업량은 늘었지만 일일이 컨펌함으로써 내가 원하는 방향으로 제품의 콘셉트나 퀄리티를 이끌 수 있었다.

나는 디스플레이를 끝낸 다음 798스페이스를 잠시 둘러보았다. 갤러리와 디자인 숍 등 재미난 곳이 많았다. 무엇보다 건물 분위기가 예사롭지 않았다. 예전에 군수물자를 만들던 공장지대였다는데, 당시의 분위기가 어느 정도 남아 있었다. 각 건물에 들어선 갤러리와 디자인 숍, 카페, 레스토랑 등을 살피면서 "대단위 공장지대가 이렇게도 변신할 수 있구나!"라고 감탄했다. 또 작품을 보고 싶어도 쉽게 들어갈 수 없는 여느 갤러리들과 달리 이곳은 여기저기 기웃거리며 편하게 접근할 수 있어 좋았다. 덕분에 짧은 시간에 다양한 작품들을 감상할 수 있었다. 카페와 디자인 숍이 붙어 있는 것도 인상적이었는데, 볼거리와 먹을거리가 한 공간에 있는 복합문화공간처럼 보였다. 갤러리 곳곳에 남겨진 기존 공장 시설도 전혀 어색하지 않았고, 오히려 각 갤러리의 특색을 보여주는 오브젝트로 다가왔다.

한편, 팝 라이프 전시에서 새로운 아트 토이 시장으로 중국이 부상하고 있음을 느꼈다. 마인드스타일 역시 이 점을 염두에 두고 대규모 전시를 기획했을 텐데, 중국이라는 큰 시장에 진입하려는 의도가 보였다. 그래선지 아트 토이 자체보다는 문화적인 측면을 강조하는 분위기였다. 또한 중국을 시작으로 필리핀, 타이완, 싱가포르 등으로 팝 라이프 전시를 확대할 예정이라는 말에서 마인드스타일의 향후 비전을 엿볼 수 있었다. 아트 토이 시장을 전 아시아 지역으로 확대하려는 목적으로 기획된 '팝 라이프' 전시는 단순히 흥미로운 볼거리를 제공하는 부분을 넘어 비즈니스적인 색채가 강한 게 특징이었다.

개인적으로는 좋은 사람들을 만났던 전시로 기억된다. LA에서 온 '베이트BAIT'의 디렉터인 펑Peng과 마케터인 폴Paul은 앞으로 진행될 프로젝트에서도 다시 만날 가능성이 컸다. 이야기를 나누면서 우리가 함께 진행할 수 있는 재미난 작업들이 많음을 느꼈다. 팝 라이프 전시에서 베이트는 '스폰지 밥Sponge Bob'과 '크리에이티브 레크레이션Creative Recreation(이하 CR)'의 콜라보레이션 제품을 선보였는데, 스폰지 밥 캐릭터를 모티프로 정말 재미난 스니커가 태어났다. 특히 스폰지 밥이 인쇄된 스니커 상자로 만든 토이는 정말 '굿~ 아이디어'였다. 베이트의 팝 라이프 한정판 스니커 상자에 팔과 다리 파츠를 붙이면 완성인데, 센스 만점의 패키지 디자인이었다(스니커 상자 안에 팔, 다리 파츠가 들어 있다).

또한 마이클 라우, 론 잉글리쉬Ron English, 게리 베이스만Gary Baseman 등이 만든 개성 넘치는 작품들도 만나볼 수 있었다. 그들은 《이상한 나라의 앨리스》를 콘셉트로 자신들만의 아트워크를 아트 토이로 제작해 보여주었다. 미국의 토이 브랜드인 '펀코Funko'의 아트 토이들을 보는 재미도 쏠쏠했다. 이외에도 여러 아티스트와 토이 디자이너들의 작품들이 곳곳에 즐비했다.

그리고 '매드스티즈MADSTEEZ(본명은 Mark Paul Deren)'라는 아티스트를 만났는데, 유머러스하고 키치한 감성을 그림으로 표현하는 작가로 유명하다. 나이키 SBskateboarding와 콜라보레이션 작업도 했다는 그는 팝 라이프 전시 기간 중에 라이브 페인팅 작업을 선보이는 등 맹활약을 펼쳤다. 특히 전시회 마지막 날 보여준 퍼포먼스는 너무나 재밌었다. 큰 벽면에 그려진 모택동 그림 앞에 실제 군인들을 데리고 와서 경례를 하게 한 다음, 그 모습을 사진으로 촬영하는 퍼포먼스였다. 처음에는 그 의미를 잘 몰랐는데, 군인이 찍힌 사진을 보니 작가의 메시지가 확연히 와 닿았다. 마치 마지막 중요한 퍼즐 하나를 맞춘 느낌이었다.

팝 라이프 전시를 계기로 콜라보레이션 작업에 대한 나의 생각도 많이 바뀌었다. 정형화된 아이템에서 벗어나 좀 더 재밌고, 기발하고, 독특한 분야로 눈을 돌리게 된 것이다. 그리고 전시할 때마다 커뮤니케이션의 중요성을 느꼈는데, 국내나 국외나 그 부분은 별반 다르지 않았다. 하나 더 느꼈다면, 바로 인적 네트워크의 중요성이었다. 전시든, 콜라보레이션이든 결국은 '사람'을 만나 관계를 맺는 데서 시작됨을 깨달았다.

5m 코비 조형물 앞에서 찰칵~,
Coolrain & MADSTEEZ & GFX.

7. 마닐라에서 열정 충전, Invasion of Coolrain

2012년 8월 24일~25일, 필리핀 마닐라 VOV

'팝 라이프' 전시를 무사히 끝낸 나와 GFX는 다음 일정인 '인베이전 오브 쿨레인Invasion of Coolrain' 전시를 위해 필리핀 마닐라로 향했다. 베이징 일정을 함께했던 좌우태 작가는 회사일 때문에 부득이 서울행 비행기에 오를 수밖에 없었다.

'인베이전 오브 쿨레인', 마닐라에서 열리는 첫 전시 제목이다. 이것을 그대로 직역하면 '쿨레인의 침공(?)'쯤 되겠지? 제목 그대로 덩키즈 시리즈와 NBA 아트 토이 시리즈로 무장하고 마닐라를 공략하러 출발~.

마닐라에서는 마인드스타일의 패밀리이기도 한 가비Gaby가 우리를 맞아주었다. 가비와는 예전부터 알았는데, 마인드스타일과 작업하기 전의 초기 핸드메이드 작품을 가비가 구입하면서 인연이 시작되었다.

나중에 안 사실이지만, 가비는 필리핀에서 꽤 많이 알려진 스타인 데다 예전에는 코카콜라 모델로도 활동했고 레이서로도 꾸준히 활동 중이라고 한다. 최근에는 아트 토이 작가들이나 어번 컬처에 기반을 둔 작가들을 초청해 전시회를 열거나 관련 캐릭터 상품들을 디렉팅하는 등 성대적으로 열익힌 시느컬처를 필리핀에 소개하기 위해 애쓰는 중이라고. 그 중심에 그녀가 운영하는 '바이널 온 바이널Vinyl On Vinyl(이하 VOV)'이라는 갤러리가 놓여 있었다. 가비와 가비의 아티스트 친구들에게 VOV는 서브컬처를 지원하는 플랫폼이자 함께 어울리는 놀이터가 아니었을까?

나는 마닐라에 도착해서야 VOV가 가비의 갤러리임을 알았다. 전시를 준비하면서 몇 번의 사전 커뮤니케이션이 있었지만 이런 내용 하나도 제대로 파악하지 못했다니……, 단순히 부족한 영어 실력 탓으로 돌리기엔 이 상황이 너무도 당혹스러웠다. 그러나 낯선 곳에서의 전시는 항상 시행착오를 겪는 법. VOV에서 다시 전시를 하게 된다면 이러한 부분들을 고려해 좀 더 좋은 환경에서 진행할 수 있으리라.

그리고 가비 외에 또 한 명의 반가운 얼굴을 만났다. 2년 전, 홍콩 매드 미키 론칭 행사 때 만났던 프레데릭. 그 역시 마인드스타일의 패밀리 중 한 명으로, 필리핀을 주 무대로 아트 토이 관련 사업을 하면서 마인드스타일의 아시아권 디스트리뷰터로도 활동하고 있었다. 그는 마닐라에서 처음으로 열리는 '토이 엑스포 필리핀 2012Toy Expo Philippines 2012'의 기획 및 진행자로 연일 바쁜 나날을 보내는 중에도 잊지 않고 나를 초대해주었다. 때마침 마닐라 일정 중에 '토이 엑스포 필리핀 2012' 오프닝 행사가 있어 작품도 구경하고 업계 관계자와도 친분을 쌓는 기회가 되었다.

사실 국내 아티스트가 스폰지 밥이나 하스브로Hasbro, 마블Marvel 등과 같은 인기 캐릭터나 글로벌 업체와 콜라보레이션을 진행하려면 넘어야 할 산이 많다. 특히나 디자인 변형처럼 라이선스 계약이나 원작자의 허락이 필요한 부분은 아티스트 개인의 노력만으로는 좀체 해결되지 않을 때가 부지기수다. 그런데 이렇게 직접 얼굴을 맞대고 이야기를 나누다보면 콜라보레이션 작업이 좀 더 수월하게 진행될 수가 있다.

또한 '시크릿 프레시Secret Fresh'라는 아트 토이 숍을 운영하는 빅 보이 쳉Big Boy

덩키즈 시리즈, 20inch, 마닐라 VOV 갤러리, 2012.
∨

Cheng도 만났다. 쳉과 대화하면서 그가 얼마나 큰 애정을 갖고 숍을 운영하는지 느낄 수 있었다. 나는 쳉의 빌딩을 방문한 김에 2층 갤러리와 3층 실내 농구코트도 구경했다. 무엇보다 나를 감동시킨 공간은 인테리어가 너무도 잘돼 있는 농구코트였다. 흔히 보던 농구코트가 아니라 조명, 벽체 마감 등 모든 부분이 너무도 잘 꾸며져 있어 바로 카메라를 돌려도 한 편의 멋진 광고가 나올 듯싶었다.

쳉은 "올 하반기에 라존 론도Rajon Rondo가 나이키 아시아 투어 일정으로 마닐라를 방문할 예정인데, 그때 이곳에서 농구 클리닉을 진행한다"라고 말했다. 이외에도 같은 층에 스트리트 브랜드 및 나이키 전문 숍들이 들어서 있었는데, 2012년 스트리트씬에서 큰 이슈가 되었던 '나이키 에어이지 2'의 론칭 행사를 진행할 정도로 마닐라 젊은이들이 즐겨 찾는 공간이라고 한다.

대부분의 해외 전시는 공항에서 전시장으로, 호텔로 이어지는 타이트한 일정이다. 그런데 마닐라에서는 3~4일 정도 여유가 있어 전시 오프닝 전에 현지 갤러리들을 둘러보며 그래피티 라이터와 디제이, 컬렉터들을 만나볼 수 있었다. 그들 역시 우리와 마찬가지로 자신들만의 문화를 만들고 즐기면서 성장하는 듯 보였다. 나는 그들과의 만남에서 좋은 에너지를 전달받았다. 전시를 통해 사람들에게 내 작품을 보여주는 것도 좋지만, 이렇게 열정적인 사람들과 소통하는 것도 나의 작품 활동에 플러스알파로 작용한다. 마닐라에 나의 아트 토이를 소개하러 갔다가 오히려 현지의 아티스트들로부터 더 좋은 기운을 충전해서 돌아온 기분, 이래서 힘들어도 해외 전시를 그만둘 수가 없다.

이틀간의 마닐라 전시는 '침공'까지는 아니더라도 무사히 잘 끝이 났다. 오프닝 당일에는 가비를 비롯한 현지 아티스트들이 참석한 파티도 열렸다. 저녁 8시에 시작되어 새벽 3시에 마무리된 파티는 시종 유쾌하고 즐거웠는데, 이 모든 것이 가비의 전폭적인 지지가 있어서 가능했다. 사신의 갤러리들 통해 필리핀뿐 아니라 해외에도 서브컬처를 알리는 문화 전도사 가비, 참 멋진 여성이다. 나와 가비의 인연은 현재진행형이다.

8. 다채로운 미키를 만난 자리, Disney Art Toy-Seoul Special Exhibition

2013년 5월 1일~29일, 한전아트센터 갤러리

해외에 나가면 누구나 애국자가 된다고 했던가? 그 말이 맞긴 하나 보다. 해외에서는 '코리아'라는 단어만 봐도 반갑고, 한국 브랜드가 눈에 띄면 자랑스럽고, 어디서 한국말이라도 들리면 귀가 솔깃해지면서 저절로 고개가 돌아가게 되니…….

최근에는 해외 전시에서 한국인을 만날 때가 많다. 아트 토이 저변이 확대되었다는 증거일 텐데, 처음 보는 사람도 마치 고향사람을 만난 듯 무진장 반갑다. 2년여 전, 베이징 팝 라이프 전시회에서 만났던 한국인들도 그랬다. 그들 중 한 분이 한국 내 디즈니 관련 라이선스를 갖고 있었는데, 아트 토이 전시에도 관심이 많아보였다. 그리고 몇 년 뒤 서울에서 '디즈니 아트 토이 특별전Disney Art Toy-Seoul Special Exhibition'이 열렸다. 나는 베이징에서의 짧은 인연이 계기가 되어 그 전시에 참여할 기회를 얻었다.

디즈니 캐릭터 중 가장 인기 있는 미키 마우스를 주제로 전 세계 100여 명의 아티스트들이 작품을 만들어 선보이는 '디즈니 아트 토이 특별전'은 싱가포르, 말레이시아, 한국 등 여러 나라를 순회하며 열리는 비교적 큰 전시회였다.

나는 쿨레인스튜디오 동료들과 함께 참여하기로 하고, 미키 마우스에 나만의 스타일을 입히는 작업을 시작했다. 예전부터 미키 마우스 커스텀 피규어를 한 번 만들어보고 싶었는데, 이렇게 기회가 찾아와서 즐겁게 작업할 수 있었다.

작품 이름은 미스터 미키Mr. Mickey. 당시 내가 작업하던 아트 토이 시리즈 중 하나였던 '미스터' 시리즈에서 아이디어를 가져왔다. 디즈니랜드에서 미키 마우스 탈을 쓰고 돌아다니는 사람들을 떠올려보고, 미키 마우스 옷 대신 정장을 차려 입은 모습은 어떨까 생각해보았다. 미키 마우스를 모티프로 바쁘게 살아가는 회사원들의 모습을 표현해보고 싶었다. 이렇게 해서 나의 주특기인 12인치 바디에 미키 마우스

> Mr. Mickey, 12inch, 2013.

헤드를 가진 피규어가 만들어졌다.

어떤 작업이든 일단 콘셉트가 정해지면 다음은 시간과의 싸움이다. 퀄리티나 모델링의 양에 따라 절대적으로 필요한 시간이 있는데, 이 작업에서는 큰 어려움 없이 진행되었다.

'국내 최초'라는 타이틀을 걸고 막을 올린 디즈니 아트 토이 특별전에는 한국 대표로 참여한 나 말고도 윤협과 GFX, 핸즈인팩토리, 키도, P2PL, 버라이어티숨 Varietysum 등 여러 명의 쿨레인스튜디오 작가들이 함께했다. 그리고 21개국, 100여 명의 아티스트들이 플랫폼 토이 형태의 미키 마우스에 각자의 색을 입힌 커스텀 작품들을 제작해 보여주었다. 똑같은 플랫폼 토이로 이렇게 다채로운 작품이 나올 수 있다니, 작가의 상상력은 과연 어디까지일까?

Mickey Mouse Custom, by Hands in Factory, 2013.
∨

9. 휴식이 필요하다면, Break Time

Coolrain × GFX
2013년 9월 14일~10월 13일, 피프티피프티

돌이켜보니 근 10년 동안 제대로 쉬어본 적이 없는 것 같다. 매번 "이번 일만 끝나면 좀 쉬어야지" 하면서도 또 다른 일이 기다리고 있어 쉴 틈이 없었다. 휴식도 일의 일부분이라는데, 거의 쉼 없이 달려오다 보니 에너지와 열정은 넘쳐도 체력이 예전 같지 않다.

내게는 '휴식'이 필요했다. 이런 의미를 담고 '브레이크 타임Break Time'이라는 제목의 전시를 기획했고, 덧붙여 '브레이크 타임'이라는 피규어 시리즈도 디자인했다. 사람들이 힘들 때 취하는 자세를 모티프로 제작한 새로운 시리즈에는 "휴식을 통해 다시 열심히 달릴 수 있는 에너지를 충전하자!"라는 마음을 담아보았다.

거의 모든 스포츠에는 일종의 브레이크 타임이 있다. 타임아웃, 하프타임 등 용어는 달라도 격렬하게 움직인 후에 잠시 숨을 고르는 시간이 선수들에게 주어지는 것이다. 물론 스포츠선수들만 휴식이 필요한 것은 아니다. 직장인들도, 학생들도 가끔은 하던 일을 멈추고 쉬어주어야 한다. 그래야 더 멀리 나아가고, 더 높이 오를 수 있다. 누구에게나 '휴식'은 필요충분조건임을, '브레이크 타임' 시리즈로 표현하고 싶었다.

갤러리 겸 아트 토이 편집숍인 피프티피프티Fifty Fifty 오픈 기념으로 열린 '브레이크 타임'은 일종의 콜라보레이션 전시회로, 나와 GFX가 함께 진행했다. 나는 덩키즈, NBA 아트 토이, 아메바후드 시리즈 등의 기존 작품들과 함께 앞으로 만들어나갈 트리고날 시리즈를 전시했다. 지나간 시간들(과거)과 앞으로 다가올 시간들(미래) 사이에 있는 '휴식시간'에 내가 보여줄 수 있는 전부를 내놓은 셈이다. 이외에도 제품 양산에 필요한 프로토타입, 작업 도구 등 피규어 제작과 관련된 갖가지 물건들을 함께 디스플레이하여 사람들의 이해를 도왔다. 어쩌면 '휴식'이라는 단어를 빌려 내 지난 시간을 총 정리하여 보여주고 싶었나 보다.

각진 형태가 특징인 트리고날 시리즈는 덩키즈나 NBA 아트 토이 등 기존 캐릭터에도 적용할 수 있는데, 둥근 형태에 비해 좀 더 강인하고 샤프한 이미지가 매력이다. 나는 '부바 척Bubba Chuck' 피규어 시리즈에서 처음 시도했던 것처럼, 앞으로 진행할 모든 작업에 트리고날 버전을 넣을 생각이다. 즉 신구 캐릭터 모두 노멀normal과 트리고날, 이 두 가지 버전이 기본이 될 것이다.

이제 브레이크 타임 시리즈는 바쁜 삶에서 잠시나마 휴식이 필요한 사람들을 위해 계속 만들어질 것이다. 이번에 충전한 에너지가 소진될 때까지, 다음 '브레이크 타임'까지 또다시 RUN~~!

10. 레드불 비씨 원 10주년 기념 전시, BBoy Arts Festival

2013년 11월 28일~30일, 잠실실내체육관

2007년, 나는 국내 비보이들의 활약에서 영감을 받아 '몬스터즈 크루'를 만들었다. 나의 첫 번째 아트 토이 시리즈였는데, 그 뒤로 수많은 비보이 캐릭터들이 내 손에서 태어나 사랑을 받았다. 그러다가 2013년, 가상의 비보이 크루가 아닌 진짜 살아 움직이는 비보이 크루를 만나게 되었다. 바로 '레드불 비씨 원 월드 파이널Red Bull BC One World Final'에 참가한 16명의 비보이들!

'레드불 비씨 원'은 영국의 'UK 비보이 챔피언십UK B-Boy Championship', 독일의 '배틀 오브 더 이어Battle Of The Year', 미국의 '프리스타일 세션Freestyle Session'과 함께 세계 4대 비보이대회 중 하나로 꼽힌다. 레드불 비씨 원의 특징은 일대일 배틀 방식이라는 것, 원래는 래퍼들처럼 비보이들도 한 명씩 서로 나와 브레이크댄스를 추며 우열을 가렸다고 한다. 아마 미국 영화에서 두 패로 나뉜 흑인들 중에서 한 명이 나와 현란한 브레이크댄스를 추며 상대를 자극하던 장면이 떠오를지도 모르겠다.

특히 이번 서울 대회에서는 10주년 기념으로 역대 우승자들을 모두 초대하여 진검승부를 펼쳤다. 여기서 우승한 비보이는 그야말로 세계 최고의 비보이 챔피언이었다(자랑스럽게도 우리나라의 '홍텐'이 그 주인공이 되었다).

2013년 11월, 서울에서 열린 '레드불 비씨 원 월드 파이널'은 10주년이라는 데서 의미가 깊었다. 이를 기념하기 위해 대회 직전에 '콘크리트, 카드보드 & 캔버스Concrete, Cardboard & Canvas'라는 제목의 비보이 아트 페스티벌BBoy Arts Festival이 열렸는데, '비보이'를 주제로 여러 그래피티 아티스트, 포토그래퍼 등이 참가하여 다양한 아트워크와 사진들을 보여주는 전시였다. 나도 피규어 아티스트로 참가하여 레드볼 비씨 원에 출사표를 던진 비보이들을 형상화시켰다. 수년째 몬스터즈 크루 캐릭터를 만들어왔지만, 실제 비보이들이 모델이 되니 더 잘 만들고 싶다는 마음에 부

^ 로니(Ronnie, 미국) 피규어, 2007년 남아공 대회 우승자.

^ 릴루(Lilou, 프랑스)가 자신의 피규어를 유심히 살펴보고 있다. 2005년 독일 대회 & 2009년 미국 대회 우승자.

v 2013년 라틴아메리카 지역 결선 우승자인 알렉스(Arex, 콜롬비아)가 자신의 피규어를 들여다보고 있다. 가끔은 피규어의 실제 모델의 반응이 무척 궁금하다.

담감이 컸다.

　일단 실제 비보이들 모습을 담은 사진과 의상을 전달받았다. 그런 다음 8월부터 11월까지 치러진 각 지역 결선전 우승자들의 디자인을 하나씩 마무리 지어 나갔다. 시리즈가 아닐 경우에는 좀 더 창의적이고 개성 있게 만드는 편인데, 이렇게 하나의 주제로 연결된 경우에는 시리즈처럼 전체적인 통일감과 각각의 조화로움을 감안하여 디자인하게 된다. 아무래도 공통 요소에 대한 생각이 많을 수밖에 없다.

　나는 2012년 여름, 이니에스타 피규어를 디자인할 때 생각했던 라인업을 떠올리면서 차분히 생각을 정리해보았다. "초기에 만들었던 몬스터즈 크루 캐릭터보다 좀 더 스타일리시하고 캐주얼한 이미지로 표현하자." 이렇게 마음을 정한 다음에는 당시 소홀했거나 몰라서 지나쳤던 부분까지 세심하게 살펴보았다. 이 모든 것을 종합하여 새로운 비보이 스타일이 만들어졌다.

　그런데 레드불 비씨 원 월드 파이널 참가자들 중에서 낯익은 두 명이 보였다. 2006년 우승자인 홍텐

Hong10과 2008년 우승자인 윙Wing이었는데, 팔은 안으로 굽는다고 솔직히 이 둘에게 마음이 더 쓰이는 건 어쩔 수 없었다. 어쨌든 이 프로젝트는 처음으로 다뤘던 비보이를 주제로 다시 한 번 작업한다는 점에서, 또한 세계적인 비보이들을 피규어로 만들어볼 수 있다는 점에서 내게는 좋은 기회였다.

    준비 기간은 3개월, 이 안에 의상·신발·액세서리·타투까지 모두 제작을 끝내는 게 일차 목표였다. 관련 정보들은 다행히 비보이들로부터 직접 전달받을 수 있었다. 이외에 각 비보이들의 대표적인 포즈나 무브 스타일 자료가 필요했는데, 동영상 등을 통해 확보할 수 있었다. 예를 들어 '홍텐'은 고난이도 동작들을 깔끔하게 구사하면서 복잡하고 독창적인 무브 스타일로 유명하고, '윙'은 파워풀한 공중 무브와 가벼운 스텝이 특징이었다. 또한 이 대회 유일한 2회 우승자인 릴루Lilou는 유머러스하면서도 화려한 퍼포먼스로 시선을 모았다. 16명 모두 저마다의 색깔과 스타일이 있으므로, 디스플레이할 때도 이 점을 반영하는 게 좋을 듯싶었다.

    오랜만에 비보이 영상들을 보니 예전 기억이 새록새록 떠올랐다. 2007년 당시엔 거의 6개월 동안 매일같이 영상을 보면서 아이디어를 찾았는데, 솔직히 그땐 머리나 손을 축으로 빙글빙글 도는 춤을 추는 거리의 댄서(?)라는 정도만 알고 있었지, 무브가 뭔지도 잘 몰랐었다. 다시 찾아본 비보이 영상은 역대 우승자들답게 포즈도, 무브도 모두 예술이었다. 역시 한 분야에서 최고가 된 사람들은 뭔가 특별한 것이 있나 보다. 나는 그 '특별함'을 비보이 문화를 모르는 사람들에게 전달해주고 싶었다. 그리고 몬스터즈 크루를 처음 만들 때 마음도 그러했음을 기억해냈다.

11. 쿨레인 스튜디오의 세 번째 전시, Pacemaker

2013년 8월 16일~29일, 홍대 로닌 바운더리

'페이스메이커Pacemaker'는 쿨레인스튜디오의 세 번째 전시회였다. 이번 전시회는 핸즈인팩토리가 창작한 오리지널 아트 토이 시리즈인 '베이비 혼즈Baby Horns'를 국내에서 처음 공개 및 발매하는 자리였다. 이와 더불어 각각의 오리지널 아트워크와 함께 여러 아티스트들의 '러닝 혼즈Running Horns' 커스텀 작품들도 선보였다.

지난 2011년의 '스퀘어 원Square One' 이후 세 번째로 열린 '페이스메이커' 전시는 쿨레인스튜디오 식구들의 작품을 한자리에서 만나볼 수 있다는 데 의의가 있었다. 그래서 바쁜 일정 속에서도 일 년에 한 번은 이 같은 자리를 마련하기로 뜻을 모은 것이다. 쿨레인스튜디오의 새 멤버들은 새로운 스타일의 아트워크를 보여주었고, 기존 멤버들은 그동안 작업해온 자신들의 작품을 유감없이 드러냈다.

이번 전시의 주제는 '페이스메이커'였다. 페이스메이커란 달리기 같은 스포츠 경주에서 기준이 되는 속도를 만들어주는 선수, 즉 옆에서 적절한 속도로 함께 달려줌으로써 좋은 기록을 내도록 도와주는 선수를 말한다. 어떤 경주든 우승자 옆에는 훌륭한 페이스메이커가 있다. 나는 이번 전시에서 쿨레인스튜디오 식구들 모두가 페이스메이커임을 보여주고 싶었다.

전시회의 주인공은 '베이비 혼즈'였다. 2012년 '타이베이 토이 쇼'에서 커스텀 작품으로 첫 선을 보인 뒤로 국내외에서 큰 인기를 끌었던 베이비 혼즈, 그 덕에 발매의 순간을 맞이하게 되었다. 사실 아티스트가 직접 오리지널 아트 토이 시리즈를 디자인하고, 홍보하고, 생산까지 하면서 자신의 스펙트럼을 조금씩 넓혀나가는 일은 무척 어렵다. 결코 아무나 할 수 있는 일이 아니다. 실력과 노력, 그리고 운도 어느 정도 따라주어야 가능하다고 생각한다.

이번 전시에서 Kiddo 작가는 자신의 오리지널 시리즈인 '콘크리트 정글'에 러닝

> Running Horns의 다양한 커스텀 작품들.

혼즈의 캐릭터를 더해서 새로운 이미지의 헌터 피규어를 제작해 내놓았다. GFX 작가는 베이비 혼즈 캐릭터들의 헤드를 아이콘화한 작품들을 캔버스에 담아냄으로써 자신만의 스타일을 표현했다. 그의 최근작들을 볼 때마다 위트가 느껴지면서 점점 더 확고해지는 그의 작업 스타일을 엿볼 수 있다. 느낌이 참 좋다. 또 버라이어티숨 작가도 자신의 소녀 캐릭터에 러닝 혼즈의 아이콘이라고 할 수 있는 '뿔horns'을 달아서 한결 재미난 캐릭터를 만들어냈다.

쿨레인스튜디오 멤버들과 함께하는 전시는 늘 즐겁다. 기존의 전시와는 느낌부터가 다른데, 각자의 분야에서 열심히 활동하다가 이렇게 모여 하나의 주제로 전시한다는 사실만으로도 늘 대만족이다. 뭔가 정리한다는 느낌도 들고, 한식구라는 기분도 들어서 뿌듯하기만 하다. 다 같이 모여서 작업하는 경우가 드물기 때문에 이 같은 전시가 더 의미 깊은 것 같다.

12. 컨트롤 베어 콜라보레이션, Mega Show

2013년 10월 20일~23일, 홍콩 컨벤션 & 익스히비션 센터

컨트롤 베어Control Bear는 일본 유명 그래픽티셔츠 스토어인 그라니프Graniph가 만들어낸 아트 토이 캐릭터로, 수년째 큰 사랑을 받고 있다. 귀여운 표정의 곰이 몸통과 분리된 자신의 머리를 들고 있는 모습이 처음에는 조금 괴이해 보일 테지만, 남에게 휘둘리지 말고 자신의 머리를 수중에 넣고 컨트롤하는 곰처럼 주도적인 인생을 살라는 작가의 메시지를 알면 달리 보일 것이다.

이미 컨트롤 베어는 파리에 위치한 셀렉트 숍인 '콜레트Colette'에 들어갈 정도로 세계적인 유명세를 떨치고 있으며, 일본 패션브랜드인 '꼼데가르송'과 콜라보레이션을 진행하는 등 여러 형태로 사람들을 만나고 있다.

2013년, 내게도 컨트롤 베어와 콜라보레이션할 수 있는 기회가 찾아왔다. 아트 토이로서의 스펙트럼을 넓혀가려는 의도로 일본 측에서 내게 프로젝트를 제안해온 것이다. 우리는 기존 토이들의 쉐이프를 좀 더 다듬고 모델링해서 재생산함과 동시에 여러 아티스트들과의 콜라보레이션을 함께 추진하기로 했다.

내가 믿닌 일본 측 디렉션direction 팀딩자는 신지 노무라Shinji Nomura였다. 그는 일본에서 여러 캐릭터들을 디렉션한 경험이 많았고, 각 캐릭터의 라이선스 업무에 능통한 사람이었다. 이번 프로젝트를 통해 캐릭터 산업으로 접근하는 방법이라든가, 큰 그림을 그리면서 작업하는 방법 등에 대해서 많이 배울 수 있었다. 또 한 번의 좋은 경험을 쌓은 셈이다.

나는 기존 컨트롤 베어 디자인을 토대로 새로운 모델링 작업을 진행했다. 기본적으로 좀 더 정리된 느낌을 주도록 모델링한 다음 생산을 위한 원형 작업에 들어갔다. 그리고 덩키즈 캐릭터의 커스텀 작품 제작과 트리고날을 이용해 컨트롤 베어의 새로운 라인을 만드는 작업에 주력했다.

프로젝트의 성공을 위해서는 나와 함께 콜라보레이션 작업을 해줄 아티스트 선정이 무엇보다 중요했다. 나는 그동안 친분을 쌓은 아티스트들 중에서 몇 명을 컨택하기로 하고, 2008년부터 인연을 이어온 데이브 화이트와 타이베이 토이 쇼에서 알게 된 몇몇 아티스트들과 콜라보레이션 작업에 대해 논의했다. 다행히도 대부분의 해외 아티스트들은 콜라보레이션 제안을 호의적으로 받아주었는데, 회사 차원이 아닌 '쿨레인'이라는 이름으로 접근한 것이 오히려 그들의 신뢰를 얻는 데 효과적이었던 것 같다. 같은 아티스트로서 동질감을 느끼다보니 커뮤니케이션도 한결 수월했다.

프로젝트 주제에 맞는 해외 아티스트를 찾는 일도 어렵지만, 각자의 개성과 작품 성향을 고려해 콜라보레이션을 전체적으로 진행하는 일은 상당히 어렵다. 커뮤니케이션이 원활하지 않으면 자칫 불협화음이 생길 수 있는데, 이번엔 서로 교감하는 부분도 많아서 작업하는 내내 속 썩는 일이 적었다.

^ 컨트롤 베어, 트리고날 버전, 2013.

이렇게 준비한 프로젝트는 2013년 10월, 홍콩 '메가쇼Mega Show'에서 전격 공개되었다. '아트 토이 쇼' 외에는 참여한 적이 별로 없어서 '메가쇼 컨트롤 베어 콜라보레이션 전시'가 어떤 식으로 진행될지 무척 궁금했다. 실제 참가해보니 메가쇼의 전시 품목 중 토이는 아주 일부분이었고, 아시아 최대 생활용품 박람회라는 명성답게 선물용품, 가정용품, 유리제품 등 다양한 상품들이 전시장 내부를 가득 채웠다. 그곳에서 토이는 하나의 산업이었다. 기존의 전시에서 아트 토이가 작품으로 소개되었다면, 여기서는 상품이었다. 현재 컨트롤 베어 콜라보레이션 작품은 비즈니스적인 부분들을 보완하여 생산 중이다.

나는 일본 회사가 컨트롤 베어를 홍보하고 상품화하는 과정, 그리고 토이를 하나의 산업으로 접근하는 그들의 방식을 몸소 체험하면서 많은 것을 느꼈다. 특히 처음 진행해보는 해외 아티스트들과의 콜라보레이션 경험은 꽤나 흥미진진했다. 처음이어서 미숙한 부분도 많았지만, 다음을 위한 초석으로 손색없는 경험이었다. 기회가 된다면 덩키즈 시리즈를 이런 식으로 콜라보레이션해보고 싶다.

일본 회사의 캐릭터인 컨트롤 베어와의 콜라보레이션 작업도, 홍콩 메가쇼 일정도 모두 잘 마무리되었다. 덤으로 줄리아Julia와의 만남도 성사되었다. 6년 전 인터넷으로 인연을 맺은 줄리아는 당시 캐나다에서 공부하던 학생이었는데, 지금은 홍콩의 한 게임회사에서 일하고 있다. 내가 메가쇼에 참여한다고 하니 줄리아는 자신의 직장이 홍콩 컨벤션 & 익스히비션 센터Convention & Exhibition Centre 근처라면서 함께 점심식사를 하자고 제안했다. 토이라는 공통의 관심사로 친구가 된 줄리아, 메가쇼 덕분에 짧은 시간이나마 얼굴을 마주하고 이야기를 나눌 수 있었다. 이처럼 토이를 매개로 친분을 맺은 해외 디자이너와 크리에이터들이 많은데, 그들이 있어 큰 힘이 된다. 내가 열심히 작품을 만들어야 하는 또 하나의 이유이기도 하다.

> 컨트롤 베어, 덩키즈 버전(앞)과 미스터 버전(뒤).

> 컨트롤 베어, 데이브 화이트 버전.

13. 국내 최초의 대규모 토이 박람회, ATC 2014 서울 전시

'아트 토이 컬처 2014Art Toy Culture 2014(이하 ATC 2014)' 서울 전시는 스페이스 크로프트Space Croft의 기획으로 이루어졌다. 키덜트kidult 문화의 확산으로 아트 토이를 바라보는 시선에도 큰 변화가 생겼는데, 이제는 아티스트의 혼이 담긴 예술품이자 수집할 가치가 있는 작품으로 인식되고 있다. 그 변화를 실감할 수 있었던 자리가 바로 'ATC 2014' 서울 전시였다. 아트 토이를 앞세운 대규모 박람회(페어)로서는 국내 최초였으며, 전 세계적으로도 이 같은 토이 박람회는 많지가 않다. 특히 아티스트 개개인의 작품 활동에 주안점을 둔 전시회는 아주 드문데, 타이베이 토이 쇼 정도가 손꼽힌다.

ATC 2014를 진행하는 스페이스 크로프트와는 기획 단계부터 함께했다. 우리는 아티스트 컨택이나 콘셉트 선정 등에 대해 논의한 결과 아티스트에 초점을 맞춰 진행하기로 했다. 나는 해외 유명 아티스트들이 대거 초대된 전시회가 서울에서 열린다는 것 자체만으로도 기쁘고 흥분되었다. 사실 아트 토이 작품을 보여줄 만한 국내 전시회가 없다보니 홍보를 위해 해외 토이 쇼에 참가할 수밖에 없었다. 해외라는 공간적 제한은 디스플레이 등에서 마이너스 요인으로 작용했는데, 국내에서는 쉽게 해결할 수 있는 부분도 해외에서는 그렇지 못한 경우가 많았기 때문이다.

나는 "대한민국 서울을, 그리고 서울에서 활동하는 아티스트들을 세상에 알리고 싶다!"라는 마음으로 해외 아티스트 초정 작업을 진행했다. 일단 지난 2012년 타이베이 토이 쇼에서 만난 토이 아티스트들과 나와 개인적 친분이 있는 해외 아티스트 중심으로 컨택이 이루어졌다. ATC 2014 서울 전시에 참가해달라는 제안에 순순히 오케이해준 아티스트들도 있지만, 일부는 고민하는 눈치였다. 생각해보니, 나 역시 첫 번째 해외 토이 쇼에 나갈 때 부담스럽기도 하고 걱정도 되어서 많이 망설였

2014년 5월 1일~5일, 동대문디자인파크 아트홀

었다. 더욱이 홍콩·타이완·일본 등에 비해 한국의 아트 토이 산업은 열악한 수준이었으므로 그들에게 서울은 토이의 불모지나 다름없었다. 이런 점에서 그들의 망설임이 이해되었다.

다행히 그동안 친분을 쌓은 해외 아티스트들이 하나, 둘씩 참가 의사를 밝히면서 조금씩 토이 쇼의 성격이 가시화되기 시작했다. 토이 쇼의 성패는 콘텐츠의 질, 즉 아티스트 라인업에 있다고 해도 과언이 아니기에 해외 아티스트 초청에 심혈을 기울였다. 나의 바람이 통했을까? 홍콩 피규어를 전 세계에 알린 폴 륭Paul Leung과 윈슨Winson Ma, 그리고 일본의 데빌 로봇Devil Robots 등 타이베이 토이 쇼에서 인연을 맺은 아티스트들 중 90퍼센트 이상이 참여 의사를 밝혀주었다(참여 작가들 중 절반 이상이 타이베이 토이 쇼에서 만난 해외 아티스트였다). 기획 초기 단계에서 콘텐츠의 질에 대해 무척 걱정했었는데, 속속 채워지는 참가자 명단을 보면서 한시름을 덜었다. 폴 륭은 12인치 액션 피규어 수집에 열을 올렸던 시절에 내가 무척 좋아하던 아티스트였고, 윈슨은 '철인형제'로 유명세를 떨친 피규어 아티스트였다.

나와는 별개로 주최 측에서 초청한 해외 아티스트들도 있었다. 나는 참가자 명

벽면 한쪽에 액자들이 다닥다닥 붙어 있는 느낌으로 전시하였다, ATC 2015.

단을 살펴보고 들뜬 마음을 감출 수 없었다. 그중에는 평소 내가 존경해 마지않는 이름들도 보였기 때문이다. 특히 미국의 데이비드 플로레스David Flores가 참여한다는 소식은 나까지도 ATC 2014 오픈을 손꼽아 기다리게 만들었다. 그 역시 나에 대해 잘 알고 있는지, 서울 도착 후 쿨레인스튜디오를 꼭 방문해보고 싶다는 이야기를 했다고 한다. 그 이야기를 전해 듣는 순간 왠지 그와 더불어 좋은 일을 진행할 수 있을 것 같은 예감이 들었다. 프랑스의 아지Ajee는 몇 안 되는 여성 토이 아티스트 중 한 명으로, 매끄러운 면과 간결한 선으로 표현된 오브젝트가 그녀만의 특징이다.

다음은 국내 아티스트 컨택이 진행되었다. 해외 아티스트뿐만 아니라 국내 아티스트 컨택도 쉽지는 않았다. 산 넘어 산이었는데, 해외 캐릭터를 모방한 작품이 아닌 제대로 된 작품을 내놓을 수 있는 아티스트를 최우선으로 배려했다. 만일 오리지널 작품이 따로 있는 상황에서 유사한 작품이 소개된다면 진짜 오리지널 작품이 가치를 잃을 수 있기에 특히 주의했다.

이렇게 1년여에 걸쳐 준비한 'ATC 2014' 서울 전시가 2014년 5월 1일, 동대문디자인파크DDP에서 막을 열었다. 국내에서 직접 보기 힘든 해외 아티스트들의 작품으로 채워진 토이 쇼는 마치 외국의 토이 쇼를 방불케 했는데, 콘텐츠의 질이나 규모 면에서 결코 뒤지지 않았다. 과연 국내 관람객들의 눈에 그 작품들이 어떻게 보일지, 또 단순히 토이를 장난감이라 생각하는 이들에게 이번 전시의 주제인 'This is not a TOY'가 어떻게 어필될지, 몹시 궁금하면서도 기대되었다.

전시 첫날에는 '데빌 로봇' 대표인 키타이 신이치로와 데이비드 플로레스가 함께하는 기자 간담회도 열렸다. 그날 나는 처음 만난 데이비드 플로레스와 많은 이야기를 나누었다. 이미 작품을 통해 서로의 존재를 잘 알고 있어서 그랬는지, 낯설기보다는 오히려 친근한 느낌이 강했다. 우리는 가까운 미래에 공동 프로젝트를 진행해 보기로 뜻을 모았다.

5일간의 서울 전시는 성황리에 막을 내렸다. 첫날부터 아트 토이와 디자인 분야에 관심 있는 관람객들이 넓은 전시장을 가득 채웠고, 유명 아티스트의 작품 중에는 전시 초기에 품절되는 상황도 벌어졌다. 아무래도 국내에서 열린 첫 번째 토이 쇼다 보니 우려하는 목소리도 컸는데, 혹시 문제가 생기거나 실패하지나 않을까 하는 걱정은 기우에 지나지 않았다.

개인적으로 국내 아트 토이 시장이 커지기 위해서는 실력 있는 토이 아티스트들이 많아지고, 전시 등을 통해 그들의 토이를 접할 수 있는 기회가 늘어나야 한다고 생각한다. 토이를 보여줄 수 있는 자리가 없다면 국내 아트 토이 분야는 발전하기 어

려울 것이고, 국내 토이 아티스트들은 애써 만든 작품을 소개하기 위해 해외 토이 쇼를 기웃거릴 수밖에 없다. 이런 점에서 ATC 2014는 국내 아트 토이 시장의 가능성과 앞으로 나아갈 긍정적인 방향을 보여준 토이 쇼였다.

전시회 폐막 전날, 세계 각지에서 활동하는 해외 아티스트들이 한자리에 모였다. 외국 토이 쇼에서 잠깐씩 보거나 이메일 등을 통해 간간이 소식을 전하던 여러 해외 아티스트들을 국내에서 이렇게 만나다니, 꿈만 같았다. 나는 모처럼의 기회를 놓치지 않고 밤늦도록 그들과 대화를 나누었다. 비록 서로의 활동무대는 달랐어도 토이 아티스트로서의 삶이나 고민거리 등은 매한가지였다. 토이라는 공통분모가 있어 마음을 터놓고 이야기할 수 있었는데, 특히 폴 륭과의 대화가 기억에 남는다.

아트 토이의 출발지라 할 수 있는 홍콩. 전 세계적으로 인기 있는 아티스트 중에는 홍콩 출신이 꽤나 많다. 그런데 이 같은 명성을 이어갈 새로운 홍콩 아티스트들이 요즘에는 눈에 잘 띄지 않는 것 같다. 폴 륭은 이 점을 무척 안타까워하면서, 이대로 가면 홍콩 아트 토이의 명맥이 사라질지도 모른다고 우려했다. 아직은 1세대 아티스트들이 활동하고 있지만, 2세대, 3세대가 뒤를 받쳐주지 않으면 언젠가는 이야기 속에서나 홍콩 아트 토이를 접하게 될 것이다. 국내 아트 토이 1세대라 할 수 있는 나였기에 동감되는 부분이 많았다. 나 역시 한국 아트 토이의 위상을 높일 수 있는 후배들이 많이 나타나주기를 바라고 있으니 말이다. 이런 고민을 함께 나눌 수 있어 내게는 참 뜻 깊은 시간이었다.

앞으로도 각자 자신들의 영역에서 활발하게 활동하기를, 그리고 좋은 작품을 갖고 다시 만나기를 바란다. 비록 몸은 멀리 떨어져 있어도 토이로 맺어진 인연은 오래가리라.

"No Life without TOY!"

14. 지난 10년의 발자취, A Memory Of 10 Years

토이를 만들기 시작한 지도 어느덧 10년이 넘었다. 10년이면 강산도 변한다 했던가. 한눈팔지 않고 쉼 없이 달려온 토이 아티스트로서의 길에서 10년간 참 많은 변화가 있었다. 요즘 들어서는 뭔가 정리돼 가는 느낌이 강하다. 몇 해 전부터 시작된 토이 디자인이나 표현 방식에 대한 고민들도 차츰 제자리를 찾아가는 듯하고, 조금은 부족해보였던 결과물들도 이젠 가득 채워진 느낌이다.

나는 지나온 10년을 정리하는 마음으로 '브레이크 타임Break Time'이라는 제목의 전시회를 열기로 했다. 만도풋루스Mando Footloose 측으로부터 공동 전시회 제안이 들어온 것이 그즈음이었다. 사실 '브레이크 타임' 전시는 좀 더 철저히 준비해서 2014년 하반기에 열 계획이었는데, 평소 좋아하던 마크 샌더스Mark Sanders와 그가 디자인한 만도풋루스를 아트 토이로 만들 수 있다는 생각에 덜컥 제안을 받아들였다. 마크 샌더스는 접이식 자전거인 '스트라이다Strida' 디자인으로 세계적인 명성을 얻은 영국 출신의 자전거 디자이너로, 이번에 국내 업체인 만도와 손잡고 풋루스라는 전기자전거를 만들어냈다. '세상에서 가장 아름다운 자전거'라 일컫는 스트라이다, 나 역시 그 아름다움에 매료되어 언젠가 꼭 한번 만들어보고 싶었다. 그런데 이렇게 만도풋루스를 먼저 만들 게 될 줄이야……

나는 '브레이크 타임' 전시회에서 2년 전부터 준비해오던 새 토이 시리즈를 보여줄 계획을 세웠다. 시리즈 이름은 전시회 제목과 같은 '브레이크 타임'으로, 농구 경기를 보다가 반칙이나 작전타임 등으로 경기가 잠시 멈췄을 때의 선수들 포즈에서 영감을 받아 만든 작품이다. 이 짧은 시간 동안 선수들은 쉬는 포즈 또는 경기 재개 후를 대비해 에너지를 모으는 포즈를 취하는데, 이것은 딱히 농구선수들에게서만 나타나는 포즈는 아니었다. 일반인들도 지치거나 힘들 때 이 같은 포즈를 많이 취

2014년 5월 13일~6월2일, 카페 풋루스 신사점

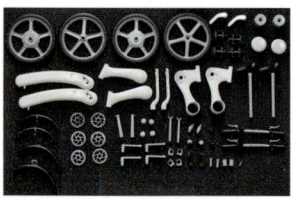

^ 만도풋루스의 파츠들, 1/6 size.

01_마크 샌더스와 만도풋루스 피규어, 1/6 사이즈.
02_브레이크 타임 조형물 The King (150cm), 함께한 모델은 Mr.sense 라는 이름으로 2008년부터 지금까지 수많은 전시회 사진을 찍어준 고마운 동료다.

하는데, 휴식이 필요하다는 일종의 표시다. 나는 이들이 잠시라도 편히 쉬면서 에너지를 모을 수 있기를 바랐고, 그러한 마음을 '브레이크 타임' 시리즈로 표현해냈다.

나는 가급적 큰 조형물을 만들어 시리즈의 출발을 알리고 싶었다. 그래서 첫 캐릭터인 '더 킹The King'을 약 60인치(150센티미터) 크기로 제작했는데, 빡빡한 일정 탓에 전시 전날에서야 겨우 완성시킬 수 있었다. 그리고 디스플레이 방식에도 변화를 주고 싶었다. 기존 전시는 받침대 위에 놓인 토이를 직선형의 동선을 따라 움직이면서 감상하는 방식이다. 나는 카페라는 전시 공간의 특성을 살리기 위해서는 새로운 디스플레이가 필요하다고 여기고, 토이를 천장에 매다는 방식으로 다이내믹한 분위기를 연출했다. 여유롭게 차 한 잔 마시면서, 또는 친구와 재미난 이야기를 나누면서 편하게 토이를 감상할 수 있기를 바라는 마음으로……

내게 '브레이크 타임' 전시는 지난 10년을 기념하는 자리라기보다는 그 10년 동안 나의 작품들을 아끼고 좋아해주는 사람들에게 고마움을 표현하는 자리였다. 그래서 조형물 옆에 앉아 사진도 찍을 수 있도록 배려하고, 관람객들이 참가할 수 있는 깜짝 온라인 이벤트도 마련했다.

그동안 나를 서포트해준 많은 사람들을 위한 브레이크 타임, 나의 10년은 그들이 있었기에 존재할 수 있었다. 이번 전시를 통해 나의 에너지도 업그레이드되었고, 이 상태 그대로 새로운 10년을 위해 다시 출발~~

세상 속 휴식처, 스트리트 갤러리

나는 '브레이크 타임' 시리즈가 세상 사람들에게 잠시잠깐의 휴식이 되기를 바란다. 꾸밈없이 맑았던 어린 시절 추억을 떠올리며 조금이나마 마음의 위안을 얻기를 바란다. 그래선지 이 시리즈를 시작하면서 사람들이 많이 오가는 공간에 설치된 모습을 그렸었다. 지나가다 우연히 마주친 브레이크 타임 시리즈를 보고 사람들이 웃어주기를……

이러한 나의 바람이 이루어졌다. 2014년 10월, 서울문화재단과 에피케이스 지원으로 서울대학교(문화관)·연세대학교(위당관)·고려대학교(노벨광장)에 각각 브레이크 타임 시리즈를 설치하게 된 것이다. 사실 5월경에 이미 디자인을 어느 정도 진행해서 초반 작업을 넘긴 상태였는데, 그 뒤로 프로젝트가 지지부진하게 진행되어서 잊고 있었다. 그러다가 9월경 다시 이야기가 오가기 시작했고, 10월 28일 드디어 조형물이 세상에 모습을 드러냈다.

그사이 나는 몇 가지 콘셉트를 재정리하면서 막판 디자인 작업을 진행했다. 다른 프로젝트를 진행하는 사이사이에 브레이크 타임 시리즈들의 3D 모델링 데이터를 정리했는데, 최종 사이즈와 이미지들을 조형업체에 보내면서도 '정말 현실화되는 걸까' 하는 마음이 들었다.

작업은 착착 진행되었다. 나는 조형물업체에서 하나씩 보내오는 스티로폼의 형태(조형물의 초기 작업)를 보면서 조금씩 수정해나갔다. 이전에도 큰 조형물을 만들어본 경험은 있지만, 이 경우처럼 공공장소에 설치하는 것은 처음이었다. 마치 전시장의 벽을 헐고 열린 세상으로 나아가는 기분이 들었다.

거리에서 만나는 아트 토이, 사람들의 일상과 함께하는 디자인 토이. 그동안 막연하게 상상했던 일이 현실이 되었다. 공부하랴, 취업 준비하랴 쉴 틈 없는 대학생들에게 브레이크 타임 시리즈가 신선한 활력소가 되어주었으면 한다. 브레이크 타임 시리즈가 설치된 벤치에 앉아 여유롭게 휴식을 취하면서 에너지를 충전한 그들이 다시 열심히 달리는 모습이 눈에 선하다. 앞으로도 기회가 닿는 한 이 같은 실험적인 작품 활동은 계속될 것이다.

^ 서울대학교(문화관), 170cm, 2014.

15. 반스×스타워즈 컬렉션 론칭 기념 전시회

2014년 6월 13일, 논현동 플래툰 쿤스트할레

^ Mr. Monorader, Vans×Star Wars Collection, 12inch, 2014.

나와 Seman10cm(박성균) 작가는 여러 작품으로 연결돼 있다. 그중 하나가 <스타워즈>의 캐릭터를 패러디한 작품이다. 2008년 오리지널 덩키즈 시리즈를 처음 선보인 후 2010년 미스터Mr. 시리즈를 만들면서 우리는 '미스터 피테트루퍼'와 '미스터 모노베이더'를 탄생시켰다. 그리고 2014년, 이 작품은 반스Vans와 <스타워즈>의 콜라보레이션 컬렉션 발매 행사에서 큰 주목을 받았는데, '반스×스타워즈 컬렉션'을 홍보하는 행사의 일환으로 열린 아트 토이 전시회에 소개된 것이다.

먼저 초기 덩키즈 시리즈를 살펴보면 모노, 피테쿠스, 시미우스, 사이보그00700, 스컬키, 고리다, 고리다 주니어 캐릭터가 등장한다. 여기서 파생된 스타워즈 패러디 캐릭터가 바로 피테트루퍼(피테쿠스+스톰퍼루퍼)와 모노베이더(모노+다스베이더)다. 나는 이번 전시회를 위해 새로운 스타워즈 캐릭터를 만들었다. 바로 '미스터 시미펫Mr. Simefett'으로, 덩키즈의 시미우스와 스타워즈의 보바펫Boba Fett이 합쳐진 캐릭터다. 사실 보바펫은 내가 가장 좋아하는 스타워즈 캐릭터들 중 하나여서 꼭 패러디해보고 싶었는데, 이렇게 좋은 기회가 제 발로 찾아왔다. 나는 <스타워즈> 캐릭터들과 반스×스타워즈 컬렉션을 토대로 만든 각종 아이템들을 세팅해서 전시회에

01_Yoda 패턴의 신발, 1/6 scale(5.5cm).
02_스타워즈 일러스트 패턴의 신발, 1/6 scale(5.5cm).

내놓았다.

　반스×스타워즈 컬렉션에는 슬립온slip-on(발이 미끄러지듯이 들어가는 편안한 신발로 끈이 없는 게 특징), 어센틱authentic(끈 있는 신발), 스케이트하이(sk8hi) 시리즈와 티셔츠, 모자, 가방 등 다양한 제품들이 포함돼 있다. 나는 이 제품들 중 몇 가지를 선택해 피규어 작품으로 만들었다. 일단 전시회 주제에 맞게끔 스타워즈 신발을 신은 미스터 시리즈 캐릭터가 기본이다. 여기에 스타워즈 패턴을 활용해 만든 넥타이나 스케이트보드 등이 더해져 캐릭터의 성격이나 전시회 주제가 한결 선명해졌다.

　최근 개인전 작품 목록에서 빠지지 않는 브레이크 타임 시리즈도 만들었다. 스케이트보드를 타다가 잠깐 휴식하는 느낌이라든가, 피테트루퍼가 전쟁 중에 쉬고 있는 느낌 등을 표현하면서 원색 계열의 액세서리로 포인트를 주는 것도 잊지 않았다. 일종의 플랫폼 토이 형식을 갖춘 브레이크 타임 시리즈는 포즈 자체가 곧 하나의 이야기다. 따라서 어떤 캐릭터의 헤드가 달려 있느냐에 따라 관람객에게 전달되는 이야기가 달라진다.

　지난 개인전(브레이크 타임 전시)에서 보여주었던 '더 킹'은 농구선수가 벤치에 앉아 쉬는 포즈였는데, 한눈에 그러한 느낌을 받았을 것이다. '더 킹'이 직관적 느낌이 강했다면, 이번 전시회에서 보여주는 작품들은 상상력이 필요한 추론적 성격을 띤다. 덩키즈와 스타워즈 캐릭터들을 패러디한 작품들 앞에서 관람객들은 어떤 상상을 할지, 궁금하다. 아마 피테트루퍼의 고단한 어깨를 어루만지며 위로해주고 싶은

마음이 생기지 않을까? 나 역시 브레이크 타임 시리즈를 통해 관람객들과 소통하는 즐거움이 쏠쏠하다.

내게 <스타워즈>는 피규어 아티스트가 되기 전부터 도움을 준 영화다. 2000년대 초반, 내가 3D 애니메이터로 일하고 있을 때였다. 그 당시 메카닉 디자인 작업을 하고 있었는데, 디자인 전공자가 아닌 나로서는 상당히 힘든 작업이었다. 디자인에 대한 고민으로 많은 날들을 보낼 때, 나의 가이드가 돼준 영화가 바로 <스타워즈>였다. 영화 속 우주선들을 보면서 디테일을 살려야 하는 부분과 그렇지 않은 부분을 공부했다. 정말 아트북이 뚫어져라 열심히 봤는데, 그때부터 디자인에 관심을 갖고 관련 서적을 열심히 사 모았던 것 같다. <스타워즈> 덕분에 디자인의 세계에 눈 뜨게 되었으니, 내게는 참으로 고마운 영화다. '반스×스타워즈 컬렉션' 론칭 기념 전시회를 준비하면서 예전 기억이 새삼 떠올랐다. 기회가 주어진다면 앞으로도 계속 스타워즈 패러디 작품들을 만들어볼 생각이다.

가장 마음에 드는 작품을 고르라고 하면 항상 선택하게 된다. 스토리의 중요성을 느끼고 만든 작업이어서이다, Break Time, Monovader & Pithetrooper, 10inch, 2014.

16. 제니스와 함께한, 레드불 스트라토스 프로젝트

2012년, '레드불 스트라토스Red Bull Stratos'라는 프로젝트를 영상으로 본 적이 있다. 5분여 남짓한 영상에는 펠릭스라는 사람이 성층권에서 뛰어내리는 모습이 담겨 있었다. '스트라토스', 즉 성층권은 대류권과 중간권 사이에 존재하는 층으로, 지상으로부터 약 11~50킬로미터 사이를 일컫는다. 이곳은 산소가 거의 없고 질소가 대부분이어서 인간이 맨몸으로 갈 수 없는 높이인데, 이곳에서 지상으로 뛰어내린 사람이 있었다. 바로 레드불 소속의 펠릭스 바움가르트너Felix Baumgartner였다.

2013년 10월 14일, 펠릭스는 200명이 2년간 준비한 우주낙하 프로젝트를 위해 자유의 여신상보다 더 큰 열기구를 타고 성층권으로 올라가서 자유낙하를 시도했다. 정확히는 해발 38,969미터, 지상에서 39킬로미터 높이까지 열기구(높이 102미터, 지름 129미터)를 타고 올라가서 자유낙하를 하는 프로젝트였다. 낙하 시간은 대략 4분 20초 정도, 수직낙하 최고속도는 마하 1.25였다. 그는 이 도전을 통해 세계에서 가장 높은 곳에서 뛰어내린 사람, 아무런 장비 없이 마하(음속)를 돌파한 최초의 인류가 되었다.

굳이 이 같은 수치들을 나열하지 않더라도 펠릭스가 뛰어내리면서 촬영한 영상을 보고 있노라면 한계에 도전하는 인간의 위대함을 느낄 수 있다. 진한 감동과 두근거림……, 나는 영상을 보는 내내 이 상황을 피규어로 재현해보고 싶다는 생각을 했었다. 카메라에 비친 모습이 아니라 펠릭스의 시야에 들어온 지구를 세상 사람들에게 보여주고 싶었다. 펠릭스가 탄 캡슐capsule을 미니어처로 만들어서 사람들이 좀 더 가까이 느낄 수 있게 하고 싶었다.

이 같은 막연한 바람은 2년이 지나서 이루어졌다. 펠릭스와 펠릭스가 탔던 캡슐을 내 손으로 만들게 된 것이다. 그리고 실제 펠릭스도 만날 수 있었다.

2014년 10월 7일, 싱가포르 헬루트랜스Artspace@Helutrans

^
실제 펠릭스와 우주낙하 프로젝트를 위해 준비된 캡슐 사진.

처음 레드불 스트라토스를 미니어처로 제작해보자는 제안은 제니스Zenith의 아시아 브랜드 총괄 디렉터인 휴고Hugo의 입에서 나왔다. 싱가포르에 제니스 플레그쉽 스토어Flagship Store를 오픈하면서 사람들의 이목을 끌 만한 이벤트가 필요했던 것이다. 나는 "왜 제니스에서 레드불 스트라토스의 미니어처 제작을 의뢰했을까?" 궁금했다. 알고 보니 제니스가 레드불 스트라토스 프로젝트의 메인 스폰서였다. 게다가 펠릭스가 타고 올라갔던 캡슐에 선명히 제니스의 로고가 박혀 있었고, 펠릭스의 손목에는 제니스의 엘 프리메로El Primero 시계가 채워져 있었다. 그리고 스트라토스는 이 프로젝트의 이름인 동시에 제니스 시계의 이름이기도 했다. 싱가포르 현지에서 알게 된 또 하나의 사실은 제니스가 프랑스의 명품 제조업체 루이비통 모에 헤네시LVMH의 자회사라는 것이다. 어쩐지 전시의 전체 디렉터인 데이빗과 호스트들

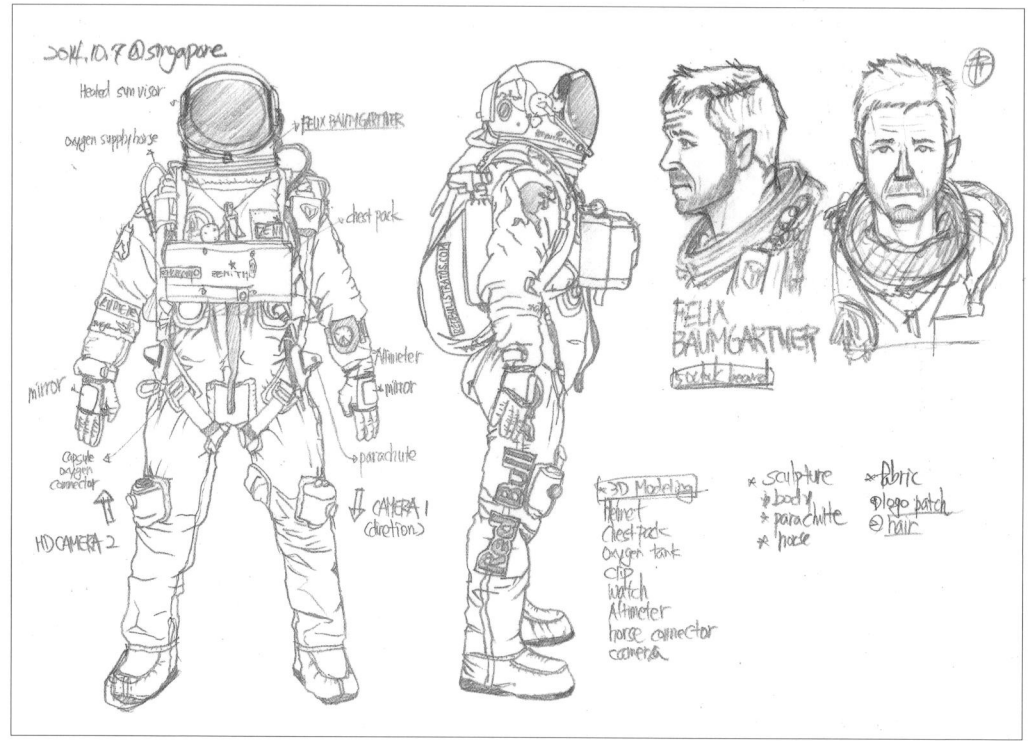

> 디자인 후에 수작업, 3D 모델링, 패브릭 등 작업할 방식에 따라서 전체 작업시간 확인.

이 거의 다 이탈리아 사람들이었다.

나는 휴고의 제안에 흔쾌히 오케이하고, 작업에 들어갔다. 펠릭스의 영상을 봤을 때부터 너무나 하고 싶었던 작업이어서 오래 고민할 필요가 없었다. 그러나 펠릭스의 의상과 장비, 그리고 캡슐을 실물처럼 표현하는 작업은 시작부터 어려움에 부딪쳤다. 자료가 많이 부족했기 때문이다. 나는 최대한 자료들을 끌어 모은 다음 3D로 더미 시뮬레이션 작업과 비례를 잡는 작업을 진행했고, 곧이어 디테일한 장비들에 대한 연구도 시작했다. 전체적인 비례 부분은 비교적 빨리 정리가 되었는데, 그 외 디테일한 장비들과 캡슐 내부의 비례는 도통 짐작하기 어려웠다. 자료라 해봤자 사진 몇 컷과 영상들뿐이어서 정확한 수치와 비례를 측정할 수 없었기 때문이다.

이때 처음으로 패브릭이 아닌 조형으로 의상 작업을 진행했다. 펠릭스의 의상은 우주복에 가까웠고, 낙하산·산소통 등은 낙하산병의 장비와 유사했다. 그러나 우주복에 장치된 기계장비들이 너무도 복잡하여 그 많은 선들이 어떻게 연결돼 있는지 도무지 알 수가 없었다. 특히 조형 파츠와 의상을 함께 맞춰가면서 작업해야 하는 부

펠릭스 바움가르트너가 실제로 캡슐에서 뛰어내리기 직전의 모습.

조형 후 각종 패치들의 크기 및 질감 테스트.

분들이 많아서 시간적으로도 부담이 컸다. 따라서 전체를 유기적으로 작업하기 위해 조형으로 작업하기로 마음먹었다.

캡슐은 2014년 초 '나이키 에어맥스 데이' 때부터 함께 작업한 Oshorino(오쇼리노)에게 제작을 맡겼다. 이 역시 일정을 감안해서 세부 디테일에 대한 부분들은 조율하면서 작업을 진행했다. 이 프로젝트에서는 펠릭스 피규어 외에 캡슐이 아주 중요한 부분이어서 작품이 완성되었을 때의 모습이 몹시 기대되었다.

나는 수집한 자료들을 토대로 의상을 조형으로 만들기 시작했다. 또한 메카닉이나 기계적인 장비 등은 3D 모델링으로 작업했을 때 더 잘 표현할 수 있기에 3D 모델링을 병행했다. 전체적인 조형으로 된 스태츄 형태의 작업과 12인치 액션 피규어의 작업은 각기 장단점이 있는데, 스태츄 작업은 작가가 원하는 형태로 포즈나 형태감을 표현할 수 있는 것이 장점이다. 이번 작업은 프로젝트 자체의 매력 외에도 전체 조형을 통해 헤드 디자인 외에 바디 디자인과 주름 등을 모두 작업해야 하는 도전이어서 성취감이 높았다. 잘 마무리된다면 한 단계 도약할 수 있는 발판이 되리라 믿어 의심치 않았다. 조형 작업(수작업) 외에 헬멧, 산소통, 튜브 연결 파츠, 가슴 부분에 달린 컨트롤 박스, 고도계, 제니스 시계, 카메라, 신발 밑창 등은 3D 모델링 작업이 효과적이었기에 3D 모델링을 적절히 활용했다.

그리고 의상에 쓰이는 와펜 패치들(가슴 쪽 스트라토스 로고, 제니스 로고, 어깨와 바지 바깥쪽의 레드불 로고)은 스웨이드에 전사를 해서 실제 패치처럼 접착하는 방식으로 제작하기로 했다. 실제로도 조금 두께가 있는 편이기도 하고, 도색으로 할 때보다 실제 느낌에 더 가까워서 이 같은 방식으로 제작하게 되었다. 12인치 액션 피규어를 제작하면서 의상에 패치들을 붙이곤 했었는데, 그때의 경험에서 얻은 노하우였다.

이 프로젝트에서는 의상의 주름 표현이 중요한 작업 중 하나였다. 어떻게 하면 실제 의상처럼 보일지 고민하면서 관련 책들을 탐독하고, 직접 같은 포즈로 사진도 찍어서 주름의 느낌을 살펴보았다. 그 결과 조금은 단순화시키면서 무게를 느낄 수 있도록 작업 방향을 잡았다. 자연스런 주름을 제대로 표현하는 일이 숙제라면 숙제였기에 나름 최선을 다했다.

모든 프로젝트가 그렇지만, 이번에도 시간과의 싸움은 피할 수 없었다. 자료 조사 단계에서 시간을 많이 잡아먹은 탓에 후반작업에 필요한 시간이 많이 부족했고, 거의 일주일 정도를 밤샘 작업에 매달린 끝에 겨우 마무리할 수 있었다.

나는 거의 4달여를 작업한 결과물을 가지고 싱가포르로 향하는 비행기에 몸을 실었다. 결과물을 보여줬을 때의 관계자들 반응이 궁금하기도 하고, 두렵기도 했다.

특히 이 프로젝트의 실제 주인공인 펠릭스도 방문할 예정이어서 가슴이 더 두근거렸다. 솔직히 펠릭스의 반응이 가장 궁금했다.

프로젝트의 최종 단계는 작품 전시. 이 전시는 싱가포르에 도착해 묵었던 마리나 베이 샌즈Marina Bay Sands에 제니스 플래그쉽 스토어를 오픈하면서 개최한, 일종의 기념행사였다. 그 시기에 맞춰 펠릭스가 직접 싱가포르를 방문하는 이벤트를 열어 사람들의 관심을 집중시키는 게 주목적이었다.

해외 전시의 경우, 철저한 사전준비가 필요하다. 간단한 물건이라도 현지에서 구하려면 시간도 많이 걸릴뿐더러 찾기도 힘들다. 그런데 나름 잘 준비해서 갔더라도 한두 가지 물건이 없는 상황이 발생하기도 한다. 싱가포르 전시에서도 펠릭스 피규어와 캡슐을 연결해줄 만한 것이 없어서 곤란을 겪었다. 나는 임시방편으로 연질 철사로 연결하긴 했으나 마음이 놓이질 않아서 행사가 진행되는 내내 수시로 체크했다. 다행히 별무리 없이 잘 마무리되었다.

피규어를 영화나 애니메이션의 소재로만 알고 있던 일반인들에게 펠릭스 피규어는 색다르면서도 흥미로운 볼거리가 되었다. 펠릭스 역시 자신의 모습을 형상화한 피규어를 보고 꽤나 재밌어했다. 제니스 이탈리아 본사 사장도 호의적인 관심을 보이며 추후 제작에 대해 논의해보자고 했다. 제니스와 함께한 레드불 스트라토스 프로젝트는 개인적으로 너무나 하고 싶었던 작업이어서 앞으로도 계속 작업을 추가하면서 발전시켜나갈 계획이다.

싱가포르에서는 제니스 플래그쉽 스토어 론칭 행사 외에 또 다른 미팅이 하나 잡혀 있었다. 1년여 전부터 이야기를 나누던 HBO 관계자들이 마침 싱가포르에 있어서 잠깐 시간을 낸 것이다. 이메일로 이야기를 주고받는 것보다는 얼굴을 맞대고 직접 이야기하는 것이 일의 진행상 긍정적인 부분이 더 많다. 만나보니 작업을 기획한 담당자가 아트 토이에 대해 잘 알고 있다는 인상을 받았다.

＜
펠릭스 피규어와 캡슐을 마주한 펠릭스 바움가르트너, 매우 재밌어하며 사인을 남겼다.

> Red Bull Stratos, Baumgartner, 12inch, 2014. 원래 하고 싶었던 프로젝트였기에 재미있기도 했지만, 실제 제작에 있어서도 바디 부분을 스태츄 형태로 조형하는 등 새로운 시도를 할 수 있어 좋았다.

아트 토이,
12인치 액션 피규어
만들기

Making

CHAPTER 6

1. 아트 토이 만들기
- NBA 시리즈

아트 토이란 아티스트나 디자이너가 만든 토이를 일컫는 말로, 순수 오리지널 작품을 의미한다. 원작(영화나 애니메이션, 일러스트 등)이 따로 있는 상태에서 조형만 하는 사람은 '스컬쳐'라고 하는데, 토이 아티스트나 디자이너와는 다른 개념이다. 기본적으로 캐릭터 원작이 별도로 있느냐, 없느냐가 다를 뿐 실제 조형이나 후반 작업 과정은 동일하다. 아트 토이 제작 과정을 살펴보면, 디자인→스케치→조형→복제→도색 순서로 이루어진다.

여기서는 NBA 아트 토이 제작 과정을 소개할 계획이다. 이를 통해 전반적인 아트 토이 제작 과정을 짐작할 수 있을 것이다. 먼저 간단한 순서를 살펴보면, 아트 토이의 콘셉트를 정한 다음 스케치 등을 한다. 그리고 3D로 모델링한 후에 RP(3D 프린트)로 출력하고, 표면정리를 진행한다. 마지막으로 복제 후 도색 작업을 거치면 완성이다.

아트 토이 제작 준비물(재료 및 공구) 및 주의사항

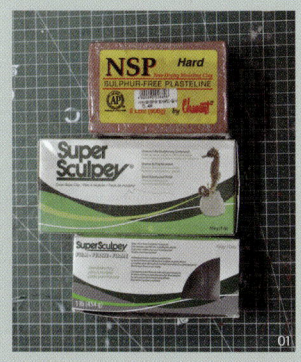

01_ 주로 사용하는 조형용 클레이는 스컬피와 NSP 유토다. 퍼티는 부분적으로 사용한다. 스컬피의 종류로 '슈퍼 스컬피'와 '그레이펌 스컬피'가 있다. 슈퍼 스컬피(살구색)는 좀 말랑말랑하며, 그레이펌 스컬피(진회색)는 좀 단단한 물성을 지녔다. 손힘이 부족한 여성들이 쓰기엔 살구색 스컬피가 조금 편하지만, 면을 살펴보는 일이 힘들어서 회색 스컬피로 개선되어 출

시되었다. 오븐에 굽기 전까지는 계속 조형할 수 있다는 장점이 있으나, 강도가 약하다는 게 단점이다. 그래서 얇은 파츠들은 대개 퍼티로 작업하는 경우가 많다.

02_ 조형할 때 사용하는 도구들(tool), 즉 조각도, 자, 헤라, 아트나이프, 붓, 고무 헤라, 커터칼, 필기구 등. 보통은 전체 덩어리를 잡을 때는 커터칼이나 조각도를 사용하고, 세부 디테일은 헤라로 잡아주며, 면 정리는 고무 헤라와 붓으로 한다. 스컬피의 최종 마감은 오븐에 넣어 굽기 전에 진행하는데, 붓에 베이비오일이나 락카 신나를 살짝 묻혀서 붓질을 한다. 그 이후에 사포질을 한다.

03_ 퍼티 계열의 조형 및 마감 재료들. 왼쪽부터 순서대로 에폭시 퍼티, 타미야 퍼티, 레드 퍼티, 폴리 퍼티다. 조형 시 퍼티는 주제와 경화제를 섞어서 사용한다. 단, 강도가 스컬피보다 강해서 얇은 파츠 등의 작업에 좋다. 하지만 섞은 후에 1시간 정도만 조형이 가능하고, 3시간 정도면 완전 경화가 이뤄진다. 어느 정도 조형에 익숙해진 다음에 쓰는 게 좋을 듯하다. 레드 퍼티는 작은 홈이나 사포 자국 등을 메우는 용도인데, 신나 계열이어서 사용 시 꼭 마스크를 착용하거나 스프레이 부스 안에서 작업하는 게 좋다. 폴리 퍼티는 훨씬 더 빨리 경화되기 때문에 덩어리를 빨리 잡고 깎는 형태의 작업에 용이하다. 하지만 공업용이어서 몸에 좋지 않으므로 피부에 닿지 않게 조심하고, 마스크를 꼭 써야 한다. 아무래도 토이 작업은 단계가 많아서 힘들지만, 이렇게 몸에 안 좋은 재료들이 많기 때문에 접근하기 힘든 부분도 있다.

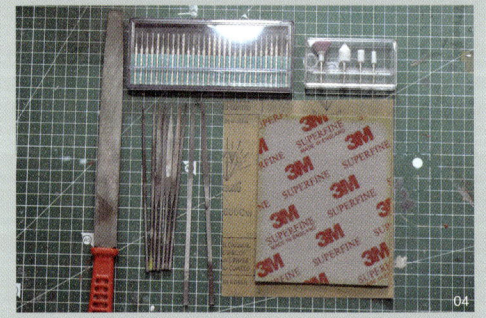

04_ 전체적인 덩어리를 잡은 후에 표면을 마감할 때 사용하는 도구들. 기본적으로는 종이 사포, 스펀지 사포 등이 있고, 드레멜Dremel(전동공구)을 이용해서 연삭 툴들을 사용하기도 한다. 이 과정 역시 환기에 유의하지 않으면 건강을 해칠 수 있다.

05_ 드레멜, 소형 환풍기, 스컬피를 굽는 오븐(열풍기 타입). 드레멜 등을 사용할 때는 환풍(환기) 시설이 필수다.

06_ 모형용 도료들은 락카 신나 타입과 에나멜 신나 타입이 있다. 그 외 에어브러시(airbrush)와 마스킹 테이프(masking tape), 마스킹 졸masking sol(액체 타입의 마스킹 용액). 작품의 스타일에 따라 아크릴, 유화 물감, 파스텔 등을 사용하기도 한다.

07_ 콤프레셔(compressor)와 스프레이 부스. 에어브러시 및 스프레이 작업을 할 때는 꼭 환풍 시설이 있는 곳에서 진행하는 게 좋다.

주의사항: 아트 토이, 피규어 제작 과정은 복잡하고 까다롭다. 게다가 몸에 좋지 않은 재료들도 많기 때문에 바람이 잘 통하는 곳에서 작업해야만 안전하다. 다소 불편하더라도 마스크와 장갑 등을 반드시 착용하고 작업하는 게 바람직하며, 도료나 퍼티, 신나 등이 피부에 직접 닿지 않도록 해야 한다.

NBA 아트 토이 제작 과정

NBA 뉴욕 본사와의 콜라보레이션 아트 토이 시리즈로, 초기 디자인 작업은 GFX 작가와 함께 진행했다. 디자인 당시 농구선수들의 액티브한 모습들을 보여주는 데 초점을 맞추었다. 결과적으로 피규어 자체는 정지한 모습을 띠고 있지만 디자인적으로 동선 force direction 을 가미해 좀 더 동적인 느낌을 연출했다. 유명 NBA 농구선수들을 아트 토이로 만들어 대량생산한 데 의의가 큰 시리즈다.

① 스케치

초기 키 디자인 Key Design 으로 코비 브라이언트를 먼저 작업했다. 아무래도 최종 모습과는 사뭇 다른데, 초기에 생각했었던 콘셉트들이 표현된 모습이다. 이 부분까지 대략 2~3개월 정도 걸렸다. NBA 시리즈를 디자인할 때 가장 중요하게 여겼던 부분은 기본적인 차려 자세였으나, 액티브한 이미지 역시 배제할 수 없었다. 2D 애니메이션에서 동선을 보여주는 라인들을 쉐이프에 적용시켜서 커브 형태를 표현했다(sketch by GPX).

② 3D 모델링

디자인을 기반으로 3D 모델링을 진행한다. 일반적인 게임이나 영화 제작에 쓰이는 모델링과 다른 점은 제품 제작을 위한 금형 제작과 도색 등을 위해 파츠들을 나누는 것과 오브젝트 간의 간격을 조절해서 가동 시 자연스럽게 움직이도록 모델링하는 부분이다. 왼팔의 팔꿈치 보호대는 패브릭 재질로 만든다.

왼쪽 이미지는 3D의 와이어프레임 wire-frame (컴퓨터 그래픽에서 3차원 물체의 형상을 나타내기 위해 물체의 형상을 수많은 선의 모임으로 표시하여 입체감을 나타내는 것. 철사를 이어서 만든 뼈대처럼 보여서 '와이어프레임'이라고 한다)이다.

위쪽 이미지는 실제로 제작하기 전에 완성한 전체 시리즈의 3D 렌더링 이미지다. 여기서 유니폼 색상 등 시리즈에 대한 전체적인 밸런스를 맞춘다. 하나의 캐릭터를 만드는 게 아니라 여러 캐릭터로 이루어진 시리즈여서 전체가 모였을 때의 모양들도 감안해서 작업을 진행해야 한다.

③ **3D 프린팅, RP**

처음 디자인했던 코비 브라이언트의 3D 프린팅 결과물. 3D 프린터의 주요 용도가 신속한 시제품 제작이어서 3D 프린팅을 RP, 즉 '래피드 프로토타이핑rapid prototyping'이라 부르기도 한다. 3D 프린팅은 2000년 후반부터 사용되었으며, 여기서는 액상 적층 방식으로 출력한 모습이다.

④ **표면정리 및 원형 완성**

3D 프린팅을 통해 만들어진 시제품(원형)의 표면을 깨끗하게 정리한 후 일일이 사포질하여 표면을 매끄럽게 만든다. 이 과정을 통해 피규어 원형이 완성된다. 보통 적층 방식의 3D 결과물은 표면이 나뭇결 모양을 띠는데, 사포질로 이 부분을 매끄럽게 하는 것이다. 액상 출력물의 경우 아크릴 재질과 비슷한 느낌이어서 사포질이 잘되는 편은 아니다.

⑤ 원형 복제

01_ 실리콘 복제를 위한 유토 작업. 탈포기(기포를 빼는 장치) 없이 복제하는 방식으로, 기포를 최대한 없애기 위해 틀을 2조각으로 해서 만드는 과정이다.

02_ 실리콘을 얇게 초벌로 부어준다. 이때 원형과 맞닿는 부분에 기포가 많이 생기지 않도록 얇게 붓는 게 포인트. 기포가 완전히 없어질 때까지 5~10분 정도 기다렸다가 나머지 실리콘을 붓는다. 원형 크기에 따라 다르지만 보통 원형보다 1센티미터 높게 부어주는 게 좋다.

03_ 바디는 모든 캐릭터에 공통으로 사용된다. 한쪽 면의 실리콘이 굳은 후 반대편의 유토를 분리하고, 실리콘끼리 붙지 않도록 바세린을 발라준 후 실리콘을 붓는다.

04_ 레진 복제 후 조립. 여기까지 작업하면 전체 시리즈의 느낌을 실제로 접할 수 있다. NBA 시리즈의 경우, 중간에 컨펌 과정들도 있어서 이 작업까지 5개월여가 소요되었다. 레드퍼티로 파팅라인parting line 부분을 마감한 다음 사포질로 마무리한다.

⑥ 도색

01_ 도색을 위한 준비 단계로서 원형 복제 후 다시 표면 정리를 한다. 이제 컴펌 받은 3D 렌더링 이미지를 베이스로 도색 작업을 진행한다.

02_ 기본 피부색 테스트. 각 캐릭터를 살펴보면 피부 톤이 조금씩 다른데, 첫 번째 시리즈에서는 6가지 피부색이 사용되었다. 테스트 후 먼저 피부색 부분부터 도색을 시작한다.

03_ 신발의 도색은 3D 렌더링을 베이스로 제작된다. 3D 작업은 단순히 3D 프린팅을 위한 데이터 작업뿐만 아니라 마스킹 작업을 위한 베이스로도 효과적으로 쓰일 수 있다.

04_ 3D 렌더링을 베이스로 실제 신발에 컬러를 입힌다. 신발 크기는 대략 2.8센티미터 정도. 크기가 작아서 공장에서 생산할 때 문제가 생길 수 있으므로, 그 점에 유의해 수정 작업도 함께 진행한다.

05_ 나머지 캐릭터들(NBA 농구선수들)에게 신길 신발의 페인트 마스터를 완성한다. 신발 크기가 작기 때문에 마스킹 작업도 힘들었을 뿐 아니라 작업 시간도 길었다.

06_ 마스킹을 해서 헤어와 유니폼을 도색한다. 색상과 디자인이 다양해서 도색하는 데 시간이 많이 걸렸다.

07_ 각종 로고 및 타투 등은 데칼(각 캐릭터들의 디테일을 살리는 데 쓰이는 얇은 스티커 같은 것)을 만들어서 작업한다. 디자인 초기 단계에 마스킹으로 도색할 부분과 데칼로 작업할 부분을 고려해두면 작업의 퀄리티를 높일 수 있다. 데칼의 경우 색상이 다양하지 않으므로 도색과 데칼 부분에 대한 계획을 잘 세워야 한다.

08_ 각 캐릭터들의 페인트 마스터 완료 직전 단계로, 이제 눈동자를 그리고 마감재를 올려주면 완성이다. 보통 눈자위와 눈동자는 붓으로 섬세하게 작업한다.

09_ 농구공 작업. 기본 도색 후 농구공의 검정색 라인들은 마카펜으로, 그 외 로고는 데칼로 작업한다.

10_ 완성된 캐릭터. 캐릭터의 눈동자 부분은 붓으로 그려 넣었는데, 이렇게 만든 NBA 아트 토이는 샌디에이고 코믹콘SDCC에 디스플레이하기 위해 곧바로 미국으로 보내졌다. 도색 작업만 대략 한 달 정도 소요되었다. 조색 및 도색 작업은 나병훈(aka, SOHO)이 진행했다.

⑦ **완성**

최종 생산품. 처음 NBA 뉴욕 본사로부터 컨택 이메일을 받은 날로부터 최종 생산품을 손에 쥐기까지 1년 2개월여가 소요되었다. 피규어의 경우 프로젝트 기간(디자인부터 생산까지)이 긴 편이다.

아트 토이 핸드메이드 과정

01_ 실제 만들 토이를 스케치한다.
02_ 헤드보다 5밀리미터 정도 작게 철사로 뼈대를 만들어준다.
03_ 관절을 제외하고 뼈에 해당하는 부분을 먼저 고정한다.
04_ 관절은 포즈를 잡은 후에 고정하기 시작한다.
05_ 어깨쪽 관절을 고정한다.
06_ 팔꿈치, 허리, 무릎, 발목을 고정한다.
07_ 포즈를 고정한 후에 실제 조형에 들어간다. 보통은 실제 만들려는 크기보다 2~3밀리미터 정도 작은 크기까지는 덩어리를 빨리 붙여나간다.
08_ 피부에 해당하는 부분과 디테일한 부분을 만들어나간다.

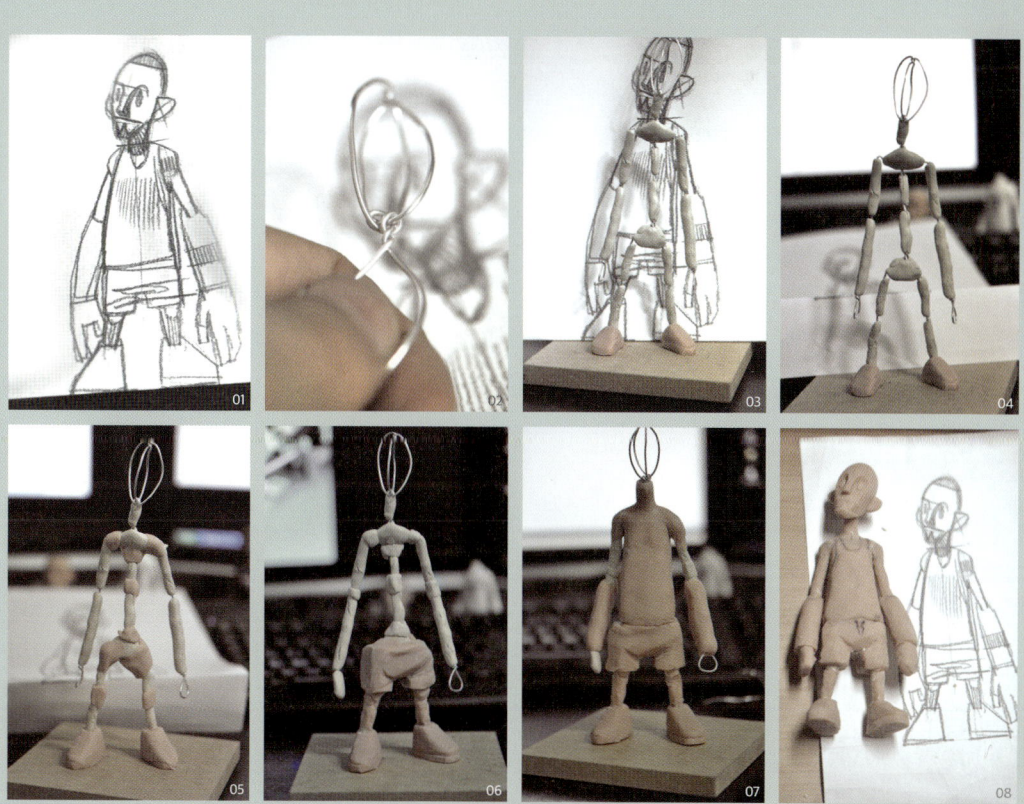

2. 12인치 액션 피규어 만들기 – 덩키즈 시리즈

　12인치 액션 피규어는 말 그대로 여러 가지 동작을 취할 수 있는 기본 바디에 의상 등을 입힌 피규어를 말한다. 디자인 피규어의 경우 머리와 손, 의상 등을 제작한다. 개인적으로 가장 좋아하는 아트 토이 스타일이 바로 12인치 액션 피규어다. 바디의 딱딱함과 패브릭의 부드러움이 공존하는 느낌이 나의 관심을 끌며, 핸드메이드 작품과 가장 가까운 느낌이라는 점도 마음에 든다.

　12인치는 대략 30센티미터 정도인데, 스케일로 보면 일반 사람(키 180센티미터)을 기준으로 6분의 1 정도의 크기다. 그래서 '6분의 1 피규어'라고도 한다. 이러한 스케일은 단순한 크기뿐 아니라 액세서리 등을 실제 크기에서 줄인 비례를 의미한다. 아트 토이와 비교했을 때는 12인치 액션 피규어의 제작 과정이 좀 더 복잡하다. 패브릭 등 필요한 재료도 더 많고, 캐릭터에 맞는 액세서리도 만들어야 하는 등 손이 많이 가는 작업이다.

　여기서는 덩키즈 제작 과정을 통해 12인치 액션 피규어를 만드는 방법을 알려주려고 한다. 2008년 나이키 덩크 23주년 기념전시를 할 때 Seman10cm 작가와 함께 만든 덩키즈 시리즈 캐릭터 중 하나다(헤드 디자인 및 원형은 Seman10cm 작가가 만들고 의상 및 바디, 신발 등은 내가 만들었다). 12인치 액션 피규어의 경우 바디는 기존 토이회사들이 생산한 바디를 그대로 사용하기도 하고, 크기에 따라서 커스텀을 하기도 한다.

덩키즈 제작 과정

① 스케치
기본적인 컬러, 재질 등에 대한 전체적인 방향을 보여준다. 모든 피규어는 본격적인 제작에 앞서 반드시 스케치 작업을 거친다. 스케치는 집을 지을 때 설계도와 같은 역할을 한다.

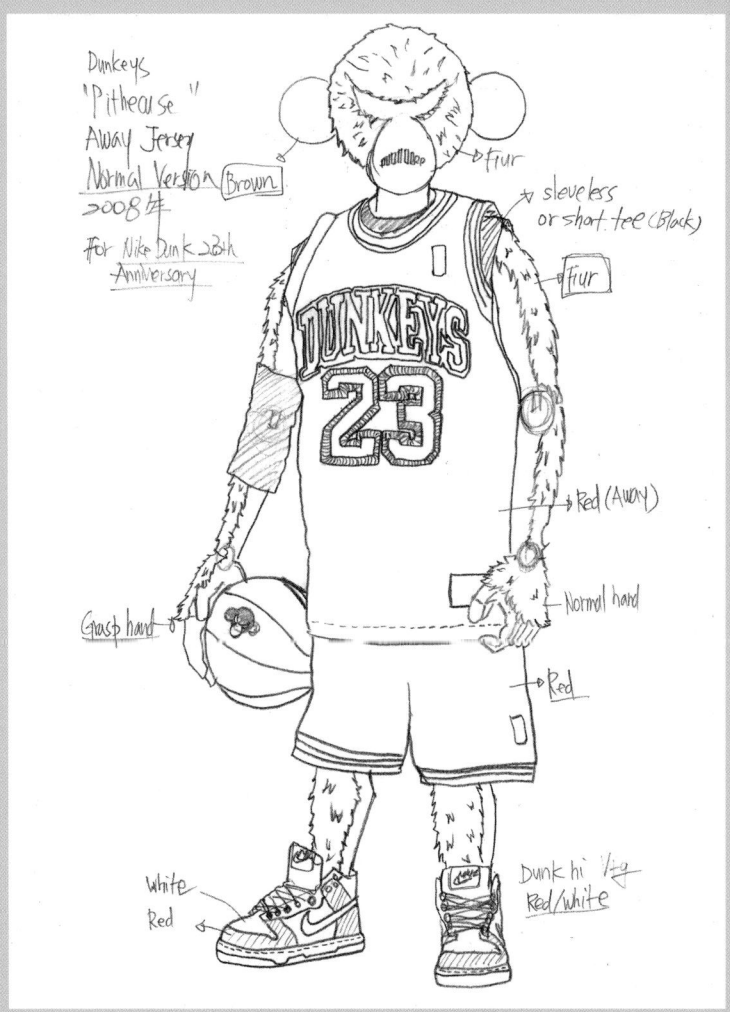

② 헤드 만들기

01_ 헤드 제작의 첫 번째 단계. 알루미늄호일로 둥근 형태의 헤드를 만드는데, 기본 헤드 크기보다 5밀리미터 정도 작게 만든다. 스컬피로 조형할 경우에는 오븐에 구워야 하므로 열에 의해 팽창되는 재료를 내부에 넣지 않는 것이 좋다. 일반적으로 뼈대 재료는 나무 정도가 적합하고, 철사로 뼈대를 만든 후엔 알루미늄호일로 덩어리를 만들어주는 편이다.

02_ 스컬피나 유토, 석분점토 등 자신이 표현할 수 있는 재료로 헤드의 모양을 잡아준다. 주로 스컬피를 사용하는 편인데, 오븐에 굽기 전까지 말랑한 상태가 유지되어 조형에 많은 시간을 할애할 수 있기 때문이다. 오븐에 구운 뒤에는 사포질 및 마감 작업을 진행한다.

03_ 러프 스케치를 하듯이 클레이 위에 대략적인 모양새를 그려주면서 조형 작업을 진행한다. 대략적인 모양을 그려주면 좀 더 최종 이미지에 가깝게 작업할 수 있고, 완성 후 이미지도 미리 그려볼 수 있다.

04_ 캐릭터는 보통 대칭인 경우가 많은데, 덩키즈 캐릭터의 귀 역시 대칭이 되도록 러프하게 선을 그어서 위치를 잡아준다.

05_ 귀를 헤드에 고정하기 전에 먼저 좌우 크기를 맞춰서 별도로 만들어준다. 이렇게 하면 좀 더 대칭에 가깝게 작업할 수 있다.

06_ 헤드에 귀를 붙이고 스케치와 비교하면서 조형을 해나간다. 캐릭터의 경우 좌우대칭을 맞추는 작업이 힘든 부분 중 하나인데, 이렇게 따로 만들어 붙이면 대칭의 모습으로 작업하기가 용이하다.

07_ 털의 표현은 사진처럼 조형으로 할 수도 있고, 실제 털을 붙여서 표현할 수도 있다. 12인치 피규어를 제작할 때는 실제 재질들을 많이 사용하는 편이다.

08_ 서페이서surfacer를 뿌리고 사포질을 해서 완성시킨 모습이다.

09_ 유토 작업. 완성시킨 원형 헤드를 복제하는 작업으로, 탈포기를 사용하지 않고 실리콘 복제를 하는 방식이다. 이때 실리콘을 두 조각으로 만들어 작업한다. 두 조각으로 나누는 기준은 보통 토이의 옆라인 절개선을 보고 연구하며, 아니면 오브젝트를 눕힌 후 위에서 내려다봤을 때 보이지 않는 면을 실리콘으로 채워주면 된다.

10_ 실리콘 틀을 완성한 모습. 7~8일 정도 걸리는 전반부의 원형 작업은 바로 이 실리콘 틀을 만들기 위함이다.

11_ 레진 복제. 실리콘 틀에 레진을 부어주는 방식으로 복제가 가능하다. 하나의 틀에서 보통 20개 정도의 복제가 가능하다. 주제와 경화제의 혼합인 레진은 액상 상태이며, 섞으면 2~3분 만에 굳는 성격을 지녔다. 보통 플라스틱과 느낌이 비슷하다.

12_ 헤드의 털fur 패턴 제작 단계. 덩키즈의 경우 실제 털 재질을 사용한다. 작은 크기의 오브젝트에 패브릭을 붙일 경우 패브릭이 늘어나는 방향에 따라 완전히 다른 결과물이 나올 수도 있으므로 늘어나는 방향을 미리 표시해두는 것이 좋다.

13_ 패턴 제작 후 일러스트레이터로 패턴을 그려준다. 일러스트 작업이 귀찮을 수 있으나 여러 개를 만들려면 해두는 것이 좋다.

14_ 일러스트 파일을 프린트한 후 실제 털 원단에 부착한 다음 절개한다.

15_ 왼쪽 헤드는 완성된 털 패턴을 부착한 것이고, 오른쪽은 패턴 제작 이미지다.

③ 로봇팔 파츠 만들기

01_ 디자인에 따라서 수작업으로 진행할지, 3D 작업으로 진행할지 정한다. 로봇팔의 경우에는 3D로 표현하는 것이 더 좋기 때문에 여기서는 3D로 작업한다. 3D로 작업할 경우 디자인적인 면 외에 파츠끼리의 조인트 부분의 작업도 용이한 편이다.

02_ 3D 프린팅RP 출력 후에는 헤드와 유사한 작업이 이루어진다. 즉 사포질로 표면을 매끄럽게 정리한 후 실리콘 복제하기. 이미지는 사포질 후 실리콘 복제를 위해 반쪽을 만지락 유토로 묻어놓은 상태를 보여준다.

03_ 한쪽 실리콘이 굳은 상태다. 실리콘의 색상은 회사별로 차이가 있는데, 경화제의 컬러에 따라서 조금씩 다르다.

04_ 로봇손등과 손목조인트 파츠의 실리콘 틀. 바세린을 발라준 후 위쪽에 다시 실리콘을 부어주면 실리콘 틀 완성이다.

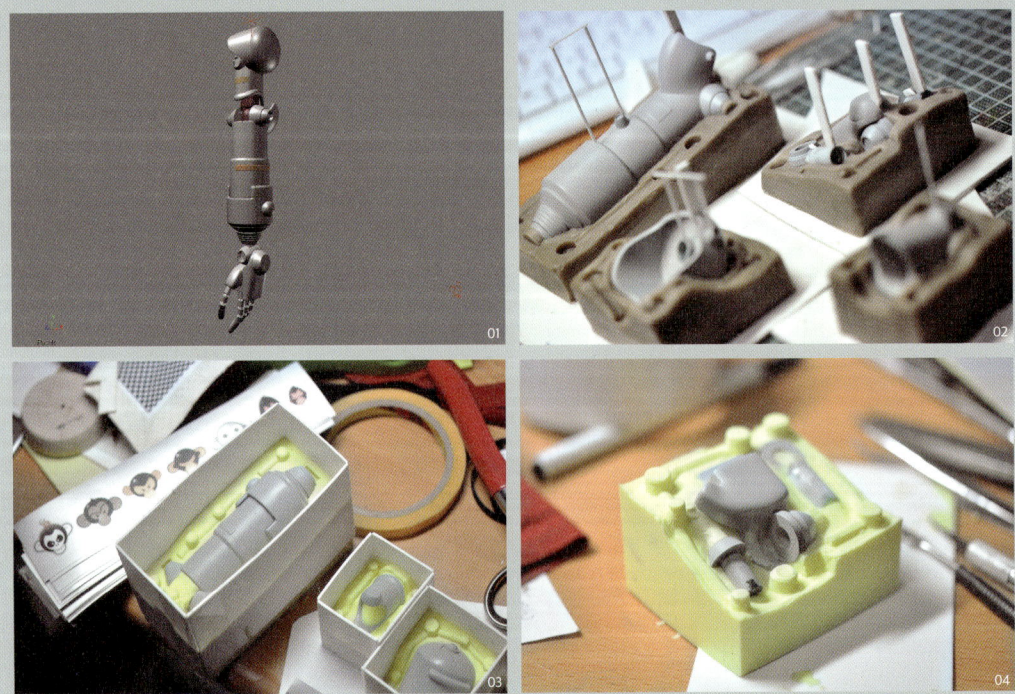

05_ 실리콘 틀 완성 후 레진 복제 및 조립 완료. 레진으로 복제할 경우 조금 수축되기도 한다.

06_ 로봇팔 및 덩키즈의 농구공 캐릭터인 프레이볼. 프레이볼은 선수들을 공격하기도 하며, 아래위 두 파트로 이루어져 있다.

07_ 레진 복제 후 서페이서를 뿌린 상태. 이제 다시 파팅 라인 부분들의 표면을 정리해야 한다. 작은 흠이나 긁힌 부분은 레드퍼티를 바른 후 사포질로 정리한다.

08_ 로봇팔 기본 채색 후 오렌지 라인은 마스킹한 다음 도색한다. 파츠 분할은 실리콘 복제를 위해 하는 작업인데, 도색이 좀 더 쉽도록 파츠를 분할하기도 한다.

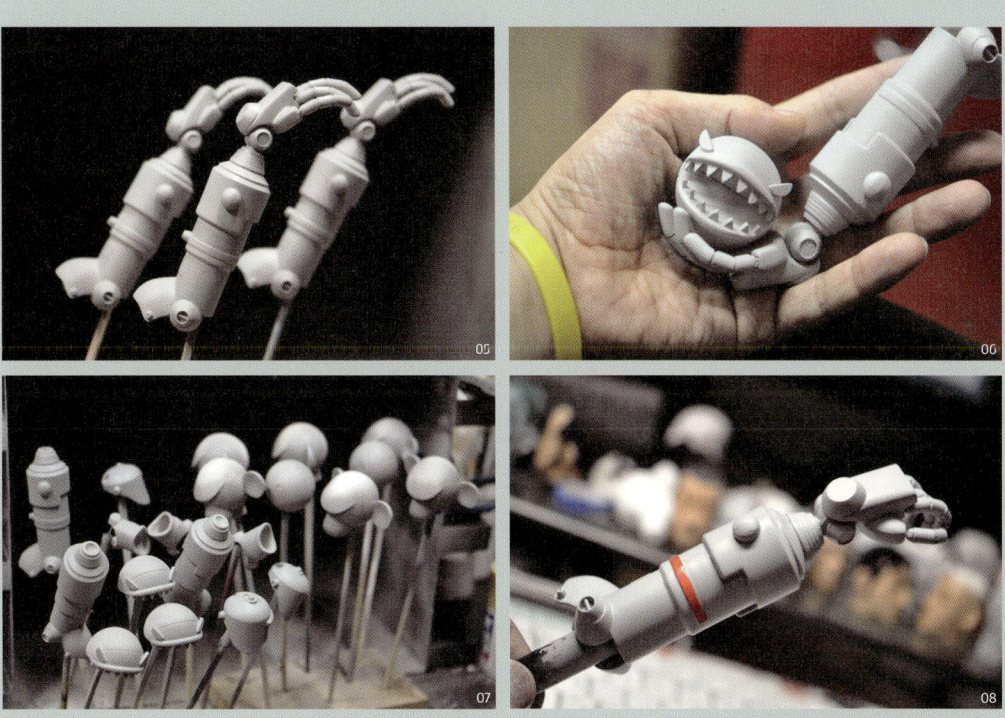

④ 컬러 버전 바디 만들기

01_ 전개도.

02_ 덩키즈의 바디 도색. 덩키즈는 원숭이 캐릭터여서 일반 캐릭터보다 다리가 짧은 편이다. 기존 바디에서 허벅지와 종아리 부분을 좀 더 짧게 개조했다. 특히 피테쿠스 캐릭터는 키가 대략 170센티미터(6분의 1 크기로 줄이면 약 28센티미터) 정도여서 기존 다리에서 2센티미터쯤 잘라내고 작업했다.

03_ 바디 도색 후 언더팬츠를 착용한 모습. 덩키즈 리그 로고는 NBA 로고를 패러디해서 덩키즈가 드리블하는 모습으로 만들었다. 패브릭 재질에 들어가는 로고는 '전사' 방식으로 작업하는데, 보통 이미지를 잉크젯용 전사용지에 프린트한 후 다리미로 다려준다.

04_ 덩키즈 저지 하의 착용 및 바디에 털 패턴 작업 완료. 언더팬츠와 마찬가지로 유니폼 하의에도 설정상의 로고를 전사로 붙여준다.

05_ 덩키즈 피테쿠스 컬러 버전의 의상 착용 완료 모습. 상의의 로고는 컴퓨터 자수로 표현했는데, 실제로 보면 자수가 한결 고급스런 느낌을 준다. 하지만 주름이 잡히지 않는 것이 단점, 결국 주름 표현 때문에 전사로 바꾸었다.

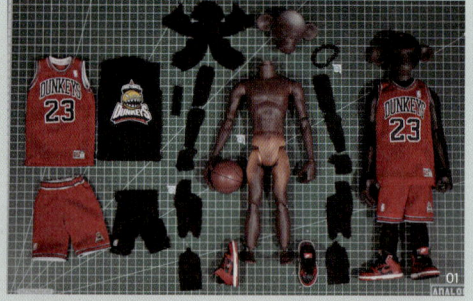

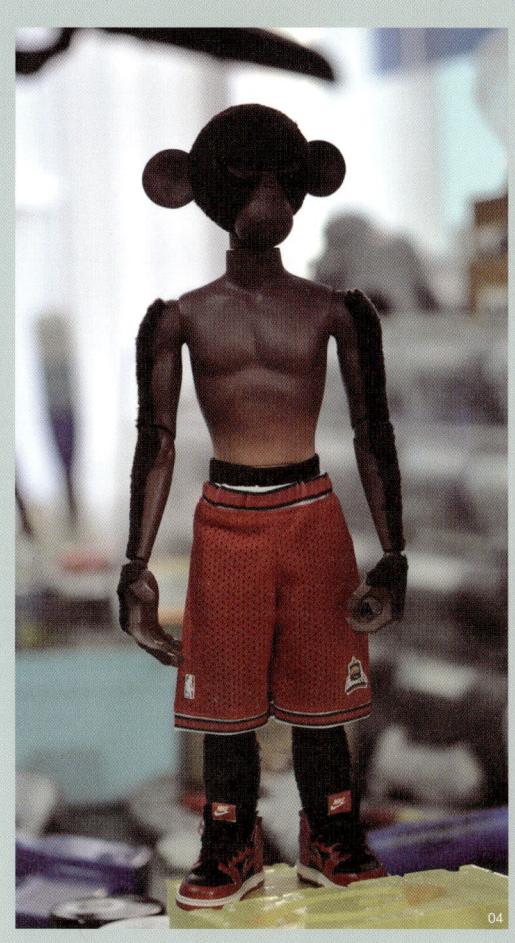
04

05

⑤ 흑백 버전 바디 만들기

01_ 흑백 버전 바디의 도색 전 이미지. 아트 토이의 경우 여러 가지 컬러 버전을 만들기도 한다. 덩키즈는 흑백 버전을 만들면서 컬러 버전과는 다르게 로봇팔 파츠를 추가하는 한편, 농구공도 일반 농구공이 아닌 덩키즈 리그 전용볼인 프레이볼로 바꾸었다. 전투농구의 콘셉트는 Seman10cm 작가의 초기 설정들 중 하나다.

02_ 블랙 바디 도색 작업. 먼저 조립했던 파츠를 모두 분리한 후 블랙 무광의 도색제를 뿌려준다. 관절 부분까지 움직여주면서 골고루 뿌리는 게 포인트다.

03_ 블랙 바디 도색 후 파츠 조립. 이때 가조립을 해봄으로써 전체적인 느낌을 확인해보는 것이 좋다.

04_ 헤드와 바디의 털 패턴 작업. 개인적으로 바디의 딱딱함과 패브릭의 부드러움이 공존하는 느낌을 좋아하는데, 작은 사이즈의 경우 그런 조합이 어색할 수도 있다. 아무래도 의상이 너무 작으면 조잡해보일 수 있기 때문이다. 두 가지 재질을 사용할 때는 디자인이나 크기를 고려해야 낭패를 당하지 않는다.

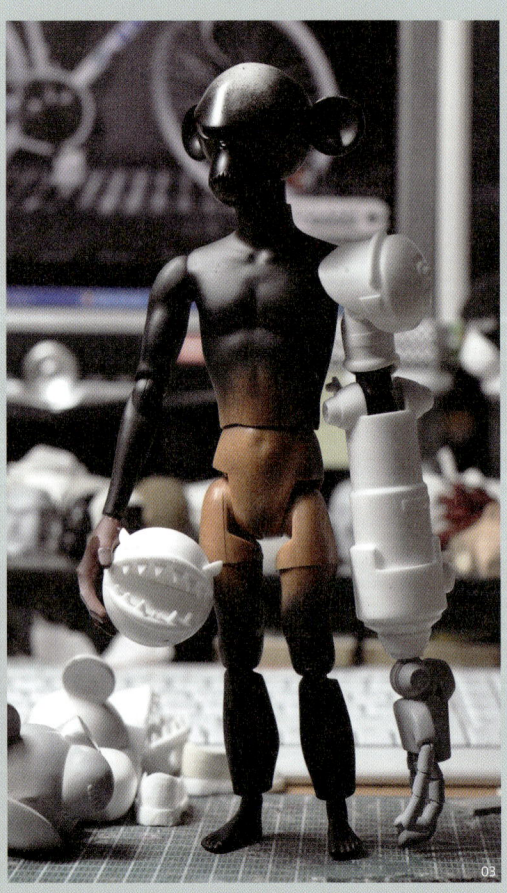

05_ 의상 세팅 전. 각각의 파츠가 거의 완성된 시점에서 조립해보고 의상의 피트감이나 신발 크기 등을 확인한다.

06_ 의상 및 액세서리 파츠 착용 후의 모습. 신발의 경우 신발끈을 묶기 전과 후의 모습이 확연히 다르다. 전체적인 완성도를 높이고 싶다면 신발끈을 묶을 것!

07_ 완성된 모습. 2008년 Seman10cm 작가와 함께 작업한 덩키즈 캐릭터로, 만들 때마다 비례도 조금 바꾸고 로봇팔도 수작업이 아닌 3D로 작업하는 등 변화된 모습을 보여주고 있다.

⑥ 유니폼 로고 만들기

01_ 유니폼에 들어갈 로고들. 이것을 전사 방식으로 부착한다. 보통 로고 작업은 거의 마지막 단계에서 진행되는데, 로고를 잘못 전사할 경우 의상을 다시 만들어야 하기 때문이다.

02_ 유니폼에 로고를 다리미로 전사한 모습. 이제 의상과 신발이 모두 완성되었다. 12인치 액션 피규어의 경우 조형 외에 의상이나 신발 제작이 필수여서 일반인이 쉽게 접근할 수 없다. 특히 신발은 전체로 봤을 때는 아주 작은 파츠에 불과하나, 조형으로 만들었을 때와 수작업으로 만들었을 때의 느낌이 사뭇 다르므로 신경 쓸 부분이 많다.

3. 신발(스니커즈) 만들기

12인치 디자인 피규어는 무엇보다 디자이너가 직접 만든다는 점에서 상당히 매력적이다. 의상부터 신발까지 일일이 손으로 제작하는데, 여기서는 나이키 덩크를 6분의 1 크기로 만든 과정을 보여주려 한다.

대량 생산품은 보통 바이닐Vinyl이라는 재질로 만들어지는 데 비해 12인치 디자인 피규어는 실제 신발 재질과 거의 같은 재료로 만들어진다. 개인적으로 헤드나 바디가 딱딱한 플라스틱 재질이므로 신발은 이 느낌과 반대되는 패브릭이나 가죽 질감을 선호한다. 상반되는 두 느낌이 어우러지기를 바라기 때문이다.

신발은 단순한 액세서리가 아니다. 12인치 디자인 피규어의 한 파츠임에는 분명하나, 캐릭터의 개성을 표현하는 데 있어서 헤드 못지않게 중요한 역할을 한다. 그래서 나는 헤드 부분은 단순화하되, 신발이나 액세서리 등을 만들 때는 최대한 실제 재질과 같게 표현하려고 노력한다. 좀 더 현실감을 강조하기 위함인데. 우리 주변에 흔히 있을 법한 캐릭터를 표현하려고 애쓰는 편이다.

다음에 보여주는 덩크하이의 경우 실제로는 가죽 재질인데, 여기서는 레자(인조가죽)를 사용해 제작했다. 실제 가죽을 쓰게 되면 두께가 두꺼워지기 때문인데, 오히려 미니어처 사이즈로 만들 경우 자잘한 레자의 질감이 가죽과 더 유사하게 느껴진다.

> 실제 Uptempo 신발과 1/6 사이즈 신발(5.5cm).

나이키 덩크하이 제작 과정

12인치 디자인 피규어에서 신발은 일종의 액세서리에 지나지 않는다. 그러나 수제 신발만의 독특한 느낌을 지녔기에 디자인 외적으로 가장 중요하게 생각하는 부분 중 하나다.

01_ 스케일이 6분의 1 사이즈이긴 하나, 디자인 피규어는 신발이 조금 크고 통통한 느낌이 더 잘 어울려서 5.5분의 1 정도로 만드는 편이다. 조형할 때처럼 실사이즈를 프린트해 살펴보면서 비례를 맞추면 형태를 더 잘 표현할 수 있다. 옆모습의 패턴은 거의 그대로 사용할 수 있지만, 앞과 뒷모습은 커브로 돌아가기 때문에 좀 더 사이즈 조정이 필요하다.

02_ 패턴 제작을 위해 대략적인 조각을 구성하고 파츠를 나눌 준비를 한다. 프린트한 이미지에 최대한 맞게 자른다.

03_ 프린트한 덩크하이와 유사한 라인으로 대략적인 패턴을 그려준다. 어떤 재료로 만드느냐에 따라 패턴의 크기가 조금 달라질 수 있으므로 패턴을 제작할 때도 실물과 같은 재료를 사용하는 게 좋다. 아니면 일러스트로 패턴을 제작한 후 수정해도 된다.

04_ 그려준 패턴을 기반으로 스캔해서 일러스트 파일로 만든다. 좌우대칭이나 똑같은 형태의 신발을 제작할 경우 이렇게 파일로 만들어두면 여러모로 편리하다. 처음에는 두꺼운 종이에 그린 패턴을 원단에 대고 작업했었는데, 모양이 좀 다른 신발들이 만들어지는 바람에 시간이 걸리더라도 패턴을 파일로 만들어두는 방식을 택했다.

05_ 프린트한 패턴을 레자 원단에 붙인 후 그 모양대로 잘라준다. 신발끈을 묶는 구멍은 2밀리미터 펀치로 뚫어준다. 초기에는 펀치가 없어서 패브릭을 순간접착제로 굳힌 후 드릴로 구멍을 냈는데, 손도 많이 가고 퀄리티도 별로였다. 원래 레자가 잘 늘어나는 성질을 지닌 데다 크기도 작다보니 의도대로 잘 잘리지 않는 느낌이 있다.

06 실물을 보면서 신발 틀에 순서대로 잘 붙여준다. 초기에는 레진으로 만든 신발 틀이 없어 EVA스폰지로 틀을 만들어 사용했다. 이 경우 틀 하나를 만드는 데 2~3시간이 소요되었고, 신발 한 켤레를 완성하는 데 6~7시간이나 걸렸다. EVA스폰지로 만들면 실제 신발처럼 접히기도 하는데, 나이키 덩크 23주년 기념 전시 때는 100여 켤레를 3달 만에 만들어야 했기에 신발들을 레진으로 제작했다. 결과적으로 예상보다 약 30퍼센트 정도의 시간을 절약할 수 있었다. 레진의 단점은 딱딱하다는 것.

07_ 모든 파츠를 조립한 상태다. 신발의 경우 신발끈을 묶기 전까지는 제대로 된 형태가 나오지 않으므로 실제처럼 끈을 묶는 작업을 진행한다.

08_ 신발끈의 너비는 보통 2밀리미터 정도로 가늘어서 핀셋으로 작업한다. 보통 약 30분쯤 소요되는 작업이다.

09_ 신발끈을 모두 묶은 후의 모습. 단순히 신발끈을 묶는 작업이지만, 이 과정을 통해 비로소 완성된 신발 형태가 갖춰진다.

10_ 처음에 프린트해둔 신발과 비교해가면서 몇 번 패턴을 수정한다면 좀 더 나은 형태를 만들 수 있다. 보통 3~4번 정도 수정하며 패턴을 완성시키는데, 신발 디자인이 복잡할수록 작업시간은 더 길어진다.

에필로그

Thanks to…

2007년 처음 만나서 여러 가지 프로젝트를 함께 진행해온 동진(GFX), 2008년 나이키 덩크 전시회 때 만나서 지금까지 좋은 사진들을 많이 찍어준 동원(sense), 2011년부터 함께해왔던 핸즈인팩토리의 이재헌, 박태준 그리고 강지혜, 송필영, 강병헌, 제 옆에서 늘 좋은 말씀과 도움을 주신 좌우태 형님, 2008년부터 덩키즈 시리즈를 함께 작업하고 있는 박성균(Seman10cm) 형님, 언제나 멋진 작업으로 제 기대를 저버리지 않는 윤협, 모두모두에게 감사의 마음을 전합니다.

2008년에 만나서 어려운 시절을 함께 견뎌낸 병훈, 그동안 고생 많았어, 고마워!

토이 아티스트로서의 첫발을 내딛는 계기가 되었던 프로젝트를 함께 진행한 나이키 에너지 팀의 황의규, 이영미 부장님, 태훈, 진심으로 감사드려요.

그리고 피규어를 모를 때부터 가장 오랫동안 지켜봐온 어비, 새로운 프로젝트나 전시가 있을 때면 가장 기뻐해준 이공오, 진심으로 고마워.

킨키로봇이 연결고리가 되어 인연을 맺은 스테판, 일균, 선주, 다덕, 나영, 고마워요.

아메바후드 프로젝트를 진행할 때 늘 격려해주신 사장 누나, 다이나믹 듀오, 고마워요. 덕분에 즐겁게 작업할 수 있었어요.

조형 등 토이를 만들다가 벽에 부딪쳤을 때 시원하게 해결책을 알려준 찬석, 그리고 스티키몬스터랩의 강인애 대표, 부창조, 최림, 모두 고마워요.

몇 년 전 덩키즈 생산을 위해서 만난 블리츠웨이 권이사님, 덕분에 여러 프로젝트에서 토이를 생산했는데 감사드립니다.

　　너무 바빠서 자주 만나지는 못하지만 항상 영감을 주는 연균, 존경하는 거 알지?
　　2010년부터 상상마당 아카데미를 기획하고 진행해주신 양미숙 팀장, 쌈 과장, 세라, 지언, 그리고 언제나 반겨준 지영, 로라, 별이, 고마워요.
　　그러고 보면 토이 덕분에 좋은 사람들도 많이 만났습니다. 툰토이를 만들고 있는 덕영, 델리토이즈의 재혁, 일러스트레이터 수미, 아트디렉터 브라더 대홍, 듀코비 팀의 윤기와 용기, 킬베로스 팀의 종석, 남상, 크라켄, 세훈(작업을 많이 도와준 세훈은 고맙고도 미안해요), 일러스트레이터 뭉크, 미경, 고마워요.
　　상상마당 아카데미에서 만난 사람들도 빼놓을 수 없네요. 상상마당 작가반 1, 2, 3기분들 그리고 토이를 좋아하시는 분들, 항상 파이팅하시고 멋진 작품으로 다시 만나요.
　　일일이 다 적을 수는 없지만, 전시회 때 오셔서 서포트해주시는 분들께도 진심으로 감사드립니다.

　　마지막으로 언제나 걱정해주시는 부모님과 형, 고맙습니다.
　　항상 묵묵히 지켜봐주는 아내는 제 든든한 조력자입니다.
　　귀염둥이 샤론, 시온, 상후, 아빠가 많이 사랑해~~.

피규어 타임 테이블

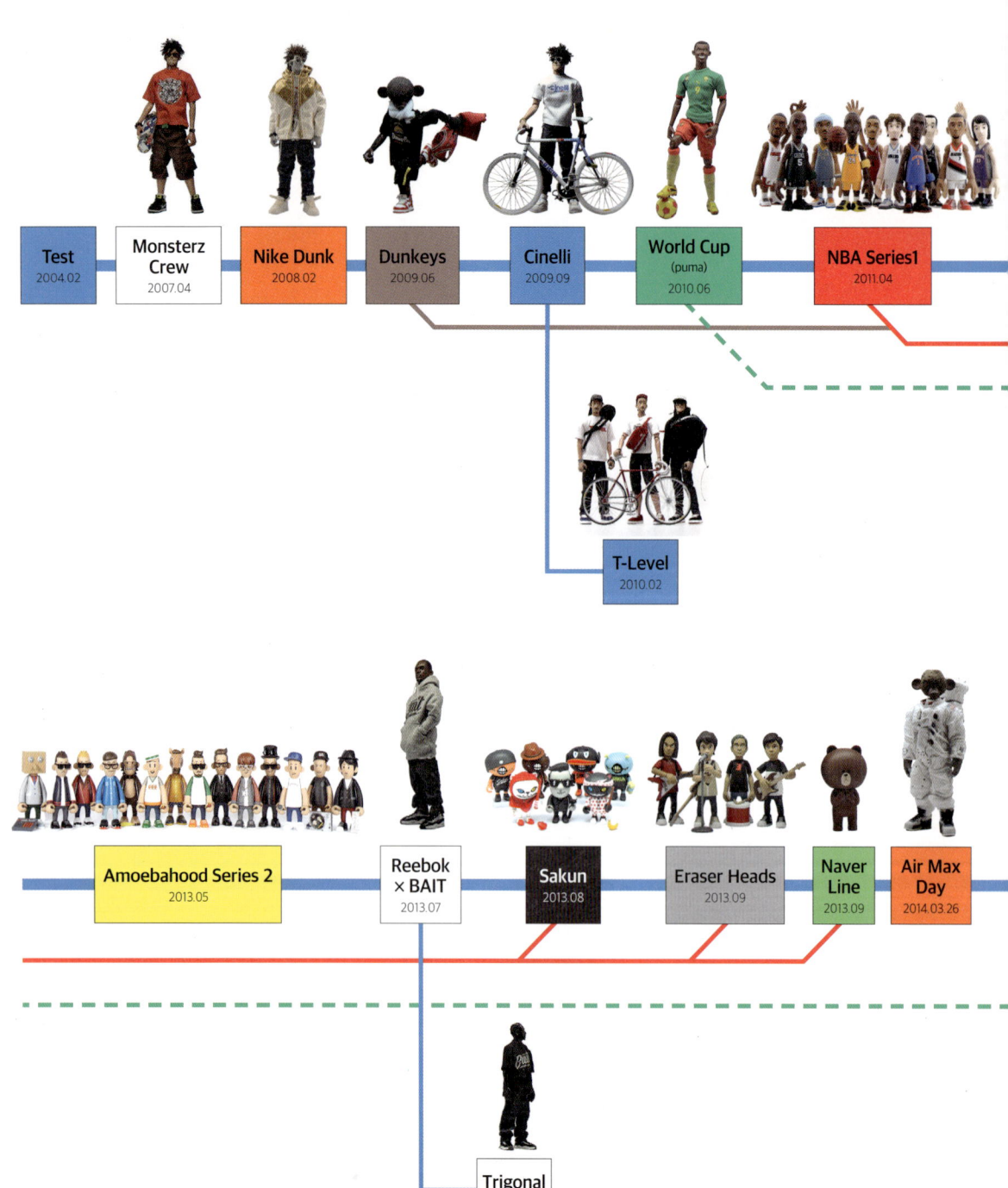

Amoebahood Series 2 2011.11

Nike CF (England) 2012.07

USA Dream Team 2012.08

NBA Series 2 2012.11

Brazil World Cup 2014.04

Art Toy Culture 2014.05.01

Break Time (mandofootloose) 2014.05.13

Vans × StarWars 2014.06.13

DJ Premier × DDuo 2014.07.14

Zenith Red Bull Stratos 2014.10.07

Musinsa Trophy 2014.12

Air Max Day 2015.03.26

피규어 색인

 Andy(Monsterz Crew), 200704
 Che(Monsterz Crew), 200704
 Jutt(Monsterz Crew), 200704
 Speedy(Monsterz Crew), 200707
 Wind(Monsterz Crew), 200707
 Chips(Monsterz Crew), 200803
 Chips RB(Monsterz Crew), 200803

 GFX(Monsterz Crew), 200803
 Lggy(Monsterz Crew), 200803
 Joo(with seman10cm), 200803
 Jutt, 200803
 mc_Jutt run, 200803
 mc_P-nixBB, 200803
 P-nix gray, 200803

 P-nix gray(Monsterz Crew), 200803
 Redfoot wr, 200803
 Redfoot, 200803
 Sharon, 200803
 Sion, 200803
 Smile, 200803
 T.jr wr, 200803

 T.jr, 200803
 UMA, 200803
 Woosra sk8, 200803
 Yoon Hyup, 200803
 Zero, 200803
 Zero2, 200803
 Mono_wr, 200805

 Pithecuse_wr, 200805
 Simius_wr, 200805
 P-nix gray(imp), 200807
 P-nix(imp), 200807
 Humanrace10k, 200808
 Woosra(photographer), 200902
 P-nix(pink), 200905

Woosra(fire), 200905 | Pithecuse_12inch action figure, 200906 | Pithecuse_bw, 200906 | Inah, 200909 | Redfoot(cinelli), 200909 | P-nix(pink), 200911

Mr. T-Level, 201001 | T-Level,, 201001 | T-Level,_Ruckie 201001 | Eboue, 201006 | Eto'o, 201006 | Mensha, 201006

Mr. Woosra, 201006 | Redfoot, 201006 | Woosra BS, 201006 | Mr. Bear Bright show, 201006 | Pithecuse_Bright show, 201006 | Monovader, 201010

NBA Series 1(5inch), 201011 | Mr. Pithetrooper, 201012 | Mr. Bull, 201107 | Mr. Monovader, 201107 | Mr. Rabbit, 201107

      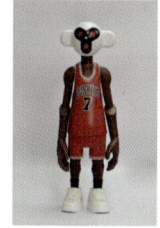

Mono_12inch action figure, 201107 | Simius_12inch action figure, 201107 | Pithecuse wood painting, 201107 | DKS Mono premium, 201109 | DKS Simius premium, 201109 | DKS Pithecuse premium, 201109 | DKS Cyborg premium, 201109

345

DKS Skullkey premium, 201109 | DKS Pithecuse Lady-Brown premium, 201109 | Pithecuse wood, 201109 | Amoebahood Figure Series 1, 201111 | Mr. A, 201206

A.Iniesta, 201206 | Teammate, 201206 | Opp01, 201206 | Opp02, 201206 | Opp03, 201206 | Opp04, 201206 | Kobe Bryant(Dream Team) Jersey, 201208

Kevin Durant(Dream Team) Jersey, 201208 | Lebron James(Dream Team) Jersey, 201208 | Kobe Bryant(Dream Team), 201208 | Kevin Durant(Dream Team), 201208 | Lebron James(Dream Team), 201208

Kobe 5m, 201208 | Eraser Heads, 201209 | RedBull A, 201210 | RedBull B, 201210 | Coverboy, 201301

Sakun Series 1, 201303 | Sakun Series 2, 201303 | Mr. Mickey, 201304

DynamicDuo M.I.B(30cm), 201305

DynamicDuo M.I.B(180cm), 201305

DynamicDuo(30cm), 201305

DynamicDuo(180cm), 201305

Planer Shiver(30cm), 201305

Rhythm Power(30cm), 201305

Kokong(30cm), 201305

LJ the horse(30cm), 201305

Primary(30cm), 201305

Yankie(30cm), 201305

Zion.T(30cm), 201305

Amoebahood Figure Series 2, 201305

NBA Series 2(5inch), 201306

Bubba Chuck_normal, 201307

Bubba Chuck_Trigonal, 201307

Mr. Tri 734, 201307

Kobe_Break Time 1 (12inch), 201309

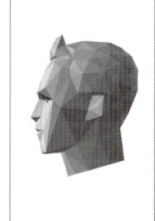
Tri 501, 201309

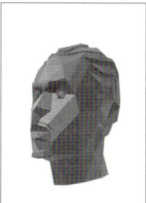
Tri 734AI, 201309

Ctrl DKS 23(12inch), 201310

Ctrl DKS 91(8inch), 201310

Mr. Ctrl, 201310

BBOY01_OMAR, 201311

BBOY02_LILOU, 201311

BBOY03_HONG10, 201311

BBOY04_RONNIE, 201311

BBOY05_WING, 201311

BBOY06_NEGUIN, 201311

BBOY07_ROXRITE, 201311

BBOY08_MOUNIR, 201311

BBOY09_PELEZINHO, 201311

축하글

이찬우(Coolrain), 장난감(Toy)에 대한 10년의 사랑이 드디어 예술(Art)이 되었다. 그 치열했던 열 걸음에 대한 기록(Essay)은 그 자체로 존중(Respect)받아 마땅하다. 이제는 대한민국 피규어 아티스트(Figure artist)의 대명사가 된 그의 진솔한 이야기는 열한 번째 걸음을 준비하는 그에게도, 새로운 꿈을 개척하는 피규어 아티스트 지망생에게도 뜻깊은 선물이 될 것이다. -KT&G 상상마당 쌈지농장

쿨레인의 손은 참 크다. 하지만, 그가 만들어내는 작은 세상은 정교하고 디테일의 끝이 안보일 정도다. 그런 디테일에 더해 그는 본인이 만들어가는 세상에 대한 책임감이 강하다. 그가 내딛는 걸음 하나하나가 새로운 길이 되기 때문이다. 묵묵히 그 책임감을 작품에 담아내는 이가 바로 쿨레인이다. -김좌우태

"좋아하니깐 지금까지 해왔고 오래 하다보니 잘하게 되었다"고 쿨-하게 이야기 하는 몇 안 되는 사람. 한국 아트 토이계의 대부 쿨레인의 작업 일지를 많은 사람과 공유할 수 있게 되어 기쁘다. 좋아하고 잘할 수 있는 일에 뛰어들면 얼마나 위대한 성과를 거둘 수 있는지를 보여주는 그의 에세이는 아트 토이 콜렉터뿐만 아니라 꿈을 꾸는 이시대의 청년들에게도 꼭 소개하고 싶은 책이다. -석선주

찬우 형이 오토모 가츠히로의 아키라를 보고 창작을 결심한 것처럼, 이 책을 접하고 자극을 받아 새로 생겨날 창작자들이 기대된다. 찬우 형의 10년이 그러했듯이 앞으로도 묵직하게 한결같이 자리해주시길. -부창조 a.k.a BOO (Sticky Monster Lab)

10여 년 전 아무것도 아닌 나와 친구들의 전시 제안에 흔쾌히 승낙을 했던 쿨레인 형이 있었다. 그리고 그 작은 일을 시작으로 그동안 많은 일들을 함께 했다. 세상은 많이 변했고, 지금도 변하고 있다. 이제, 앞으로 만들어갈 또 한 번의 10년을 기대한다. -grafflex(Art Director of Amoeba Culture & Coolrain Studio)

찬우 형과 함께한 아트 토이 취미 인생 10년! 취미와 일 그리고 직업을 함께 공유해서 즐거웠던 시간, 이제는 서로의 시너지를 받아 발전할 수 있는 아티스트가 되어 더욱 즐겁다! -만화가 임덕영

1만 시간의 법칙을 증명한 쿨레인 작가의 열정과 노력을 한 권의 책으로 간직할 수 있게 돼서 기쁩니다. 이 책이 시작을 고민하는 많은 이들에게 위로와 위안과 확신이 되길 바랍니다. -박성균, aka seman10cm

토이와 함께 달려온 10년의 쉼표에 박수를 보내고 함께할 수 있어서 행복했습니다. 또 다른 10년을 향해 멋지게 달려 나갈거라 기대하며 항상 응원하겠습니다. -Rockoon

고생스럽고 외로운 길을 10년 가까이 잘 걸어오신 것 같네요. 지금은 그 길을 함께 걸을 수 있어 든든하고, 형님도 그러시길 빕니다. KEEP GOING Coolrain!! -uptempo, HANDS IN FACTORY

Coolrain, 그는 한국의 살아 있는 제페토 할아버지다!! 한국의 아트 토이 씬을 만들었다 해도 과언이 아닌 찬우 형의 10년의 아트 토이의 기록이 담긴 책 출간을 축하하며 언제나처럼 열정적인 모습의 찬우 형을 응원합니다!! -KIDDO

쿨레인의 시작부터 알게 되어 자랑스럽습니다. 책 출간 축하드려요! -강인애(Sticky Monster Lab)

큰 숯처럼... 꺼지지 않는 열정을 존경합니다. 그 열정이 담긴 형의 작품을 계속 보고 싶으니 이제 '건강'도 좀 챙기며 일합시다~!!! 50대에도 차가운 폭풍이 휩쓸길!!! -이공오

2008년 3월 그와 처음 인사를 나눴다. 2008년 3월 '피규어'라는 단어를 처음 알았다. 내 삶은 2008년 3월, 완전히 바뀌었다. '쿨레인'은 내게 그런 존재다. -쎈스 씨

노력하고 즐기는 형을 보면 느끼는 게 참 많아요~ 축하합니다. 10년 뒤에도 축전을 쓸 수 있기를~ -Cplus

찬우 형님이 만드신 내 모습의 1/6 피규어를 보고 느꼈던 묘한 기분을 아직도 잊지 못했다. 그 피규어는 나의 보물 1호다. -YOONHYUP

그동안의 기록들을 지면으로 다시 볼 수 있게 되어 영광입니다.^^ 진심으로 축하드립니다. -BHEAD

나이키 에너지 마케팅에서 일하면서 처음 쿨레인을 만났을 때 한국에 이렇게 창의적이면서도 정교한 작업을 하는 피규어 아티스트가 있다는 사실에 놀랐습니다. 여러 작업도 같이 하면서 한국 피규어 아트 컬처가 발전하는 것을 함께 보아 온 동료로서 그리고 친구로서 기쁘고 자랑스럽게 생각합니다. 한국 피규어 아트 씬의 저변이 확대되고 쿨레인을 비롯한 많은 아티스트의 작품을 더 많은 곳에서 보게 되길 바랍니다.-황의규 aka IGGY

아메바후드를 만들고자 했을 때, 나와 회사는 하는 일 전부가 새로운 도전이라 불안해하며 일했다. 그 중심을 잡아주는 것은 언제나 형이었다. - 김대홍 Art director of TADA studio

피규어 아티스트 쿨레인은 천재인 동시에 노력가이다. 또한 아트 토이를 좋아한다는 마음 하나로 이 척박한 세계에 뛰어들 만큼 용기와 순수함도 가졌다. 그가 10년간 만든 토이들을 정리하며 책을 쓴다는 얘기를 듣고 누구보다 축하해주고 싶었다. 한 분야에서 10년이라는 시간 동안 자기 개성을 지키며 앞으로 나아가는 것이 정말 어렵다는 걸 누구보다 잘 알고 있기 때문이다. 처음 봤던 그때나 지금이나 아트 토이에 대한 열정과 고집이 그대로인 그가 진심으로 존경스럽다. -고경민(아메바컬처 대표)

존경하는 쿨레인 형님 앞으로도 계속 지금처럼 멋진 토이들 만들어주시고 저도 하나 만들어주세요. 늘 건강하시고 멋진 모습 기대할게요! -민석(NUDEBONES)

큰형님 작품들 항상 잘 보고 있고 앞으로도 10년, 20년 더욱 왕성한 활동하셨으면 좋겠어요. SML도 동시대에 활동한 것을 영광으로 생각해요. -최림 a.k.a FLA (Sticky Monster Lab)

장난감들과 함께 멋지게 달려오신 쿨레인 형님의 책 출간을 축하드립니다. 앞으로도 멋지고 즐거운 작품들을 기대하고 있겠습니다! Fighting! -나병훈, aka soho

쿨레인 작가님의 끊임없는 창작 작업과 열정에 감명을 받았으며 앞으로도 많은 이들에게 좋은 작품으로 영감을 주시길 응원합니다!! -권혁철(블리츠웨이)

지치지 않는 크레이티브로 새로운 신화를 만들어가는 쿨레인 형님!! 앞으로도 항상 자극을 부탁드려요! -Jayflow

1세대 찬우 형의 외길 인생을 책 한 권으로 만나볼 수 있다니!! -부다덕

DynamicDuo M.I.B(30cm), 201305

DynamicDuo M.I.B(180cm), 201305

DynamicDuo(30cm), 201305

DynamicDuo(180cm), 201305

Planer Shiver(30cm), 201305

Rhythm Power(30cm), 201305

Kokong(30cm), 201305

LJ the horse(30cm), 201305

Primary(30cm), 201305

Yankie(30cm), 201305

Zion.T(30cm), 201305

Amoebahood Figure Series 2, 201305

NBA Series 2(5inch), 201306

Bubba Chuck_normal, 201307

Bubba Chuck_Trigonal, 201307

Mr. Tri 734, 201307

Kobe_Break Time 1 (12inch), 201309

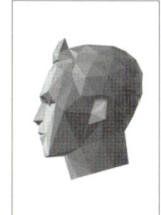
Tri 501, 201309

Tri 734AI, 201309

Ctrl DKS 23(12inch), 201310

Ctrl DKS 91(8inch), 201310

Mr. Ctrl, 201310

BBOY01_OMAR, 201311

BBOY02_LILOU, 201311

BBOY03_HONG10, 201311

BBOY04_RONNIE, 201311

BBOY05_WING, 201311

BBOY06_NEGUIN, 201311

BBOY07_ROXRITE, 201311

BBOY08_MOUNIR, 201311

BBOY09_PELEZINHO, 201311

BBOY10_CICO, 201311   BBOY11_LIL G, 201311   BBOY12_TAISUKE, 201311   BBOY13_AREX, 201311   BBOY14_GRAVITY, 201311   BBOY15_LIL ZOO, 201311   BBOY16_FROZ, 201311

BBOY17_ROBIN, 201311   BBOY18_NORI, 201311   BBOY19_MENN, 201311   Line(5inch) modeling and product direction, 201402   Astronaut on Moon Table(150cm), 201403

Astronaut Pithecuse, 201403   Bernard, BNT home version, 201404   David Luiz, BNT home version, 201404   Neymar, BNT home version, 201404   Paulinho, BNT home version, 201404   Thiago Silva, BNT home version, 201404   Bernard, BNT away version, 201404

David Luiz, BNT away version, 201404   Neymar, BNT away version, 201404   Paulinho, BNT away version, 201404   Thiago Silva, BNT away version, 201404   Bernard, BNT NSW version, 201404   David Luiz, BNT NSW version, 201404   Neymar, BNT NSW version, 201404

Paulinho, BNT NSW version, 201404   Thiago Silva, BNT NSW version, 201404   Break Time 2 'Monovader + Pithetrooper', 201406   Break Time 2 'Simifett', 201406   Mickey_Break Time 2(10inch), 201406   King_Break Time 2(10inch), 201406

Monovader w vans, 201406

Pithetrooper w vans, 201406

Mark Sanders w mando footloose, 201406

DD Gaeko, 201407

DD_Choiza, 201407

Premo, 201407

RedBull Stratos Baumgartner, 201410

RedBull Stratos Project, 201410

Mono_Break Time 2 (10inch), 201411

Simius_Break Time 2 (10inch), 201411

Musinsa(30cm), 201412

Opp03, 201412

R2D2, 201502

Tinker Hatfield, 201503

House of Airmax, 201503

Break Time_Astronaut, 201504

Mono_David Luiz, 201507

Tinker Hatfield w NIKE, 201503

Neymar_Tri, 201507

Pithecuse_Neymar, 201507

Mr Mickey w donald, 201508

Mr Mickey w era, 201508

Mr Mickey w mickey, 201508

Mr Mickey w pooh, 201508

Mr Mickey w sk8hi, 201508

Nike_Tri5034, 201508

DTRT Get Ready, 201510

NIKE Tri5034, 201510

NIKE_evolution, 201510

Stratos_Tri4792, 201510

축하글

이찬우(Coolrain), 장난감(Toy)에 대한 10년의 사랑이 드디어 예술(Art)이 되었다. 그 치열했던 열 걸음에 대한 기록(Essay)은 그 자체로 존중(Respect)받아 마땅하다. 이제는 대한민국 피규어 아티스트(Figure artist)의 대명사가 된 그의 진솔한 이야기는 열한 번째 걸음을 준비하는 그에게도, 새로운 꿈을 개척하는 피규어 아티스트 지망생에게도 뜻깊은 선물이 될 것이다. -KT&G 상상마당 쌈과장

쿨레인의 손은 참 크다. 하지만, 그가 만들어내는 작은 세상은 정교하고 디테일의 끝이 안보일 정도다. 그런 디테일에 더해 그는 본인이 만들어가는 세상에 대한 책임감이 강하다. 그가 내딛는 걸음 하나하나가 새로운 길이 되기 때문이다. 묵묵히 그 책임감을 작품에 담아내는 이가 바로 쿨레인이다. -김좌우태

"좋아하니깐 지금까지 해왔고 오래 하다보니 잘하게 되었다"고 쿨-하게 이야기 하는 몇 안 되는 사람. 한국 아트 토이계의 대부 쿨레인의 작업 일지를 많은 사람과 공유할 수 있게 되어 기쁘다. 좋아하고 잘할 수 있는 일에 뛰어들면 얼마나 위대한 성과를 거둘 수 있는지를 보여주는 그의 에세이는 아트 토이 콜렉터뿐만 아니라 꿈을 꾸는 이시대의 청년들에게도 꼭 소개하고 싶은 책이다. -석선주

찬우 형이 오토모 가츠히로의 아키라를 보고 창작을 결심한 것처럼, 이 책을 접하고 자극을 받아 새로 생겨날 창작자들이 기대된다. 찬우 형의 10년이 그러했듯이 앞으로도 묵직하게 한결같이 자리해주시길. -부창조 a.k.a BOO (Sticky Monster Lab)

10여 년 전 아무것도 아닌 나와 친구들의 전시 제안에 흔쾌히 승낙을 했던 쿨레인 형이 있었다. 그리고 그 작은 일을 시작으로 그동안 많은 일들을 함께 했다. 세상은 많이 변했고, 지금도 변하고 있다. 이제, 앞으로 만들어갈 또 한 번의 10년을 기대한다. -grafflex(Art Director of Amoeba Culture & Coolrain Studio)

찬우 형과 함께한 아트 토이 취미 인생 10년! 취미와 일 그리고 직업을 함께 공유해서 즐거웠던 시간, 이제는 서로의 시너지를 받아 발전할 수 있는 아티스트가 되어 더욱 즐겁다! -만화가 임덕영

1만 시간의 법칙을 증명한 쿨레인 작가의 열정과 노력을 한 권의 책으로 간직할 수 있게 돼서 기쁩니다. 이 책이 시작을 고민하는 많은 이들에게 위로와 위안과 확신이 되길 바랍니다. -박성균, aka seman10cm

토이와 함께 달려온 10년의 쉼표에 박수를 보내고 함께할 수 있어서 행복했습니다. 또 다른 10년을 향해 멋지게 달려 나갈거라 기대하며 항상 응원하겠습니다. -Rockoon

고생스럽고 외로운 길을 10년 가까이 잘 걸어오신 것 같네요. 지금은 그 길을 함께 걸을 수 있어 든든하고, 형님도 그러시길 빕니다. KEEP GOING Coolrain!! -uptempo, HANDS IN FACTORY

Coolrain, 그는 한국의 살아 있는 제페토 할아버지!! 한국의 아트 토이 씬을 만들었다 해도 과언이 아닌 찬우 형의 10년의 아트 토이의 기록이 담긴 책 출간을 축하하며 언제나처럼 열정적인 모습의 찬우 형을 응원합니다!! -KIDDO

쿨레인의 시작부터 알게 되어 자랑스럽습니다. 책 출간 축하드려요! -강인애 (Sticky Monster Lab)

큰 숯처럼... 꺼지지 않는 열정을 존경합니다. 그 열정이 담긴 형의 작품을 계속 보고 싶으니 이제 '건강'도 좀 챙기며 일합시다~!!! 50대에도 차가운 폭풍이 휩쓸길!!! -이공오

2008년 3월 그와 처음 인사를 나눴다. 2008년 3월 '피규어'라는 단어를 처음 알았다. 내 삶은 2008년 3월, 완전히 바뀌었다. '쿨레인'은 내게 그런 존재다. -쎈스 씨

노력하고 즐기는 형을 보면 느끼는 게 참 많아요~ 축하합니다. 10년 뒤에도 축전을 쓸 수 있기를~ -Cplus

찬우 형님이 만드신 내 모습의 1/6 피규어를 보고 느꼈던 묘한 기분을 아직도 잊지 못하다. 그 피규어는 나의 보물 1호다. -YOONHYUP

그동안의 기록들을 지면으로 다시 볼 수 있게 되어 영광입니다.^^ 진심으로 축하드립니다. -BHEAD

나이키 에너지 마케팅에서 일하면서 처음 쿨레인을 만났을 때 한국에 이렇게 창의적이면서도 정교한 작업을 하는 피규어 아티스트가 있다는 사실에 놀랐습니다. 여러 작업도 같이 하면서 한국 피규어 아트 컬처가 발전하는 것을 함께 보아 온 동료로서 그리고 친구로서 기쁘고 자랑스럽게 생각합니다. 한국 피규어 아트 씬의 저변이 확대되고 쿨레인을 비롯한 많은 아티스트의 작품을 더 많은 곳에서 보게 되길 바랍니다. -황의규 aka IGGY

아메바후드를 만들고자 했을 때, 나와 회사는 하는 일 전부가 새로운 도전이라 불안하며 일했다. 그 중심을 잡아주는 것은 언제나 형이었다. -김대홍 Art director of TADA studio

피규어 아티스트 쿨레인은 천재인 동시에 노력가이다. 또한 아트 토이를 좋아한다는 마음 하나로 이 척박한 세계에 뛰어들 만큼 용기와 순수함도 가졌다. 그가 10년간 만든 토이들을 정리하며 책을 쓴다는 얘기를 듣고 누구보다 축하해주고 싶었다. 한 분야에서 10년이라는 시간 동안 자기 개성을 지키며 앞으로 나아가는 것이 정말 어렵다는 걸 누구보다 잘 알고 있기 때문이다. 처음 봤던 그때나 지금이나 아트 토이에 대한 열정과 고집이 그대로인 그가 진심으로 존경스럽다. -고경민 (아메바컬처 대표)

존경하는 쿨레인 형님 앞으로도 계속 지금처럼 멋진 토이들 만들어주시고 저도 하나 만들어주세요. 늘 건강하시고 멋진 모습 기대할게요! -민석 (NUDEBONES)

큰형님 작품들 항상 잘 보고 있고 앞으로도 10년, 20년 더욱 왕성한 활동하셨으면 좋겠어요. SML도 동시대에 활동한 것을 영광으로 생각해요. -최림 a.k.a FLA (Sticky Monster Lab)

장난감들과 함께 멋지게 달려오신 쿨레인 형님의 책 출간을 축하드립니다. 앞으로도 멋지고 즐거운 작품들을 기대하고 있겠습니다! Fighting! -나병훈, aka soho

쿨레인 작가님의 끊임없는 창작 작업과 열정에 감명을 받았으며 앞으로도 많은 이들에게 좋은 작품으로 영감을 주시길 응원합니다!! -권혁철 (블리츠웨이)

지치지 않는 크레이티브로 새로운 신화를 만들어가는 쿨레인 형님!! 앞으로도 항상 자극을 부탁드려요! -Jayflow

1세대 찬우 형의 외길 인생을 책 한 권으로 만나볼 수 있다니!! -부다덕

성실한 노력의 결과물로 모든 이에게 신선한 자극을 주는 아티스트 쿨레인! 앞으로의 행보가 더 기대되고 언제나 응원합니다.
-그래피티 라이터 Sixcoin

피규어계의 백종원. 재료나 장비가 있으면 있는 대로, 없으면 없는 대로 척척 만들어 내심. -그래피티 라이터 산타(santa)

"낙수에 바위를 깬다"는 속담의 주인공. 하지만 아직도 저에겐 최고의 장난감 친구 찬우 형님, 누구보다 기쁘게 축하드리고 10년 뒤에도 작업실 놀러갈게요^^ -어비

2007년 킨키로봇에서 처음 뵈었을 때부터 지금까지 아트 토이 분야에서 독보적인 자리를 지켜온 쿨레인 님의 뚝심 있게 전진하시는 모습, 항상 응원하고 존경합니다. -Jerry (LAPIZ SENSIBLE Brand manager)

한국에서 토이를 만들며 먹고사는 게 불가능하던 시절. 뜨거운 가슴으로 시대를 개척한 형님의 노고를 기억하며 감사드립니다. 앞으로도 많이 바쁘시겠지만, 일단 푹 좀 쉬세요~! -임영진 (Hai,Lim)

아트 토이 피규어에 대한 관심이 많지 않던 시절부터 자신만의 신념을 갖고 많은 활동을 하셨던 모습 너무 멋있었어요. 아트 토이의 관심이 많아진 만큼 앞으로도 지금처럼 멋진 활동 부탁드려요. 책 출간, 정말 축하해요. ^^ -미술인 Muung

어렸을 적 나는 쿨레인님의 블로그를 보고 인터뷰를 읽으며 그의 모습이 나의 꿈과 맞닿아 있다는 것을 느꼈다. 자신이 좋아하고 잘하는 것을 하면서 살아가는 꿈 말이다. 나는 꿈을 꾸었고 내가 좋아하는 흙을 가지고 세라믹 토이를 만들고 있다. 요즘 아트 토이를 시작하는 청춘들을 보면 나처럼 꿈의 씨앗을 품고 피어나고 있는 중이라는 생각이 든다. 쿨레인님이 앞으로도 쭉 꿈의 씨앗을 뿌려 아트 토이 세상을 울창한 숲으로 가꾸어 나가시리라 믿는다. -토인즈 (TOiNZ)

2년 전 쿨쌤 세미나를 듣고 아트 토이라는 분야를 처음 알게 되었어요. '최초'와 '최고'라는 수식어가 왜 쿨쌤을 따라다니는지 알 수 있을 정도로 아트 토이라는 분야를 넘어 배울 점이 많은 멋진 쿨쌤! 책 출간 너무 너무 축하드려요. 앞으로도 많이 배우겠습니다. :) -일러스트레이터 최미경

역시는 역시!!! 쿨레인 큰형님 책 출간을 V 헤리 축하드립니다!!! V 헤리 대박!!! -자영업자 남상인(KILLBEROS 대표)

아트 토이가 뭔지도 모르던 십수 년 전부터 지금까지 결코 쉽지 않았을 그 힘든 길을 앞으로도 더 멋지게 나가실 듯하지만 한눈에 반하게 만드는 멋진 작품과 작가로서의 마인드만으로도 저같은 다른 분야의 작가들에게도 충분 귀감됩니다. 작가님 팬입니다!! -아티스트 잠산

남들이 가지 않는 길을 오가며 여러 사람이 다닐 수 있을 만한 큰 길로 만드는 일은 외롭고도 험난하지만 세상을 바꾸어 놓을 만한 일이다. 우리나라의 피규어 씬을 개척하고 전파시킨 장본인으로서 그 뒷이야기를 들을 수 있다는 것은 행운이다. 이 경험이 바탕이 되어 더욱 많은 이야기들이 만들어지길…. -DJ SOULSCAPE

10년 동안의 에피소드들로 책을 내신다는 말을 듣고, '변한 건 시간뿐'이라는 말이 생각났습니다. 딱 찬우(쿨레인)형에게 어울리는 말인 것 같아요. 시간이 흐른 것 외에는 아트 토이에 대한 열정과 그것을 이루기 위한 노력들이 언제나 한결같았기 때문입니다. 이 책으로 독자들이 그 열정을 간접적으로나마 체험할 수 있다면 좋겠어요. -김용기(두코비)

10여 년 동안의 꾸준한 피규어 여행을 책으로 볼 수 있게 되어서 너무 기쁘답니다. 앞으로도 쿨레인 작가님의 피규어 작업들을 응원하고 기대합니다. 파이팅! :) -Variety sum

찬우(차가운 비) 쿨레인 형님의 ART TOY와 함께한 시간을 담아낸 에세이북의 탄생을 축하합니다. 남들과는 다른 상상력과 창의력으로, 세상을 깜짝 놀라게 만드는 ART TOY와 함께하는 찬우 형님을 응원합니다~! -윤희곤

"장난감 없인 못 산다"는 한국의 아트 토이 장인 Coolrain. 이 이상 무슨 설명이 필요할까요. 책 출간 축하드립니다. -osho RINO

최고의 아트 토이 아티스트 쿨레인님의 책 출간 진심으로 축하드립니다! Love & Respect!!! -킨키로봇 BM 김나영

장인의 10년간의 발자취, 그리고 다음 10년에 대한 기대감. 노라이프위다웃 토이!! -COARTISM JUN

제가 일러스트레이션을 시작할 때부터 가장 좋아하고 존경해 왔었는데 이렇게 축하의 인사도 남길 수 있어서 너무 영광입니다! 다시 한 번 축하드려요! -일러스트레이터 김정윤

척박한 국내 아트 토이 장르의 개척자 쿨레인. 이젠 한국을 벗어나 세계에서도 주목받고 있다. 이 책에서 그의 예술혼을 엿보는 것도 좋지만, 그동안 예술의 한 귀퉁이에 있던 토이를 이젠 예술의 중심으로 옮겨 놓은 장본인의 묵묵히 걸어온 길을 볼 수 있을 것이다. -최요한(예술·전시 디렉터)

두둥! 책 출간 축하드립니다! 한국 최고의 피규어 +토이 아티스트 쿨레인 형님! 책을 두 권 사서 한 권은 가보로 소장하고, 한 권은 꼼꼼히 읽어서 저도 훌륭한 사람이 되겠습니다 -포토그래퍼 로타

10여 년 전, 토이라는 공통사로 나는 일본에서 형은 서울에서 메신저로 밤새 이야기했던 즐거운 수년이 있나. 그때 형은 자신만의 스타일을 찾기 위한 고민과 노력을 해왔고 해외에도 이미 팬들이 존재했었다. 이제 형은 한국 아트 토이계에 우뚝 솟아 독보적인 존재가 되었다. 끊임없이 변화하고 노력하는 모습이 지금의 그를 있게 한 것이다. -이재혁(델리토이즈)

진심으로 축하 드려요^^! 세상에 모든 아버지 만세! 세상에 모든 토이 만세! NoPE TOY -NOVO, tattoist

쿨레인(형)을 안지도 10년 가까이 되었다. 한결같은 성실함 그리고 섬세함이 그를 거장의 반열에 데려가고 있는듯 보인다. 그의 아트 토이를 향한 순수한 열정에 항상 숙연해진다. 아주 오래오래 그의 작품을 근처에서든 멀리에서든 접하고 싶다. -개코

묵묵히 견뎌낸 시간 속에 빛나는 지금의 형부를 더욱 응원합니다. -하나뿐인 처제~^^

No Life Without Toy?
No Life Without Coolrain! ♥ -JOOCoolrain

나_____,
피규어
아티스트로 산다

피규어 아티스트 쿨레인의 토이 스토리

초판 1쇄 발행 2015년 10월 27일
개정판 1쇄 발행 2017년 5월 22일

지은이 쿨레인 이찬우
펴낸이 이범상
펴낸곳 (주)비전비엔피 · 이덴슬리벨

기획 편집 이경원 박월 김승희 김다혜 배윤주
디자인 김혜림 이미숙
마케팅 한상철 이준건
전자책 김성화 김희정
관리 이성호 이다정

주소 우)04034 서울시 마포구 잔다리로7길 12 (서교동)
전화 02)338-2411 | **팩스** 02)338-2413
홈페이지 www.visionbp.co.kr
이메일 visioncorea@naver.com
원고투고 editor@visionbp.co.kr

등록번호 제2009-000096호
ISBN 979-11-88053-07-0 (13320)

· 값은 뒤표지에 있습니다.
· 잘못된 책은 구입하신 서점에서 바꿔드립니다.

「이 도서의 국립중앙도서관 출판시도서목록(CIP)은 서지정보유통지원시스템 홈페이지(http://seoji.nl.go.kr)와 국가자료공동목록시스템(http://www.nl.go.kr/kolisnet)에서 이용하실 수 있습니다.(CIP제어번호: CIP2017009794)」